保險業高階主管
6 大絕招教你考照

絕招 1
奪分密技
精選各章常考重點，針對常混淆的觀念與常出現的重要考點以小視窗的方式補充說明，方便考前搶分之用。

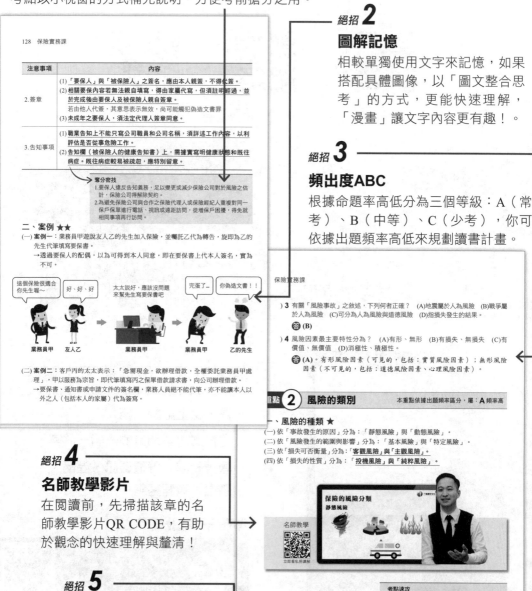

128 保險實務課

注意事項	內容
2.簽章	(1)「要保人」與「被保險人」之簽名，應由本人親簽，不得代簽。 (2) 相關要保內容若無法親自填寫，得由家屬代寫，但須註明經過，並於完成後由要保人及被保險人親自簽章。 若由他人代簽，其意思表示無效，尚可能觸犯偽造文書罪 (3) 未成年之要保人，須法定代理人簽章同意。
3.告知事項	(1) 職業告知上不能只寫公司職員和公司名稱，須詳述工作內容，以利評估是否從事危險工作。 (2) 告知欄（被保險人的健康告知書）上，需據實寫明健康狀態和既往病症。既往病症較易被疏忽，應特別留意。

奪分密技
1.要保人違反告知義務，足以變更或減少保險公司對於風險之估計，保險公司得解除契約。
2.為避免保險公司與合作之保險代理人或保險經紀人重複對同一保戶屢進行電話、視訊或遠距訪問，徒增保戶困擾，得免就相同事項再行訪問。

二、案例 ★★
(一) 案例一：業務員甲遊說友人乙的先生加入保險，並囑託乙代為轉告，旋即為乙的先生代筆寫保書。
→透過要保人的配偶，以為可得到本人同意，即在要保書上代本人簽名，實為不可。

這個保險很適合你先生喔～　好、好、好　太太說好，應該沒問題來幫先生寫要保書吧　完蛋了...　你偽造文書!!

業務員甲　　友人乙　　業務員甲　　業務員甲　　乙的先生

(二) 案例二：客戶丙的太太表示：「急需現金，欲辦理借款，全權委託業務員甲處理」，甲以服務為宗旨，即代筆填寫丙之保單借款請求書，向公司辦理借款。
→要保書、通知書或申請文件的簽名欄，業務人員絕不能代筆，亦不能讓本人以外之人（包括本人的家屬）代為簽寫。

絕招 2
圖解記憶
相較單獨使用文字來記憶，如果搭配具體圖像，以「圖文整合思考」的方式，更能快速理解，「漫畫」讓文字內容更有趣！

絕招 3
頻出度ABC
根據命題率高低分為三個等級：A（常考）、B（中等）、C（少考），你可依據出題頻率高低來規劃讀書計畫。

保險實務課

( ) 3 有關「風險事故」之敘述，下列何者正確？ (A)地震屬於人為風險 (B)戰爭屬於人為風險 (C)可分為人為風險與道德風險 (D)指損失發生的結果。
答 (B)

( ) 4 風險因素最主要特性分為？ (A)有形、無形 (B)有損失、無損失 (C)有價值、無價值 (D)消極性、積極性。
答 (A)。有形風險因素（可見的，包括：實質風險因素）；無形風險因素（不可見的，包括：道德風險因素、心理風險因素）。

重點 (2) 風險的類別　本重點依據出題頻率區分，屬：A 頻率高

一、風險的種類 ★
(一) 依「事故發生的原因」分為：「靜態風險」與「動態風險」。
(二) 依「風險發生的範圍與影響」分為：「基本風險」與「特定風險」。
(三) 依「損失可否衡量」分為：「客觀風險」與「主觀風險」。
(四) 依「損失的性質」分為：「投機風險」與「純粹風險」。

絕招 4
名師教學影片
在閱讀前，先掃描該章的名師教學影片QR CODE，有助於觀念的快速理解與釐清！

名師教學
立即看名師講解

保險的風險分類
靜態風險

絕招 5
內文重要度星號
以星號多寡標示重要度，讓你掌握最精要的重點，提升考前複習的效率！

考點速攻
1. 靜態風險：只會造成損失。
2. 動態風險：可能造成損失，也可能帶來益處。

二、風險種類的詳述 ★★

分類	類別	內容
事故原因	1.靜態風險	因自然力或人為錯誤而導致。 例如：地震、颱風、火災、車禍等。其特性為隨機出現。

小試身手

( ) **1** 下列何者是保險公司的保險給付準備，也是保戶年輕時多繳保費，用來彌補年老時少繳保費的儲備金？ (A)保險金 (B)保單價值準備金 (C)責任準備金 (D)賠款準備金。

答 (C)。保險公司為將來能履行給付責任，平日將收取的保費提存，即是責任準備金。

( ) **2** 人壽保險保費計算基礎三因素為？ (A)預定獲益率、預定利率、預定營業費用率 (B)預定死亡率、預定利率、預定營業費用率 (C)預定獲益率、預定利率、預定職業類別費率 (D)預定死亡率、預定職業類別費率、預定營業費用率。

答 (B)。保險公司計算保費的三要素：預定死亡率、預定投資收益率、預定營運管理費用。

( ) **3** 為作為將來給付保險金財源，以預定死亡率與預定利率為基礎計算的保險費是？ (A)純保險費 (B)平準保險費 (C)附加保險費 (D)自然保險費。

答 (A)。純保費＝死亡保險費＋生存保險費，這兩者皆與預定死亡率、預定利率相關。

重點 **3** 保單紅利與分紅保單 本重點依據出題頻率★

一、保單紅利 ★★

(一) 含意：保險公司收取保費，實際投資運用後產生營利，將其中一部分回饋給保戶。

保險公司的盈餘		分配給要保人
死差益 利差益 費差益	取出一部分作為	保單紅利

名師提點
保單紅利與...
保戶分享...
不相同。

(二) 保單紅利的來源

利源...
1.死差益...
2.利差益...
3.費差益...

絕招 **6**

收錄試題最齊備

本書將試題範圍由小到大分為「小試身手」、「實戰演練」、「模擬試題」，可循序漸進練習，藉由反覆練習，讓你在考場上更加得心應手！

實戰演練

風險的基本觀念

( ) **1** 下列何者是「風險」的要件？ (A)必須是可以金錢衡量 (B)必需金額龐大 (C)不必有損失發生之可能 (D)必須為不確定性。

( ) **2** 下列那些是符合「風險」之要件？ (A)確定損失必然發生的風險 (B)過去造成重大損失之風險 (C)確定發生，但發生於何時無法預知之風險

(A)科學發達後，風險事故已減少 (B)個人或企... (C)風險具有普遍性，可發生於任何時間或空間...

有關不確定性係包含下列何者？ (1)風險事... 風險事故發生何時不確定 (3)風險事故發生所...故的損失不確定。 (A)(2)(3) (B)(1)(2)(3)(4)

...生病死，下列何者正確？ (1)係必然的人生階... 險 (2)雖係必然階段，但因何時可能造成個人... 外費用多寡無法確定，故具有風險 (3)因有將...安定之可能性，具「不確定損失」，故具有風...C)(2) (D)(2)(3)。

...備？ (1)不確定性 (2)有損失的可能 (3)有...性的 (A)(1)(2)(4) (B)(1)(2)(3) (C)(2)(3)(4)...

...或身體造成損害時，依法對他人應負賠償責任... (B)財產風險 (C)責任風險 (D)以上皆是。

...華風險可分為？ (A)人身上的風險、道德上的...人身上的風險、環境上的風險、道德上風險...風險、意外上的風險 (D)人身上的風險、財產

考前大進擊

Lesson **14** 模擬試題

保險實務

( ) **1** 政府鑒於國民經濟發展，社會對於保險已有迫切需要，民國幾年准許民營保險公司成立？
(A)五十九年 (B)七十五年
(C)五十一年 (D)八十一年。 【Lesson 03】

( ) **2** 為提升業務員的經營格局，讓業務員個人的服務能力更廣闊，下列哪種方式的運用最可以讓業務員達到客戶關係管理的好處？ (A)各種資訊E化的運用 (B)過去工作關係人的介紹 (C)保戶資料卡的建立 (D)親友推薦名單的整理。 【Lesson 08】

( ) **3** 下列敘述何者錯誤？ (A)長期照顧保險給付可分為一筆或分期給予固定金額二種 (B)被保險人經專科醫師診斷判定認知功能障礙為終身無法治癒者，仍須符合契約條款約定之期間限制，才可符合認知功能障礙的定義 (C)若契約條款明定免責期間，被保險人的生理功能障礙或認知功能障礙狀態須超過免責期，保險公司才會給付長期照顧保險金 (D)外溢效果的保險可以達到事前預防風險的效益。 【Lesson 04】

( ) **4** 下列那一項為全民健康保險開辦後，勞工保險普通事故中終止給付之項目？
(A)失能給付 (B)醫療給付 (C)死亡給付 (D)老年給付。 【Lesson 04】

( ) **5** 當你要行銷「人壽保險」給顧客時，應先考慮顧客的？ (A)需要程度
(A)收入程度 (C)健康程度 (D)教育程度。 【Lesson 08】

( ) **6** 下列何種資料應由業務員填寫？ (A)業務員報告書 (B)告知書 (C)要保書 (D)被保險人體格檢查表。 【Lesson 07】

( ) **7** 人身保險業的商品不能像一般貨品一樣琳琅滿目擺在櫥窗內任人選擇，而是屬於下列哪一種商品？ (A)有形商品 (B)無形商品 (C)奢華商品 (D)無價商品。 【Lesson 03】

( ) **8** 訂立保險契約時，要保人對於保險公司之書面詢問，應？ (A)據實說明 (B)不予告知 (C)涉及隱私部份可不予告知 (D)招攬人員有問部份才說明。 【Lesson 07】

人身保險業務員資格測驗

完整考試資訊
立即了解更多

■ **辦理依據**：依據「保險業務員管理規則」第5條暨中華民國人壽保險商業同業公會（以下簡稱壽險公會）「人身保險業務員資格測驗個人報名方案」辦理。

■ **報名資格**：報名資格不限。

一、應成年（成年年齡依民法規定），高中（職）以上學校畢業或同等學歷，並具中華民國身分證、臺灣地區居留證、外僑永久居留證或大陸地區配偶領有長期居留證件者。

二、具有高中（職）以上學校畢業或同等學力，符合下列條件之一者：

(一)教育行政主管機關認可之高中或高職以上學校畢業者。

(二)教育行政主管機關認可之自學進修學力鑑定考試及格，持有高中、高職或專科畢業程度及格證明書者。

(三)教育行政主管機關認可之大學、獨立學院、三年制或二年制專科學校一年級以上肄業或五年制專科學校四年級以上肄業，持有證明文件者。

(四)教育行政主管機關認可之大學、獨立學院、三年制或二年制專科學校一年級以上或五年制專科學校四年級以上在學學生持有學生證（有蓋註冊章）或在學證明者。

(五)高等或普通檢定考試及格者。

三、無保險業務員管理規則第7條規定之情事或受保險業務員管理規則第13條及第19條撤銷登錄處分已期滿者。

■ **報名及考試日期**：測驗報名期間為測驗日前二個月，報名截止日為測驗日前1個月。每季排定一次週六於台北、台中、高雄三地區舉辦測驗乙次（現階段暫以每季辦理乙次，邇後俟辦理情形再作調整），辦理測驗日期公布於壽險公會網站「測驗登錄園地」之「個人報名人身保險業務員資格測驗」項下。

■ **報名費用**：專業科目報名費為新台幣400元整，加考共同科目者報名費為新台幣650元整。

■ **報名方式**
一律採通訊報名辦理。

■ **測驗科目、時間及內容**

場次	時　間	科　目
1	下午 01:30~02:30	金融市場常識與職業道德
2	下午 02:40~04:00	保險法規
	下午 04:10~05:10	保險實務
3	上午 08:30~09:30	金融市場常識與職業道德
4	上午 09:40~11:00	保險法規
	上午 11:10~12:10	保險實務

註1：專業科目：保險實務，測驗題目50題4選1單選選擇題；測驗時間為60分鐘。保險法規，測驗題目100題4選1單選選擇題；測驗時間為80分鐘。

註2：共同科目：金融市場常識與職業道德，測驗題目100題4選1單選選擇題；測驗時間為60分鐘。

■ **合格標準**：專業科目：2科應合計140分以上，任何1科不得低於60分始為合格。共同科目：以70分（含）以上為合格，成績可保留5年。

　　～以上資訊僅供參考，詳細內容請參閱招考簡章～

千華數位文化
Chien Hua Learning Resources Network

目次

保險實務課

Lesson 01｜風險與保險面面觀

Lesson 02｜什麼是人身保險

Lesson 03｜我國保險事業的前世今生

Lesson 11｜人身保險與稅法

Lesson 12｜保險權益相關的重要法律介紹

Lesson 13｜保險業務員管理規則的認識

考前大進擊

Lesson 14｜模擬試題

一次就考上的準備技巧

一、考試時間小貼士

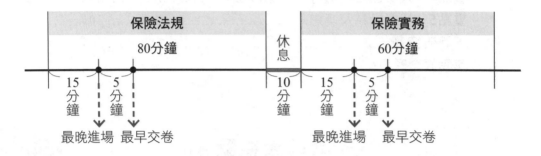

	保險法規		休息		保險實務	
	80分鐘				60分鐘	

15分鐘　5分鐘　　10分鐘　15分鐘　5分鐘

最晚進場　最早交卷　　　　　　最晚進場　最早交卷

二、K書必勝功法　　概念架構先弄懂　死背強記放最後

先 觀念需要花時間去理解，不過一旦弄懂了，就不容易忘記。所以剛開始時只需要了解專有名詞和觀念的意義和差別即可，不需死背當中的數字或年份，並適時的畫出重點，作為之後背誦時的參考。

後 考前3天開始瀏覽之前畫下的重點，並把當中的關鍵性名詞、年份和數字等做記憶，而記憶最有效方法是關聯法，比如第一篇保險實務第五章裡：保單解約的解約金不得低於其保價金的3/4，可以記成「解約得三思（34）」，之後再輔以題目的練習，想忘記都不容易了。

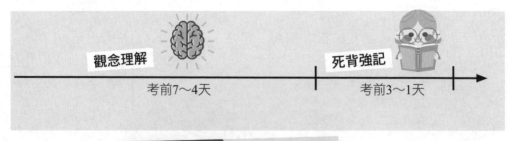

觀念理解
考前7～4天

死背強記
考前3～1天

題目練習是關鍵　反覆兩遍最保險

第一次 保險實務和保險法規都是選擇題中的單選題型，在具備概念的理解和基本的記憶之下，通常可以達到70%以上的正確率，剛好越過考試門檻，所以此項考試難度並不高。

第二次 為求保險或高分，第二次的練習不能省略。但只需要將第一次不確定的、跟完全無頭緒的題目再做複習即可，所需時間大概只要第一次的一半不到，但提高分數的功效卻很明顯，報酬CP值相當高。

第一次 考題全都做	第二次 只練習錯誤與不確定的題目	一次就考過

三、歷年出題比重分析

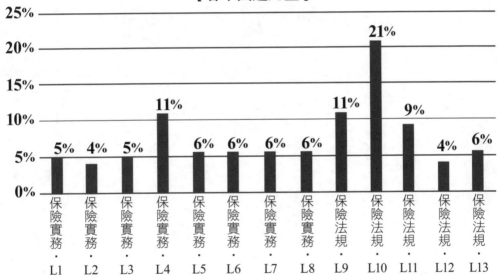

【各章出題比重】

章節	比重
保險實務．L1	5%
保險實務．L2	4%
保險實務．L3	5%
保險實務．L4	11%
保險實務．L5	6%
保險實務．L6	6%
保險實務．L7	6%
保險實務．L8	6%
保險法規．L9	11%
保險法規．L10	21%
保險法規．L11	9%
保險法規．L12	4%
保險法規．L13	6%

[參考書目]

- 人身保險業務員資格測驗統一教材
- 人身保險業個保單示範條款
- 金融消費者保護法
- 洗錢防制法
- 行政院公報資訊網（https://gazette.nat.gov.tw）
- 行政院內政部統計處官網（https://www.moi.gov.tw/stat）
- 原子能源資訊平台（http://eip.iner.gov.tw）
- 保險法
- 民法
- 消費者保護法
- 保險業務員管理條例
- 刑法
- 個人資料保護法

[圖片來源]・いらすとや（https://www.irasutoya.com/）
　　　　　　・Vecteezy（https://www.vecteezy.com/）

保險實務課

Lesson 01 | 風險與保險面面觀

課前導讀

本課重點在認識風險。有關風險的本質、要件、類別和管理方法的區分，是考試的重點所在。透過影片的名師解析，去了解不同名詞代表的意義，不需死背，即能輕鬆地在考試中選出正確答案。

重點 ① 風險的基本觀念　本重點依據出題頻率區分，屬：**C** 頻率低

一、風險的來源 ★

(一) **自然天災**：如颱風、地震、洪水等。

(二) **人為疏失**：如車禍、火災等。

二、風險的意義 ★

風險的意義係指「不幸事件發生的不確定性」。

三、風險的三要件 ★★

具有不確定性	1.不確定發生與否。 2.不確定何時發生。 3.不確定何種結果。 4.不確定何種損失。

有損失的可能	因為有造成損失的可能，才有風險的存在。
屬於將來性的	將來有發生的可能性。

觀念理解
若損失確定發生，就沒有風險可言。

四、風險的本質 ★★

風險本質上具備三個要素，發生過程為：

風險因素
例：疲勞駕駛

風險事故
例：發生車禍

損失
例：車子修理費用

(一) **風險因素**：使「風險事故」發生或增加其嚴重性的因素。又因「可見」與「不可見」，分為**「有形風險因素」**與**「無形風險因素」**。

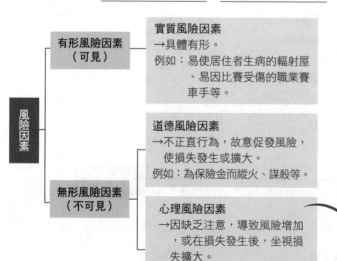

有形風險因素（可見）

實質風險因素
→具體有形。
例如：易使居住者生病的輻射屋、易因比賽受傷的職業賽車手等。

無形風險因素（不可見）

道德風險因素
→不正直行為，故意促發風險，使損失發生或擴大。
例如：為保險金而縱火、謀殺等。

心理風險因素
→因缺乏注意，導致風險增加，或在損失發生後，坐視損失擴大。
例如：投保財產保險，便疏於維護。

風險因素

觀念理解
1. 道德風險：故意主動的使風險發生。
2. 心理風險：非故意被動的讓風險惡化。

名師教學

立即看私房講解

(二) **風險事故**：指損失發生的原因。依發生屬性可分為自然風險事故與人為風險事故。

(三) **損失**：包含有形損失和無形損失。保險可保之損失為因意外所導致的非預期或非計畫中的經濟價值降低。

✏️ **小試身手**

(　) **1** 風險具有不確定性，下列哪幾項是正確的？ 　(1)風險事故發生與否不確定　(2)風險事故於何時發生不確定　(3)風險事故造成的結果如何不確定　(4)風險事故所致的損失不確定。 　(A)(1)(2)(3)　(B)(1)(2)(4)　(C)(2)(3)(4)　(D)(1)(2)(3)(4)。

　　答 (D)

(　) **2** 人壽保險契約所謂「道德上的風險」是指？ 　(A)竊盜行為　(B)人際關係太複雜　(C)修養不好　(D)企求不法圖利的心理。

　　答 (D)。道德風險：缺乏「道德」而產生的「風險」。

（　　）**3** 有關「風險事故」之敘述，下列何者正確？　(A)地震屬於人為風險　(B)戰爭屬於人為風險　(C)可分為人為風險與道德風險　(D)指損失發生的結果。

答 **(B)**

（　　）**4** 風險因素最主要特性分為？　(A)有形、無形　(B)有損失、無損失　(C)有價值、無價值　(D)消極性、積極性。

答 **(A)**。有形風險因素（可見的，包括：實質風險因素）；無形風險因素（不可見的，包括：道德風險因素、心理風險因素）。

重點 **2** 風險的類別　　本重點依據出題頻率區分，屬：**A** 頻率高

一、風險的種類 ★

(一) 依「事故發生的原因」分為：「靜態風險」與「動態風險」。

(二) 依「風險發生的範圍與影響」分為：「基本風險」與「特定風險」。

(三) 依「損失可否衡量」分為：「**客觀風險**」與「**主觀風險**」。

(四) 依「損失的性質」分為：「**投機風險**」與「**純粹風險**」。

名師教學

立即看私房講解

考點速攻
1. 靜態風險：只會造成損失。
2. 動態風險：可能造成損失，也可能帶來益處。

二、風險種類的詳述 ★★

分類	類別	內容
事故原因	1.靜態風險	因自然力或人為錯誤而導致。 例如：地震、颱風、火災、車禍等。其特性為隨機出現。

分類	類別	內容
事故原因	2.動態風險	因社會變動而導致。 例如：消費者嗜好改變、新產品出現等。
風險範圍與影響	1.基本風險	(1) 波及範圍大，難控制。常與政經、社會、天災有關。 (2) 性質上兼有「純粹風險」與「投機風險」。
	2.特定風險	(1) 波及範圍小，只影響少數人且易控制。 (2) 性質上常屬「純粹風險」。
損失衡量	1.**客觀風險**	(1) 為實際損失與預期損失的變量。 (2) 衡量上不因人而異。 例如：統計一年中的國道死傷人數，換算成國道重大事故發生率。
	2.**主觀風險**	(1) 因個人狀況而產生的不確定性，無法衡量。 (2) 衡量上因人而異。 例如：有人自認技術高超，在高速公路出事的機率是零。
損失性質	1.投機風險	(1) 事件結果可能導致損失或產生獲利。 (2) 例如：投資股票、公司開發新產品。
	2.純粹風險	(1) 事件結果只有損失而無獲利機會。 (2) 例如：汽車擦撞。

考點速攻
1. 動態風險、投機風險都是不可保的風險。
2. 保險的目的，在補償偶然事件導所致的損失，因此保險處理的風險，主要為「純粹風險」，此為出題重點。故下列內容就「純粹風險」再詳加探討。

三、純粹風險的深入探討 ★★

保險可保的純粹風險，可分為下列三種：

人身風險	1.與個人的生命和健康有關的一切風險。 2.人身風險事故發生時，會導致收入減少，醫療、喪葬、遺族生活費用、老年退休費用增加。
財產風險	使個人財產發生直接或間接損失的風險。 1.直接損失：如汽車碰撞、居家盜竊。 2.間接損失：如工廠發生火災，無法營業而導致收入中斷的損失。

| 責任
風險 | 對他人的人身或財產造成損害時，依法應負的賠償責任。
例如：冰店老闆未維持清潔衛生，導致用餐客人腹瀉，故老闆負有醫療賠償責任。 |

責任風險
→撞傷路人

人身風險
→駕駛本人受傷

財產風險
→駕駛車子受損

四、「純粹風險」與「投機風險」的關係 ★★

「純粹風險」與「投機風險」的關係如下圖所示：

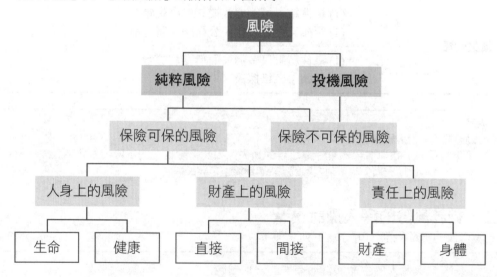

風險

純粹風險　　　投機風險

保險可保的風險　　保險不可保的風險

人身上的風險　　　財產上的風險　　　責任上的風險

生命　　健康　　直接　　間接　　財產　　身體

✏️ 小試身手

(　　) 1 下列何者是「純粹風險」的意義？　(A)一定可以金錢衡量的風險　(B)一定可以保險的風險　(C)一定無法獲利的風險　(D)一定造成損失的風險。

答 (C)。純粹風險：只有損失機會，無獲利機會。

(　　) **2** 下列何者為不可保風險？　(A)死亡　(B)生存　(C)意外事故　(D)股價波動。

　　 答 (D)。不可保風險：商業性保險不能承保的危險，如市場危險、政治危險等。

重點 ③ 風險管理　　本重點依據出題頻率區分，屬：**A** 頻率高

一、風險管理的目的 ★

各經濟單位（如個人、家庭、公司等）對風險的控管，目的在希望以最小成本，達成處理風險的最大效能。

二、風險管理的四步驟 ★★

風險管理分成四個步驟：

(一) 風險的確認。　　　　　　　(二)風險的衡量。

(三) 風險管理辦法的選擇。　　　(四)決策的執行與評估。

步驟一 風險的確認	就個別人身風險而言，一般面臨下列風險事故： 1.死亡。 2.意外受傷、失能。 3.醫療支出。 4.意外造成喪失工作能力。 5.失業。 6.老年退休無工作。 7.其他風險（例如：眷屬面臨上述的風險）。

步驟二 風險的衡量	1.損失成本＝損失頻率預期值×損失幅度預期值。 2.損失頻率預期值：一定時間內，發生風險的平均次數。 3.損失幅度預期值：發生風險的平均損失金額。 4.損失頻率與損失幅度高低、可將風險分為：特別嚴重風險、重要風險、不重要的風險。

觀念理解

某公司員工年均死亡率為0.00226，死亡發生時，雇主預期支付每位員工100萬元的撫卹金，則雇主對每員工之損失成本為：

$0.00226 \times 100萬元＝2{,}260元$

	損失頻率	損失幅度
特別嚴重的風險	高	大
重要的風險	高	小
	低	大
不重要的風險	低	小

步驟三　風險管理辦法的選擇	「事故發生前」、「事故發生時」、「事故發生後」，有不同的選擇方式。		
	1.**事故發生前的處理**		
		(1)避免	A.設法避免風險。 B.為最簡單、經濟、安全的方法。 例如：不騎車、不上夜店。
		(2)預防	A.若一味的避免，易矯枉過正。 B.事先預防，能有效管理風險。 例如：騎車戴安全帽、喝酒不開車。
		(3)移轉	將風險損失轉嫁他人。 例如：透過保險來分擔風險。
	2.**事故發生時的處理**：抑制→力求減輕損失發生的程度。		
	3.**事故發生後的處理**：自留→自己保留了必須承擔的風險。		
步驟四　決策的執行與評估	1.擬定完整的風險管理方案。 2.定期評估與檢討。 3.須顧及其他情況（如個人財務狀況的變化）。		

小試身手

（　　）**1** (1)風險的衡量　(2)風險的確認　(3)管理方法的選擇　(4)執行與評估，風險管理的步驟應為？　(A)(2)(1)(4)(3)　(B)(1)(3)(4)(2)　(C)(1)(2)(3)(4)　(D)(2)(1)(3)(4)。

　　答 (D)。步驟：確認→衡量→管理→執行。

（　　）**2** 下列有關「風險管理」之敘述何者正確？　(A)以最大成本達成風險處理之最大安全效能為管理的目標　(B)管理步驟包括風險之認識與衡量，及方法之選擇與執行　(C)管理結果為風險不再發生　(D)以上皆是。

　　答 (B)。(A)以最小成本達成最大效能為目標；(C)風險無法消滅，只能降低風險發生時的損失。

（　　）**3** 根據風險衡量的結果，可將風險歸類為？　(A)特別嚴重的風險　(B)重要的風險　(C)不重要的風險　(D)以上皆是。

　　答 (D)。風險衡量分為：特別嚴重的風險、重要的風險、不重要的風險。

本重點依據出題頻率區分，屬：**C** 頻率低

重點 **4** 風險管理與保險的關係

一、風險具普遍性，任何時間、空間都可能發生。 ★

二、狹義的風險管理：集合眾多經濟單位，共同聚金，作為對特定風險事故損失的補償制度，是風險管理中，彌補損失的最佳途徑。 ★

三、廣義的風險管理：除彌補經濟損失外，尚包含儲蓄投資，以備未來教育、結婚、休閒、養老所需，此部份可用年金保險、長期壽險等儲蓄性質保單來獲取。 ★

四、人身保險為個人重要的理財工具與金融商品，是一種不可或缺的財務規劃。 ★

> **考點速攻**
> 保險除了有保障功能之外，還具備了儲蓄功能、投資功能與稅法上給予的優惠功能，故保險顧問也是理財顧問。

🖊 **小試身手**

( ) **1** 保險是風險管理重要方法之一，其原因為？ (A)保險的成本最少 (B)保險使損失不再發生 (C)保險可以促進社會繁榮 (D)個人之財力智慧有限。

　　答 **(D)**。因個人能力有限，保險可發揮互助合作的功能，故是風險管理的重要方法。

( ) **2** 廣義的風險管理，除彌補經濟損失外，尚包括 ＿＿＿＿＿。因此保險亦為個人投資理財的重要工具與金融商品，成為現代社會生活中不可或缺的一部份。 (A)儲蓄投資 (B)保單分紅 (C)保單借款 (D)以上皆是。

　　答 **(D)**。廣義的風險管理：借助「保險」為個人投資理財的工具，發揮其借款與存款的功能，以備未來所需。

實戰演練

風險的基本觀念

(　) **1** 下列何者是「風險」的要件？　(A)必須是可以金錢衡量　(B)必需金額龐大　(C)不必有損失發生之可能　(D)必須為不確定性。

(　) **2** 下列那些是符合「風險」之要件？　(A)確定損失必然發生的風險　(B)過去造成重大損失之風險　(C)確定發生，但發生於何時無法預知之風險　(D)以上皆是。

(　) **3** 下列敘述何者不正確？　(A)科學發達後，風險事故已減少　(B)個人或企業皆可能遭受風險之威脅　(C)風險具有普遍性，可發生於任何時間或空間　(D)人類智慧無法預防所有風險。

(　) **4** 風險之發生具有不確定性，有關不確定性係包含下列何者？　(1)風險事故的發生與否不確定　(2)風險事故發生何時不確定　(3)風險事故發生所造成的結果不確定　(4)所致的損失不確定。　(A)(2)(3)　(B)(1)(2)(3)(4)　(C)(2)(4)　(D)(1)(2)(4)。

(　) **5** 就「風險的意義」陳述生老病死，下列何者正確？　(1)係必然的人生階段，不具偶然性，故不具風險　(2)雖係必然階段，但因何時可能造成個人生命財產的損失或增加之額外費用多寡無法確定，故具有風險　(3)因有將導致個人或家庭經濟生活不安定之可能性，具「不確定損失」，故具有風險。　(A)(1)　(B)(1)(3)　(C)(2)　(D)(2)(3)。

(　) **6** 風險的發生與存在必須具備？　(1)不確定性　(2)有損失的可能　(3)有獲利的可能　(4)屬於將來性的　(A)(1)(2)(4)　(B)(1)(2)(3)　(C)(2)(3)(4)　(D)(1)(2)(3)(4)。

風險的類別

(　) **1** 下列何者係指對他人的財產或身體造成損害時，依法對他人應負賠償責任的可能性？　(A)人身風險　(B)財產風險　(C)責任風險　(D)以上皆是。

(　) **2** 一般而言，保險可保的純粹風險可分為？　(A)人身上的風險、道德上的風險、財務上的風險　(B)人身上的風險、環境上的風險、道德上風險　(C)人身上的風險、財務上風險、意外上的風險　(D)人身上的風險、財產上的風險、責任上的風險。

(　　) **3** 人身上的風險不外乎是？　(A)老年的風險　(B)健康的風險　(C)失業的風險　(D)以上皆正確。

(　　) **4** 下列有關客觀風險之陳述何者正確？　(1)通常可以觀察也可以衡量　(2)認定上會因人而有不同的結果　(3)保險公司承保火災保險或汽車保險，即是應用客觀風險的觀念。　(A)(1)(2)　(B)(1)(3)　(C)(2)(3)　(D)(1)(2)(3)。

(　　) **5** 下列何者不是「人身風險」？　(A)醫療費用支出　(B)老年退休無工作　(C)死亡　(D)房屋失火。

(　　) **6** 下列何者係人身的風險？　(1)死亡風險　(2)因意外事故導致財產的毀損　(3)因意外事故導致殘廢而喪失工作能力的風險　(4)醫療費用支出的風險。　(A)(1)(2)(3)(4)　(B)(1)(3)　(C)(1)(4)　(D)(1)(3)(4)。

(　　) **7** 下列敘述，何者不正確？　(A)投機風險係指事件發生的結果可能會產生獲利　(B)保險的目的，在於補償因偶然事件的發生所導致經濟上的損失　(C)保險所處理的風險，主要是純粹風險　(D)純粹風險係指事件的結果不一定只有損失機會。

(　　) **8** 下列敘述何者為非？　(A)客觀風險是實際損失與預期損失的可能變量　(B)客觀風險是可以觀察也可以衡量　(C)客觀風險是基於個人精神狀況的不確定性　(D)主觀風險是基於個人心理狀況而產生的不確定性。

(　　) **9** 下列敘述何者錯誤？　(A)保險所處理的風險為投機風險及純粹風險　(B)主觀風險可能因一定時間之觀察與統計予以衡量而成為客觀風險　(C)實際損失經驗與預期損失經驗的可能變量稱為客觀風險　(D)股票投資屬於投機風險。

(　　)**10** 下列對純粹風險之敘述，何者正確？　(A)僅有損失機會而無獲利機會　(B)發生時個人及社會均產生損失　(C)為保險可保的對象　(D)以上皆是。

(　　)**11** 天然災害如地震不屬於下列何種風險分類？　(A)純粹風險　(B)靜態風險　(C)客觀風險　(D)特定風險。

(　　)**12** 天然災害的事故，屬於何種風險？　(A)靜態　(B)投機　(C)有形　(D)動態風險。

(　　)**13** 日本東北部仙台附近發生的311大地震及隨後產生的海嘯事故，係屬於何種風險？　(A)投機風險　(B)基本風險　(C)有形風險　(D)特定風險。

(　　)**14** 因科技不斷的進步與消費者嗜好的改變，現代人普遍的智慧型手機已取代傳統手機，此為什麼風險？　(A)主觀風險　(B)純粹風險　(C)動態風險　(D)基本風險。

(　　) **15** 投機風險的敘述何者為是？　(A)既有損失機會亦有獲利機會　(B)發生時對個人可能造成損失而社會獲利　(C)非為保險可保的對象　(D)以上皆是。

(　　) **16** 事故發生波及範圍小，只會影響個人而不會影響整個大環境，且較容易控制的風險為？　(A)基本風險　(B)特定風險　(C)常屬純粹風險　(D)僅(B)、(C)選項為是。

(　　) **17** 依風險發生的範圍與影響來看，兼有純粹風險與投機風險雙重性質的風險類別是？　(A)基本風險　(B)特定風險　(C)靜態風險　(D)動態風險。

(　　) **18** 所謂實質風險，以下何者為是？　(1)個人之身體狀況　(2)為領保險金而縱火、預謀殺人　(3)從事之職業　(4)已為財產投保保險，有恃無恐，便疏忽應盡維護與管理的責任　(5)建築物之使用性質。　(A)(2)(3)(5)　(B)(1)(3)(4)　(C)(1)(3)(5)　(D)(1)(2)(3)(4)(5)。

(　　) **19** 風險的分類，依性質可區分為？　(A)靜態風險與動態風險　(B)純粹風險與投機風險　(C)基本風險與特定風險　(D)客觀風險與主觀風險。

(　　) **20** 純粹風險不包含下列何者？　(A)創新的風險　(B)財產上風險　(C)責任上風險　(D)人身上的風險。

(　　) **21** 壽險除外責任中，因犯罪而致死者，不予理賠，即是？　(A)純粹風險　(B)投機風險　(C)保險不保風險　(D)保險可保風險。

(　　) **22** 純粹風險包含？　(1)個人生命或健康有關的風險　(2)個人財產發生間接或直接損失的風險　(3)對他人依法應負賠償責任的風險　(4)開創新商品的風險。　(A)(1)(2)(3)(4)　(B)(1)(2)(4)　(C)(1)(2)(3)　(D)(2)(3)(4)。

(　　) **23** 在風險的分類中，依照風險是否可衡量，可分為？　(A)客觀風險、主觀風險　(B)純粹風險、投機風險　(C)靜態風險、動態風險　(D)基本風險、特定風險。

風險管理

(　　) **1** 下列有關「風險的確認」之敘述何者不正確？　(A)是風險管理之第一步驟　(B)必須由風險管理專家才能確認　(C)個人意識到老年退休將失去工作能力，可稱是風險的確認　(D)風險的確認有助於管理對策的選擇。

(　　) **2** 下列有關「損失」之定義何者正確？　(A)僅指有形損失　(B)保險可保之損失係指非意外事故造成之損失　(C)有形損失可以衡量　(D)無形損失非包括在風險本質中。

(　　) **3** 下列何者不是危險事故發生前之危險管理方法？　(A)買保險　(B)定期作身體檢查　(C)未戴安全帽騎機車　(D)裝置保全系統。

(　　) **4** 下列何者是風險「事故發生時」之風險管理方法？　(A)直接設法避免某項風險　(B)抑制損失之嚴重性　(C)購買保險　(D)自己承擔或保留風險。

(　　) **5** 下列何者為「風險自留」的原因？　(1)明知有風險存在而疏忽不予處理　(2)自己承擔比其它處理方式更划算　(3)無適當的處理方式　(4)自己有能力，足以承擔損失。　(A)(2)(3)　(B)(1)(2)(3)(4)　(C)(2)(3)(4)　(D)(1)(2)(3)。

(　　) **6** 下列何者屬於事故發生時「事中」之風險管理方法？　(A)平日定期健康檢查　(B)高血壓病人減少食鹽攝取量　(C)購買健康保險　(D)以上皆是。

(　　) **7** 因吸煙而罹患肺癌，立即戒菸是屬於何種風險管理方法？　(A)風險移轉　(B)損失保留　(C)人身保險　(D)損失抑制。

(　　) **8** 有關「風險的衡量」，下列何者為非？　(A)特別嚴重的風險，係指損失頻率分配、損失幅度分配皆很高的風險　(B)包括損失發生頻率分配、損失幅度分配的衡量兩部份　(C)是風險管理的第一步驟　(D)指預估一定期間內風險發生所造成的損失金額。

(　　) **9** 老張因有高血壓及中風之家族病史，平日即注意飲食，並定期作身體檢查，且多年前投保了重大疾病保險；去年底經體檢發現血壓偏高，現已定期服藥中；以上敘述下列何者為非？　(A)老張定期服藥，即屬風險管理方法之移轉　(B)老張平日注意飲食，即風險管理方法之避免　(C)老張投保重大疾病保險，即屬風險管理方法之移轉　(D)老張定期作身體檢查，即屬風險管理方法之預防。

(　　) **10** 我們可以於 ＿＿＿＿＿ ，透過加入保險的方式，使得風險事故發生而造成損失時，獲得補償。　(A)任何時間　(B)事故發生之前　(C)事故發生之時　(D)事故發生之後。

(　　) **11** 保險是風險管理重要方法之一，其原因為？　(A)保險的成本最少　(B)保險使損失不再發生　(C)保險可以促進社會繁榮　(D)個人之財力智慧有限，保險可發揮互助合作之功能。

(　　) **12** 某一團體，其員工年平均死亡率為0.00226，若死亡事故發生時，雇主預期須支付每位員工100萬元的撫恤金，則雇主對每一位員工之損失成本應為？　(A)三千六百元　(B)二千二百六十元　(C)二千六百元　(D)二百二十六元。

( ) **13** 某一團體，其員工年平均死亡率為0.00326，若死亡事故發生時，雇主預期需支付每位員工100萬元的撫恤金，則雇主對每一位員工之損失成本為＝100萬×0.00326＝3260元，下列何為正確？ (A)雇主預測損失成本系應用客觀風險的觀念 (B)0.00326即損失頻率的預期值 (C)雇主評估本身足以消化損失之財力如何，作為風險管理決策之參考 (D)以上皆是。

( ) **14** 根據風險衡量的結果，我們可分別就其面臨的風險分類，來評估本身所足以消納或化解損失之財力如何，以作為風險管理決策的參考，下列何者為非屬此類風險？ (A)特別嚴重的風險 (B)責任上的風險 (C)不重要的風險 (D)重要的風險。

( ) **15** 損失成本為下列何者之乘積？ (A)損失頻率預期值、損失幅度預期值 (B)損失幅度預期值、損失金額預期值 (C)損失金額預期值、損失頻率預期值 (D)以上皆非。

( ) **16** 事前透過保險費的繳交，集合多數人的財力，來達到當不幸發生時，損失無需獨自承擔的效果，這種方式就是利用風險管理方法中的何種處理方式？ (A)避免 (B)預防 (C)移轉 (D)自留。

風險管理與保險的關係

( ) **1** 當風險事故發生時，應採何種風險管理方法？ (A)轉移他人 (B)購買保險 (C)抑制損失之嚴重性 (D)設立基金。

( ) **2** 風險衡量結果屬於重要的風險，則代表？ (A)損失頻率分配及幅度分配皆很小 (B)損失頻率分配及幅度分配皆很高 (C)損失頻率分配很高，幅度分配很小 (D)以上皆非。

( ) **3** 廣義的風險管理，除彌補經濟損失外，尚包含儲蓄投資以備未來教育、結婚、創業、養老等情況所需，此部份之需求就可以利用年金保險、長期壽險等具有下列哪些功能，使個人及家庭的經濟生活更能獲得保障？ (1)儲蓄性質保單 (2)保單借款 (3)保單復效 (4)滿期保險金。 (A)(2)(3) (B)(1)(4) (C)(1)(2) (D)(1)(2)(3)(4)。

解答與解析

▌風險的基本觀念

1 (D)。風險三要件：不確定性、損失可能性、將來性。

2 (C)。(A)損失不必然發生的風險。(B)將來可能造成損失的風險。

3 (A)。(A)新型態的風險事故會增加。

4 (B)

5 (D)。(1)具偶然性，隨時可能發生。

6 (A)。保險所討論的風險與獲利無關。

▌風險的類別

1 (C)。(A)人身風險：發生在人的身體或生命上的風險。(B)財產保險：各種有形及無形財務，因事故而產生經濟價值變動的風險。

2 (D)。依風險的標的物，將風險分為：人身風險、財產風險和責任風險。

3 (D)。人身上的風險：人的生老病死，所造成的痛苦或因此喪失工作能力的經濟損失。

4 (B)。客觀風險不會因人而異，故選項中有(2)者均非正確解答，故選(B)。

5 (D)。(D)房屋失火為財產風險。

6 (D)。(1)為人壽保險；(2)為財產保險；(3)為傷害保險；(4)為健康保險。

7 (D)。(D)純粹風險的損失性質為：事件結果只有損失而無獲利機會。(D)錯誤。

8 (C)。客觀風險不會因人而異。

9 (A)。(A)保險只處理純粹風險。

10 (D)

11 (D)。(D)特定風險的特質為範圍小，只影響少部分的人。

12 (A)。靜態風險：自然力隨機變動而導致的風險；動態風險：社會、政經、科技變動而產生的風險。

13 (B)。地震屬於靜態風險和基本風險。

14 (C)。社會型態和潮流變動而產生的風險屬動態風險。

15 (D)。投機風險→可能導致損失，也可能產生獲利，如：投資股票。

16 (D)。(A)基本風險：範圍大，難控制，常與政經、社會、天災有關。(B)特定風險：範圍小，常屬純粹風險。(C)純粹風險：只有損失機會，無獲利機會。

17 (A)。(A)(B)依事故發生原因，非依風險發生的範圍與影響；(C)兩者兼具；(D)常屬純粹風險。

18 (C)。(2)為道德風險；(4)為心理風險。

19 (B)。(A)事故發生的原因；(B)事故損失的性質；(C)風險發生的範圍與影響；(D)損失是否可衡量。

20 (A)。(A)創新的風險可能獲利，也可能損失。

21 (C)。犯罪為道德風險，屬無形風險，其損失「不明確」、「不可衡量」非保險可保之損失。

22 (C)。(4)為動態風險。

23 (A)。(A)依損失是否可衡量；(B)依事故損失的性質；(C)依事故發生的原因；(D)風險的範圍與影響。

風險管理

1 **(B)**。(B)個別經濟單位,如個人與公司,皆能確認和衡量風險。

2 **(C)**。(A)(D)損失包含有形損失、無形損失;(B)保險可保因疾病或意外傷害所產生的損失。

3 **(C)**。(C)戴安全帽騎機車。

4 **(B)**。(A)事前;(C)事前;(D)事後。

5 **(B)**。風險自留的原因:(1)事前保險不夠;(2)不知風險存在;(3)知有風險而未處理;(4)知有風險但無方法;(5)自行承擔。

6 **(B)**。(A)(C)屬「事前」之風險管理方法。

7 **(D)**。為事故發生時的處理,故為抑制。

8 **(C)**。(C)風險管理第一步為「風險的確認」。

9 **(A)**。(A)屬風險管理方法之預防。

10 **(B)**。購買保險為事故發生前之風險管理。

11 **(D)**

12 **(B)**。100萬×0.00226＝2,260元

13 **(D)**。損失成本＝頻失頻率預期值×損失幅度預期值。

14 **(B)**。風險衡量分為:特別嚴重的風險、重要的風險、不重要的風險。

15 **(A)**。損失成本＝頻失頻率預期值×損失幅度預期值。

16 **(C)**。保險轉移:透過保險合約,將風險轉移給保險公司(保險人)。

風險管理與保險的關係

1 **(C)**。(A)(B)(D)為發生前;(C)為發生時。

2 **(C)**。特別嚴重的風險:「損失頻率」與「損失幅度」皆大。重要的風險:「損失頻率」與「損失幅度」一大一小。不重要的風險:「損失頻率」與「損失幅度」皆小。

3 **(C)**。廣義的風險管理:借助「保險」為個人投資理財的工具,發揮其借款與存款的功能,以備未來所需。

焦點觀念題組

道德風險

(　) **1** 下列何者是指個人之不小心、冷漠、缺乏注意力，而導致增加危險事故發生之機會，或損失後坐視損失過大之嚴重性？
(A)名目風險　　　　　　　　　(B)道德風險
(C)實質風險　　　　　　　　　(D)心理風險。

(　) **2** 為保險金而縱火，是屬於何種風險因素？　(A)心理風險因素　(B)實質風險因素　(C)道德風險因素　(D)社會性風險因素。

(　) **3** 「積極性」、「故意性」、「毀壞性」是屬於何種風險因素的特性？
(A)心理風險因素　　　　　　　(B)經濟風險因素
(C)實質風險因素　　　　　　　(D)道德風險因素。

(　) **4** 要保人或受益人意圖不當得利而故意促使被保險人發生損失，此種風險稱之為？
(A)心理風險　(B)實質風險　(C)有形風險　(D)道德風險。

(　) **5** 風險因素的分類中不包含？
(A)經濟風險因素　　　　　　　(B)實質風險因素
(C)心理風險因素　　　　　　　(D)道德風險因素。

(　) **6** 存在於標的本體內在，或標的所處之環境，足以引起或增加損失之機會風險稱為？　(A)實質風險　(B)道德風險　(C)無形風險　(D)心理風險。

(　) **7** 下列敘述何者正確？
(A)已為財產投保便疏忽維護，屬道德風險
(B)實質風險係指無形風險
(C)因個人不誠實致使損失次數增加，或損失發生之擴大損失幅度，稱為道德風險
(D)心理風險是有形風險。

(　) **8** 一般而言，保險可保之損失，係指？
(A)意外事故風險　(B)心理風險　(C)道德風險　(D)以上皆是。

(　) **9** 下列何者是道德風險因素？　(1)為領取保險金而縱火的行為　(2)建築物之使用性質　(3)對已投保財產保險之標的疏於維護與管理　(4)個人之身體狀況　(5)從事之職業。　(A)(1)(3)　(B)(2)(3)(4)(5)　(C)(2)(4)(5)　(D)(1)。

解答與解析

▎道德風險

1 (D)。道德風險→故意；心理風險→疏忽。

2 (C)。犯罪為道德風險，是指以故意行為，致使保險公司產生負擔，使真正該得到保障的人無法得到。

3 (D)。道德風險的特性：積極性、故意性、毀壞性。

4 (D)。同上。

5 (A)。包含有形風險、無形風險。其中：有形風險→實質風險；無形風險→道德風險及心理風險。

6 (A)

7 (C)。(A)心理風險；(B)有形風險；(D)無形風險。

8 (A)。心理風險、道德風險：屬無形風險，損失「不明確」、「不可衡量」，非保險可保之損失。

9 (D)。(2)(4)(5)為實質風險因素；(3)為心理風險因素。

Lesson 02 | 什麼是人身保險

課前導讀

認識人身保險的基本概念是這堂課的重點。只需掌握一些關鍵字詞，考試時就很容易找到答案。

本重點依據出題頻率區分，屬：**C** 頻率低

重點 ① 人身保險的意義、起源與發展

一、人身保險的意義 ★

(一) 保險為**風險移轉**的方法。

(二) 是「**多人合作，分散風險，消化損失**」的一種互助制度。

(三) 集合眾人，分別出極少的錢，彙成龐大的財力，交由壽險公司管理，當有人發生不幸或約定情況時，根據公平合理的制度，給予補償，以保障本人或眷屬的生活。

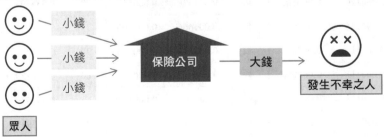

二、人身保險的起源 ★★

(一) 早期：缺乏科學的計算基礎，因此不為大多數人重視。

時間	地點	組織	性質
公元一世紀	羅馬	Collegia	**宗教團體**
中世紀	歐洲	基爾特	**同業公會**
	英國	**友愛社**	社員及配偶

最早的人身保險性質：
宗教團體：類似給予喪葬費。
同業公會：最早的壽險雛形。

(二) 現代：壽險制度的建立，從運用「生命表（或稱：死亡率表）」計算保費開始。

時間	地點	組織	性質
西元1762年（18世紀）	英國倫敦	**衡平保險社**	1.**最早用科學方式計算保費。** 2.**人壽保險開始發展。**

現代保險制度的起源地：英國。

知識補給站

1.生命表：利用**大數法則**，統計一定數量的人口（通常為**10萬人**），從出生至死亡的紀錄。

（註：人壽保險公司依據金融監督管理委員（簡稱金管會）轄下的保險局發布「臺灣壽險業第X回經驗生命表」計算保險費之預定死亡率及計提責任準備金。）

2.下表為臺灣壽險業第六回經驗生命表（自110年7月1日起實施）：

年齡	男性	女性	年齡	男性	女性	年齡	男性	女性
0	0.000320	0.000250	37	0.001160	0.000510	74	0.026421	0.015043
1	0.000189	0.000145	38	0.001268	0.000550	75	0.028684	0.016330
2	0.000163	0.000124	39	0.001386	0.000594	76	0.031399	0.018316
3	0.000140	0.000105	40	0.001528	0.000654	77	0.034393	0.020538
4	0.000125	0.000093	41	0.001666	0.000706	78	0.037686	0.023013
5	0.000114	0.000083	42	0.001813	0.000763	79	0.041283	0.025760
6	0.000111	0.000080	43	0.001972	0.000823	80	0.045179	0.028787
7	0.000112	0.000078	44	0.002141	0.000888	81	0.049379	0.032114
8	0.000114	0.000076	45	0.002417	0.001017	82	0.053919	0.035787

年齡	男性	女性	年齡	男性	女性	年齡	男性	女性
9	0.000119	0.000075	46	0.002607	0.001092	83	0.058847	0.039861
10	0.000122	0.000070	47	0.002809	0.001172	84	0.064234	0.044417
11	0.000137	0.000072	48	0.003023	0.001259	85	0.070155	0.049538
12	0.000155	0.000077	49	0.003250	0.001352	86	0.076679	0.055311
13	0.000181	0.000085	50	0.003462	0.001424	87	0.083862	0.061815
14	0.000227	0.000097	51	0.003716	0.001528	88	0.091503	0.069117
15	0.000296	0.000130	52	0.003987	0.001638	89	0.099553	0.077285
16	0.000339	0.000144	53	0.004276	0.001753	90	0.108814	0.086386
17	0.000378	0.000157	54	0.004585	0.001876	91	0.119522	0.096499
18	0.000410	0.000169	55	0.005060	0.002155	92	0.130140	0.107714
19	0.000435	0.000181	56	0.005416	0.002305	93	0.141715	0.120129
20	0.000432	0.000178	57	0.005802	0.002475	94	0.154333	0.133841
21	0.000447	0.000187	58	0.006222	0.002668	95	0.168088	0.148972
22	0.000459	0.000196	59	0.006678	0.002887	96	0.183083	0.165642
23	0.000466	0.000203	60	0.007461	0.003323	97	0.199429	0.183967
24	0.000472	0.000209	61	0.008005	0.003600	98	0.217248	0.204056
25	0.000496	0.000240	62	0.008610	0.003918	99	0.236673	0.226029
26	0.000504	0.000249	63	0.009283	0.004280	100	0.257849	0.249978
27	0.000518	0.000260	64	0.010040	0.004697	101	0.280266	0.275991
28	0.000538	0.000275	65	0.011263	0.005599	102	0.303380	0.304114
29	0.000565	0.000293	66	0.012233	0.006148	103	0.327941	0.334395
30	0.000657	0.000313	67	0.013347	0.006786	104	0.353936	0.366803
31	0.000698	0.000335	68	0.014613	0.007520	105	0.381357	0.401270
32	0.000749	0.000358	69	0.016034	0.008360	106	0.423024	0.448839
33	0.000808	0.000383	70	0.018508	0.009714	107	0.468308	0.498729
34	0.000877	0.000409	71	0.020226	0.010801	108	0.512549	0.556522
35	0.000977	0.000442	72	0.022110	0.012043	109	0.558588	0.619461
36	0.001063	0.000474	73	0.024167	0.013452	110	1	1

資料來源：行政院公報資訊網。

三、人身保險的發展 ★★

十八世紀以前

保險費缺乏科學的計算基礎，故不為大多數人重視。

十八世紀以後

運用「生命表」計算保費，保費**依年齡大小**收取，公平的收費方式逐漸為大眾接受，壽險制度因此建立。

現代

1. 演變成以**人身保險**為軸心，結合**證券投資**與**資產管理**，成為兼具保險與理財投資的工具。
2. 壽險從價格競爭，轉向產品競爭和服務競爭，從業人員成為客戶的理財顧問。
3. 「人身保險」、「民主主義」和「勞工福利」成為現代生活的三重保障。

小試身手

(　　) **1** 現代人壽保險制度的建立始於 _____ ，因為其首先根據生命表計算合理的保險費。
(A)法國相互救濟會　　　　　(B)德國救濟金庫
(C)中世紀歐洲的基爾特組織　(D)英國衡平保險社。

答 (D)。西元1762年「衡平保險社」首先根據生命表，合理的計算保費。

(　　) **2** 使用「生命表」是為了取得計算保險費之？
(A)預定利率　　　　　(B)核保率
(C)預定營業費用率　　(D)預定死亡率。

答 (D)。生命表：常以十萬人為對象，依大數法則，統計出來的死亡率表。

(　　) **3** 現代生活之三重保障為？
(A)人身保障、民生主義、民族主義
(B)社會主義、民族主義、勞工福利
(C)人身保險、民主主義、勞工福利
(D)人身保險、民族主義、勞工福利。

答 (C)。人身保險：保障未來。民主主義：保障權利。勞工福利：保障生活。

重點 **2** **人身保險的功能** 本重點依據出題頻率區分，屬：**B** 頻率中

人身保險的功能可以從對個人、對社會、對國家三個面向來探討。

一、 對個人的功能 ★★

(一) 後顧無憂，晚景可恃

　1. 社會由農業轉為服務業，大家庭轉為小家庭，故「養兒防老」的觀念須修正。

　2. **「滿期保險金」及「年金保險」是保障老年生活的最好辦法。**

(二) 安定就業，穩定發展

　1. 雇主替員工投保「團體險」或企業年金，由雇主負擔大部份保費，讓員工多一份保障。

　2. 利用保險增強員工的安定性和工作效率。

(三) 保證信用，有利投資

　1. **壽險提供經濟保障，確保了信用和償還能力**，故向金融機構借貸會更便利。

　2. 保單可作保單借款，增加現金的流動性。

(四) 享受優惠，稅捐減免

　1. **保險費可從所得額中列舉扣除**。

　2. 部分保險給付可免稅。

(五) 保險加理財，投資型保險一舉兩得

　1. 具有資本增值的機會。

　2. 彈性繳費，有繳費自主權→有助個人資金運用以及退休規畫。

二、 對社會的功能 ★★

(一) 互助共濟，社會安寧：若多數人都參加保險，對共同利益產生關懷，易形成互助共濟的團體，和善良的社會風氣。

(二) 鼓勵儲蓄，平均財富：若不按期繳納保費，契約會停效或終止，故保險**有強迫儲蓄的性質**。

(三) 促進教育，提高素質：透過「年金保險」，父母可：
1. 提早對子女的教育基金做準備。
2. 使子女教育不因突發事故而中止。

(四) 大眾理財，豐富多元
1. 創新的壽險商品，提供投資理財的新選擇。
2. 部份投資型保險商品由保險公司**保證最低收益率**，可降低投資風險。

三、 對國家的功能 ★★

(一) 形成資本，以增國富：
1. 保險公司收取保費，匯集成資金，提取部分作為「責任準備金」。
2. 「**責任準備金**」可用於國家經濟建設，故有調整金融，供給資金及開拓建設的功能。

> **責任準備金：**
> 為保險的重要概念，會在Lesson 05詳述。

(二) 穩定經濟，安定政治：
1. 調整社會財富。
2. 保障個人經濟生活。
3. 消弭勞資糾紛。

(三) 透過再保，拓展外交
1. **再保險：壽險公司為分散風險，將承保之保險向國外保險公司再保；同時也接受國外保險公司的分保。**
2. **這種國際間的往來，即為最好的實體外交。**

> **再保險：**
> 也稱「分保」，是保險公司將所承保的危險責任，向其他保險公司再辦理保險，即保險的保險。可以稀釋風險發生時，單一保險公司所受到的衝擊。

(四) 健全經營，整合金融
1. **利率走低，易造成壽險公司的經營風險。**
2. 民國95年開放保險業銷售證券投資信託基金，結合證券投資可降低經營風險。

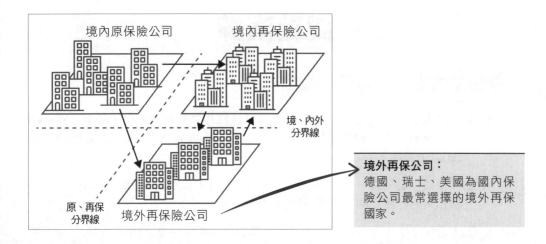

境外再保公司：
德國、瑞士、美國為國內保險公司最常選擇的境外再保國家。

 小試身手

( ) **1** 人身保險對社會的功能，下列何者為非？
(A)互助共濟、社會安寧 　　(B)透過再保、拓展外交
(C)鼓勵儲蓄、平均財富 　　(D)促進教育、提高素質。

答 (B)。(B)非對社會，是對國家的功能。

( ) **2** 一個投保人壽保險的人，不論在任何意外事故發生時都有經濟上的保障，這也就是人身保險功能中的？
(A)保證信用，有利投資 　　(B)後顧無憂，晚景可恃
(C)安定就業，穩定發展 　　(D)以上皆是。

答 (A)。投保人壽保險，在意外事故發生時有經濟上的保障，故能確定其信用和償還能力。

( ) **3** 人壽保險公司將所承受保險的一部份向國外再保公司再保，是為了？
(A)將不良的契約轉給再保公司承受
(B)分散危險
(C)公司間交際
(D)賺取再保佣金。

答 (B)。再保：保險公司將其所承保之危險，轉向他保險公司為保險的契約行為。

實戰演練

人身保險的意義、起源與發展

(　　) **1** 早期人壽保險制度中，下列何者專以社員及其配偶的死亡、年老、疾病給予金錢救濟？ (A)法國相互救濟會 (B)英國友愛社 (C)德國救濟金庫 (D)以上皆是。

(　　) **2** 「保險」是一種？ (A)政府規定的制度 (B)保險公司獨創的制度 (C)轉移損失的社會互助 (D)保障窮人的社會福利。

(　　) **3** 人身保險中相互扶助觀念，是由大眾對出事的伙伴家庭給予 ＿＿＿＿ 上的幫助。 (A)經濟 (B)責任 (C)道義 (D)精神。

(　　) **4** 人身保險的意義，就是由 ＿＿＿＿ 出極少的錢，交由人壽保險公司集成龐大的財力，作妥善的管理與運用。在這些人之中，一旦有人發生不幸或約定事故的時候，根據公平合理的制度，給與補償，保障本人或親屬安樂的生活。 (A)許多窮苦的人們 (B)少數的社會熱心人士 (C)千千萬萬的人 (D)保險公司的員工。

(　　) **5** 生命表係利用下列何種原理統計而來？ (A)大數法則 (B)收支相等原則 (C)保險利益 (D)保費三要素。

(　　) **6** 早期的人身保險制度裡，保險費按 ＿＿＿＿ 收取，以致發生不公平的現象。 (A)不論年齡別 (B)年齡別 (C)男女別 (D)階級別。

(　　) **7** 早期的人壽保險組織，如中世紀歐洲之基爾特、英國的友愛社、德國的救濟金庫、法國的相互救濟會等，並不為大多數人所重視之原因？ (A)沒有保險法規範 (B)保險公司未開放民營 (C)政府當局不鼓勵 (D)保險量缺乏科學的計算基礎。

(　　) **8** 有關「生命表」的說明，下列何者不正確？ (A)用以預定某人在何時身故 (B)通常以十萬人為統計對象 (C)為計算保險費的重要依據 (D)使人壽保險制度趨於科學化。

(　　) **9** 投保人身保險最主要的目的是？ (A)彌補發生意外事故遭受的經濟損失 (B)保險滿期時領一大筆錢 (C)心理上獲得安全感 (D)儲蓄小錢備為大用。

(　　) **10** 現代保險制度的建立，要從運用 ＿＿＿＿ ，於計算人壽保險的保費開始。 (A)生命表 (B)傷亡表 (C)生存表 (D)年金表。

(　　) **11** 最早使用生命表計算純保費是在？　(A)十八世紀　(B)十七世紀　(C)十九世紀　(D)十六世紀。

(　　) **12** 最早的人壽保險雛形，係起源於公元一世紀時，何處的宗教團體？　(A)羅馬　(B)希臘　(C)埃及　(D)巴比倫。

(　　) **13** 最早的人壽保險雛形，係發源於？　(A)商業團體　(B)投資集團　(C)宗教團體　(D)同業工會。

(　　) **14** 養兒防老的觀念必須修正，因為我們的社會？　(A)傳統大家庭制度逐漸瓦解　(B)已由農業型態逐漸轉變為服務業型態　(C)小家庭制度興起　(D)以上皆是。

(　　) **15** 年齡乃影響死亡率最重要因素，由個別年齡之可能死亡率所構成之彙整表稱為？　(A)罹病表　(B)解約金表　(C)現值表　(D)生命表。

(　　) **16** 所謂生命表，簡單的來說，就是利用大數法則，通常採用 ＿＿＿＿ 為研究統計對象，而統計出來的死亡率表。　(A)一萬人　(B)一千人　(C)十萬人　(D)一百萬人。

(　　) **17** 現代保險的新演變是以 ＿＿＿＿ 為軸心，結合證券投資與資產管理為特色。　(A)年金保險　(B)人身保險　(C)傷害保險　(D)健康保險。

人身保險的功能

(　　) **1** (1)幫助政府推行社會福利　(2)彌補保險公司之營業收入　(3)保障人民生活安定　(4)安定社會經濟，上述何者是投保人身保險之目的？　(A)(2)(3)　(B)(1)(2)(3)(4)　(C)(1)(3)(4)　(D)(1)(2)。

(　　) **2** 人身保險可以增加儲蓄的原因是？　(A)減少消費　(B)增加所得　(C)保費繳納具強制性　(D)可以節稅。

(　　) **3** 人身保險對個人的功能有那些？　(1)後顧無憂、晚景可恃　(2)安定就業、穩定發展　(3)保證信用、有利投資　(4)享受優惠、稅捐減免。　(A)(1)(2)(3)　(B)(2)(3)(4)　(C)(1)(2)　(D)(1)(2)(3)(4)。

(　　) **4** 人壽保險的社會功能中有保障家庭經濟的穩定作用，為促進教育提高素質，對一般家庭而言，下列何者費用的支出在未來是一筆金額大又省不得的支出？　(A)應急費用　(B)養老費用　(C)儲蓄費用　(D)子女教育費用。

(　　) **5** 下列何者是人身保險的功能？　(A)可利用保單價值準備金質押借款　(B)增加員工工作的安定　(C)使人在安定的心理基礎上發展事業　(D)以上皆是。

( ) **6** 下列敘述何者為真？ (1)人身保險制度有助於解決社會人口老年化帶來的問題 (2)人身保險可形成資本，以增國富 (3)人身保險可穩定經濟，安定政治 (4)人身保險可促進教育，提高素質。 (A)(1)(2)(3)(4) (B)(2)(3)(4) (C)(1)(3)(4) (D)(1)(2)(3)。

( ) **7** 由於客觀情勢與世界潮流的改變，未來壽險業應把握客戶的真正需要及動向，才可設計出符合客戶所需要的商品，由於價值觀念的演變促使保險公司可以在那些方面增加商品設計？ (A)婦女保障 (B)旅遊保障 (C)失業保障 (D)僅(A)、(B)。

( ) **8** 投保人身保險勝於一般儲蓄的原因？ (A)儲蓄的人難免容易有始無終 (B)一般儲蓄沒有強制性，準備的錢容易挪作他用 (C)投保者須按期繳費，無形中含有強迫儲蓄性質 (D)以上皆是。

( ) **9** 投保人身保險無形中含有一種強迫儲蓄的性質，因為？ (A)不敢將錢挪移別用 (B)不交保險費，保險公司可以請求法院強制執行 (C)收費人員會向你強迫收取 (D)不按期繳納保險費，則保險契約將會停止或終止。

( )**10** 投保人壽保險的人，不論在任何意外事故發生時，都有經濟上的保障，可以確定？ (A)身體健康良好 (B)投資沒有風險 (C)信用和償債能力 (D)以上皆是。

( )**11** 保險人以其承保之危險轉向他保險人為保險契約之行為稱為？ (A)複保險 (B)共同保險 (C)轉保險 (D)再保險。

( )**12** 保險業之所以能形成資本、調整金融，其主因是？ (A)其稅賦依法受政府之保護及優惠 (B)為廣大要保人收集及保管保費 (C)保險公司之資本提供者均由財團組成 (D)以上皆非。

( )**13** 保險業之所以能夠穩定經濟、安定政治，其主因是？ (A)能夠調節社會財富 (B)消弭勞資糾紛 (C)使每個人的經濟生活受到保障 (D)以上皆是。

( )**14** 開拓企業團體的集體投保，可？ (1)節省說明時間 (2)由薪津中代為扣除保險費 (3)提高繼續率 (4)不必經過核保手續的好處，上列何者為正確？ (A)(2)(3)(4) (B)(1)(2)(3)(4) (C)(1)(2)(3) (D)(1)(3)(4)。

( )**15** 人身保險對國家的功能有哪些？ (1)形成資本、以增國富 (2)穩定經濟、安定政治 (3)增加稅收、以裕國庫 (4)透過再保、拓展外交。 (A)(1)(2)(3)(4) (B)(1)(2)(4) (C)(1)(2)(3) (D)(1)(3)(4)。

解答與解析

人身保險的意義、起源與發展

1 (B)。英國的友愛社組織依題目定義，已經可以算是一種保險組織。

2 (C)。保險是一種多數人合作，以分散風險，消化損失的制度。

3 (A)

4 (C)。保險是一種多數人合作，以分散風險，消化損失的制度。

5 (A)。生命表：常以十萬人為對象，依大數法則，統計出來的死亡率表。

6 (A)。18世紀後按生命依年齡收費。

7 (D)。現代壽險制度的建立，從運用「生命表」計算保費開始。

8 (A)。(A)用來預測眾人的平均死亡率。

9 (A)。保險雖具儲蓄功能，但主要功能仍為保障。

10 (A)。西元1762年「衡平保險社」首先根據生命表，合理的計算保費。

11 (A)

12 (A)。最早壽險雛形可溯及到西元一世紀羅馬的宗教團體"Collegia Tenuiornm"。會員繳納會費，死亡時，遺族可領到一筆喪葬費。

13 (C)　14 (D)

15 (D)。生命表：也稱死亡率表，顯示一個人在每一個年齡時，活不過這一年，到下個生日前死亡的機率。

16 (C)。生命表：常以十萬人為對象，依大數法則，統計出來的死亡率表。

17 (B)。隨經濟自由化與國際化，人身保險商品亦日趨多元。

人身保險的功能

1 (C)。(2)政府只維護保險公司健全經營，不保證收入。

2 (C)　3 (D)　4 (D)　5 (D)　6 (A)

7 (D)。(C)失業救助是由政府主持的保險或福利制度，非壽險業。

8 (D)　9 (D)

10 (C)。投保人壽保險，在意外事故發生時有經濟上的保障，故能確定其信用和償還能力。

11 (D)。再保：保險公司將其所承保之危險，轉向他保險公司為保險的契約行為。

12 (B)。保險公司收取保費，提存責任準備金，用於保戶紅利分配，也提供國家建設資金，具調節金融，形成資本的功能。

13 (D)

14 (C)。(4)任何保險皆須經過保險公司核保。

15 (B)。(3)部分保險具節稅功能，無法增加稅收。

焦點觀念題組

保險與風險

(　) **1** 下列何者不是「保險」的特質？
(A)針對偶發事故 　　　　　　　　(B)補償損失
(C)分散風險 　　　　　　　　　　(D)避免風險。

(　) **2** 下列敘述何者為非？
(A)人身保險是自力與他力的結合
(B)購買人身保險就可確保風險不發生
(C)因人身保險的保險費視購買者年齡而定，所以其風險的分擔是公平的
(D)因人身保險有所謂「我為人人，人人為我」之相互扶助精神，所以其兼
　　具了自己責任及社會責任。

(　) **3** 人壽保險是一種用大多數人的力量來 ＿＿＿＿＿＿ ，消化損失的社會互助經濟保
障制度。
(A)預防危險 　　　　　　　　　　(B)避免危險
(C)吸收危險 　　　　　　　　　　(D)分散危險。

(　) **4** 下列有關保險之陳述，何者正確？
(A)是一種透過多數人合作以避免風險的經濟保障制度
(B)為風險避免方法之一種
(C)投保人身保險的人可以確定他的信用和償還能力
(D)以上皆是。

(　) **5** 下列何者不是保險的特質？
(A)分散危險 　　　　　　　　　　(B)避免危險
(C)針對偶發事故 　　　　　　　　(D)消化損失。

(　) **6** 下列有關「保險」之敘述何者不正確？
(A)以公平合理為原則 　　　　　　(B)集合多數具有共同危險之單位
(C)具有減少損失發生機率 　　　　(D)透過大數法則之計算。

解答與解析

保險與風險

1 (D)。保險不能預防和避免風險、無法使風險消滅或不發生。只能分散風險、降低風險發生時的損失。

2 (B)。(B)不能確保風險不發生,只能降低風險發生時的損失。

3 (D)

4 (C)。(A)(B)只能分散風險,無法避免風險。

5 (B)

6 (C)。(C)不能減少損失發生的機率,只能減少損失造成的負擔。

Lesson 03 | 我國保險事業的前世今生

課前導讀

本課重點在講述我國保險事業的發展沿革，內容包含年份和大事件，可藉由考古題的練習，找出較常考的事件。

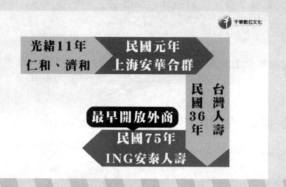

名師教學

https://reurl.cc/GkQqmp

本重點依據出題頻率區分，屬：**A** 頻率高

重點① 我國人身保險事業概述

一、我國人身保險事業的內涵 ★★

(一) 保險法第13條規定：保險分為「**財產保險**」及「**人身保險**」。

(二) 人身保險包括「**人壽保險**」、「**健康保險**」、「**傷害保險**」及「**年金保險**」四種。

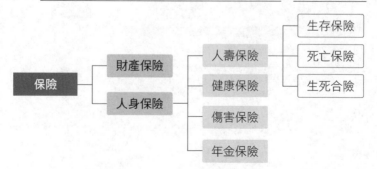

二、中國保險業的發源 ★

年份	組織沿革	業務範圍	特色
清光緒11年	仁和、濟和	水險、火險	開風氣之先
民國元年	上海安華合群保險公司	人壽保險	最早（國人自營）
民國30年（太平洋戰爭爆發）	外商撤退，本國保險業取而代之。	本國壽險公司增至10家。	—

三、臺灣保險業的演變 ★★

年份	事件
民國36年	成立臺灣人壽，臺灣最早國人自辦之壽險公司。
民國51年	**核准民營，開放七家民營保險公司**。
民國75年	**開放美商設立分公司**。
民國80年	開放郵局專賣之**簡易壽險**給其他壽險業者。
民國81年	**第二次開放民營**。
民國83年	**全面開放外商設立分公司**。
民國85年	**開放外商設立子公司**。

> **保險的內涵：**
> 古人的「積穀防饑」之說，已具有保險的內涵。

> **我國最早開放外商的壽險公司：**
> 第一家外商保險公司為美商ING安泰人壽。

> **簡易壽險的性質：**
> 一種小額、免體檢、適應一般低收入職工需要的保險。

四、人身保險商品型態的演進 ★★

名師教學

立即看私房講解

年份	主要商品型態
民國51年	生存險為主,主要為3～6年的短期儲蓄險。
民國56年	**停辦5年以下生存險**,促使壽險轉向長年期發展。
民國60年	1.壽險保單可附加意外傷害特約。 2.推出各種單獨意外險保單。 以因應各種陸海空交通意外和工業化後的事故。
民國78年	1.中長期的生死合險。 2.以保障為主的定期壽險、終身壽險。 3.**複利增值型的養老保險。** 4.**定期還本的終身保險。** 以因應高儲蓄率和高齡化的社會變遷。
民國90年	**投資型商品近年來成為新商品主流。**
民國93年	**傳統型的「強制分紅保單」停賣,改為自行設計的「分紅保單」與「不分紅保單」。**
近年	**團體保險**快速成長,與政府推行社會福利,改善勞資關係,給予企業稅法優惠有關。

五、與臺灣壽險業有關的「經驗生命表」 ★★

名稱	製表單位	使用對象
國民生命表	內政部	全國國民或地區居民。
人壽保險業經驗生命表	壽險公司	**所有參加壽險的被保險人。**
年金生命表	內政部	以國民生命表死亡率之65%為準頒訂。

死亡率高低:

國民生命表>人壽保險業經驗生命表>年金生命表。

註1:國民生命表→計算死亡率不分男女老幼。

註2:人壽保險業經驗生命表→因經過體檢篩選,故死亡率低於國民生命表。

名師教學

立即看私房講解

六、人壽保險業經驗生命表之演進 ★★

版本	年份	事件
第一回經驗生命表	民國63年	首次編制,於次年（民國64年）開始使用。
第二回經驗生命表	民國73年	－ －
第三回經驗生命表	民國78年	**男女分開列表,女性保費較便宜。** 保費以死亡率之90%計算。 保費再次降低。 做為計提責任準備金的標準。
	民國92年	**計算保費之生命表由保險公司自行決定。**
第四回經驗生命表	民國93年	民國91年完成「第四回經驗生命表」。 民國93起,做為計提責任準備金的標準。
第五回經驗生命表	民國101年	民國101年起,做為計提責任準備金的標準。
第六回經驗生命表	民國110年	民國110年起,做為計提責任準備金的標準。

> **經驗生命表的理解:**
> 經驗生命表從第一～六回,因國人壽命延長,死亡率降低,保費也愈調愈低。

小試身手

(　) **1** 人身保險的觀念萌芽於？　(A)政府社會福利措施　(B)人們謀求經濟生活安定　(C)保險公司為取得利益而鼓吹　(D)以上皆是。

答 **(B)**。社會進程的階段定義,觀念萌芽必始於經濟安定的追求。

(　) **2** 臺灣壽險業初期,壽險保單之設計與販賣多以為主。　(A)生存保險　(B)終身保險　(C)多倍型保險　(D)死亡保險。

答 **(A)**。民國53年,主要銷售生存保險（活越久,領越多）;民國56年,停辦五年以下生存險（故現生存險以六年為主）。

(　) **3** 民國 _____ 透過投資型保險商品之開發,預計此商品將成為未來新商品的主流。　(A)90年　(B)91年　(C)92年　(D)93年。

答 **(A)**。民國90年通過投資型保險商品之開發,預計將成未來新商品的主流。

重點**2** 生活型態改變與人身保險事業的關係

人身保險事業是人的事業，和生活型態的改變密切相關，下面我們就幾個因素來探討。

一、家庭模式的改變 ★★
(一) 小家庭增加，家族「互助」意識模糊，凡事須靠自己。因此對保險產生迫切需要。
(二) 雙薪家庭增加，婦女經濟實力提升。促使婦女壽險市場漸受重視。

二、保險觀念的普及 ★★
(一) 人民知識水準提高。
(二) 民國39年，開辦軍保、勞保、公保及農保。
(三) 民國84年，開辦全民健保。
(四) 壽險公司大力推展業務。

三、國民所得的提高 ★
(一) 國民所得提高，生活水準改善。
(二) 家庭經濟支柱死亡引起的變故加劇，更加察覺以保險對抗家庭經濟危機的重要。

四、經濟結構的改變 ★★
(一) 經濟發達，產值：服務業＞工業＞農業。
(二) 經濟結構改變，環境漸趨複雜，風險相對提升。

五、災害與成人病 ★★
(一) 交通發達引起的事故增加。
(二) 工業化引起的工作意外增加、環境污染情況惡化。
(三) 疾病如癌症、心臟病、腦血管疾病的死亡人數增加。

六、壽命的延長 ★★
(一) 國民壽命延長，人口結構高齡化。
(二) 112年國人的平均壽命為80.23歲，其中男性76.94歲、女性83.75歲。
(三) 勞基法規定：強制退休年齡為65歲。年金保險、長期照護險、終身醫療險等，保障老年生活的需求增加。

> **高齡社會：**
> 民國120年65歲以上人口將逼近20%，步入超高齡社會。

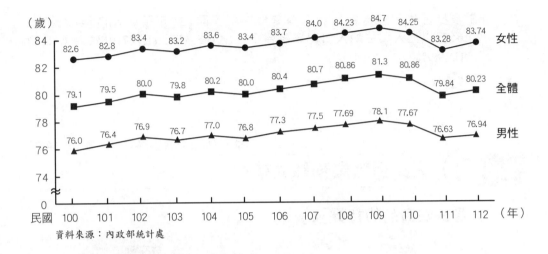

資料來源：內政部統計處

七、價值觀改變與消費者運動 ★

(一) 消費方式由數量導向變成品質導向。

(二) 消費者運動提高消費意識，汰除市場劣質商品。

(三) 消費者運動提高廠商對顧客關懷和環境保育的社會責任。

　　→壽險公司依年齡、性別、職業等細化商品設計，以滿足需要。

八、當前的社會保障制度 ★

(一) 國家社會保障制度未能涵蓋每一位國民。

(二) 社會保障制度只能維持基本的生活，而非滿足的生活。

　　→為實現更好的生活，須由個人去做更周詳的準備。

小試身手

(　) **1** 臺灣地區由於經濟快速發展、工商繁榮、交通發達，各種意外傷亡不斷增加，此外各種公司行號、工廠不斷設立，故近年來壽險公司致力於發展何種業務？甲、定期險；乙、傷害險；丙、團體險；丁、生存險　(A)甲、乙　(B)乙、丙　(C)甲、丙、丁　(D)乙、丁。

　　答 (B)。意外傷亡不斷增加→傷害險；公司行號、工廠不斷設立→團體險。

(　) **2** 由於教育的普及，人們知識水準提高，因此對人身保險需求的情況為？(A)較能了解保險的功用，增加投保意願　(B)斤斤計較，不易投保　(C)不變　(D)不一定。

　　答 (A)

( ) **3** 根據行政院經建會估計，臺灣地區至民國125年預期人口零成長時，65歲以上人口佔總人口比率將達？ (A)15.3% (B)27.96% (C)8.4% (D)9.9%。

答 (B)

重點 3 人身保險業務員的使命

一、人身保險商品的特質 ★★

成交前		成交後

保險契約成交

保險是無形商品，無法在櫥窗展示，故人們不覺有積極需要。
→須業務員推廣，才能讓客戶了解其需求。

持續售後服務，以保持契約持續有效。
→業務員需持續解答客戶的疑難，以維持對保險的信賴。

二、人身保險業務員的使命 ★

(一)崇高的信念。 (二)豐富的學識。 (三)不屈的毅力。 (四)優良的態度。

小試身手

( ) **1** 下列何者措施為降低解約率的做法？ (A)普及社會大眾的保險知識 (B)加強業務人員的專業知識 (C)加強業務人員的職業道德 (D)以上皆是。

答 (D)。健全保險市場的供給與需求，即能活絡交易，降低解約率。

( ) **2** 保險是一種無形商品，業務員於售出保單後？ (A)應持續售後服務 (B)已盡了責任 (C)伺機鼓勵其解約改保以增加佣金收入 (D)交由公司同仁負責。

答 (A)

本重點依據出題頻率區分，屬：**C** 頻率低

 重點 4　人身保險事業今後的發展重點

一、人身保險事業現況 ★★

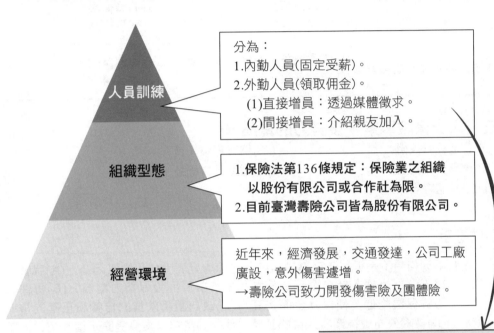

人員訓練

分為：
1.內勤人員(固定受薪)。
2.外勤人員(領取佣金)。
　(1)直接增員：透過媒體徵求。
　(2)間接增員：介紹親友加入。

組織型態

1.保險法第136條規定：保險業之組織以股份有限公司或合作社為限。
2.目前臺灣壽險公司皆為股份有限公司。

經營環境

近年來，經濟發展，交通發達，公司工廠廣設，意外傷害遽增。
→壽險公司致力開發傷害險及團體險。

保險公司營業部：
掌管業務招攬、外勤組織、人員訓練等事宜。

二、客戶動向 ★

趨勢演變	衝擊	保險需求
1.由於經濟情勢的演變	(1) 通貨膨脹。 (2) 失業問題。 (3) 受薪階層增加。 (4) 國民所得提高。	(1) 醫療保險。 (2) 儲蓄保險。
2.由於價值觀念的演變	(1) 男女平等觀念普及。 (2) 國人出國觀光頻繁。	(1) 婦女壽險。 (2) 旅遊保險。

趨勢演變	衝擊	保險需求
3.由於社會結構的演變	(1) 社會團體、公司行號增加。 (2) 高齡人口逐年增加。	(1) **團體壽險**。 (2) 長年期健康保險。 (3) 看護保險。 (4) 年金保險。
4.由於科學發展的影響	(1) 工作意外、交通事故頻傳。 (2) 環境汙染，疾病叢生。	(1) 醫療保險。 (2) 生死壽險。

三、人身保險事業今後努力的重點 ★
(一) 改進經營技術。　　　　　　　(二) 培養專業人員。
(三) 重視客戶利益。　　　　　　　(四) 增進社會福祉。
(五) 設計適宜商品。

小試身手

（　）**1** 下列何項不是近幾年來壽險業在各方面均呈高度成長的原因？　(A)我國的經濟發展迅速，社會繁榮，使國民所得提高而投保能力增加　(B)每件保險的保額降低，使保障全面提高　(C)政府對壽險業的培養和正確的領導　(D)壽險公司重視業務人員的訓練，使外勤業務員素質提高，增加招攬的成功率。

答 **(B)**。(B)保額降低、保費減少，保障會跟著降低。

（　）**2** 我國保險法第136條規定，保險業之組織為？　(A)股份有限公司或合作社　(B)股份有限公司或相互保險公司　(C)財團法人　(D)保險經紀人或代理人。

答 **(A)**。保險業之組織型態規定，僅限於股份有限公司和合作社。但目前國內僅有股份有限公司。(C)社團法人。

（　）**3** 保險公司之部門中負責掌管業務招攬、外勤組織、人員訓練、督導及管理事項之部門為？　(A)總務部　(B)營業部　(C)企劃部　(D)管理部。

答 **(B)**

（　）**4** 下列哪一項因素通常為客戶拒絕投保的原因之一？　(A)國民所得提高　(B)通貨膨脹　(C)醫藥科學發達　(D)薪資階層的增加。

答 **(B)**。通貨膨脹使未來滿期金購買力減弱，故常為客戶拒絕投保的原因，客戶傾向能因應通貨膨脹的商品。

實戰演練

我國人身保險事業概述

(　) **1** 下列何者非政府已開辦之政策性保險？　(A)軍人保險　(B)勞工保險　(C)全民健康保險　(D)人身保險。

(　) **2** 財政部為促使壽險業務轉向較長年期發展，規定各壽險公司自民國 ＿＿＿＿＿ 時起，一律不得再簽發五年期以下各種生存保險保單。　(A)56年　(B)57年　(C)51年　(D)63年。

(　) **3** 我國自民國哪一年開始可銷售不分紅人壽保險單業務？　(A)93　(B)91　(C)92　(D)90年。

(　) **4** 近年來，因為下列何種原因，造成保險公司營運上的不確定性，主管機關公告各保險公司停售強制分紅保單。　(A)利率不斷下降　(B)國民所得不斷提高　(C)投保率已逾100%　(D)金控公司的成立。

(　) **5** 政府於民國五十六年明令各壽險公司停止販售幾年期以下之儲蓄保險。　(A)五年　(B)七年　(C)四年　(D)六年。

(　) **6** 傳統型強制分紅壽險保單自民國 ＿＿＿＿＿ 起，停止販售。　(A)93年　(B)92年　(C)94年　(D)95年。

(　) **7** 預期將成為未來新商品的主流。　(A)強制分紅保險商品　(B)短年期儲蓄保險商品　(C)投資型保險商品　(D)以上皆是。

生活型態改變與人身保險事業的關係

(　) **1** 下列何者為非？　(A)壽險結合證券投資，達到金融市場進一步整合的功能　(B)微利時代創新壽險商品提供了一項新選擇　(C)有最低保證收益設計的商品，讓大眾降低了投資風險的不確定性　(D)市場利率走低，為壽險公司帶來了經營上的利潤。

(　) **2** 工業化的結果，各種意外事故劇增，促使人民重視保障，各公司在保險商品設計上亦以提高保障機能為主，造成哪個種類的保險業務成長迅速。　(A)生死合險　(B)儲蓄保險　(C)定期保險及終身保險　(D)生存保險。

(　) **3** 以下哪些因素，導致死亡保障及家庭保障的需要增加？甲、科學發達所帶來的現代化，亦使危險環繞於人們四周，乙、成年人特有的疾病死亡率上升，丙、保險公司林立，丁、高度工業化引起的工作意外。　(A)甲丙　(B)乙丙　(C)甲乙丁　(D)甲乙丙。

( ) **4** 以下哪些因素激發人們尋求適當老年生活保障的需要？ (A)人的壽命普遍延長 (B)人口的年齡結構迅速的改變 (C)對通貨膨脹的恐懼 (D)以上皆是。

( ) **5** 臺灣地區人口年齡結構因醫學科學發達、死亡率降低而使得平均壽命增長，已使我們面臨下列那些問題？ (A)無子化 (B)年輕化 (C)高齡化 (D)以上皆是。

( ) **6** 臺灣地區人口年齡結構因醫藥科學發達，死亡率降低而使得平均壽命延長，近幾年來更因結婚率降低與生育率降低，高齡化人口所佔比例逐漸增加。這會帶來什麼樣的影響？ (A)延後退休 (B)就業人口經濟負擔加重 (C)經濟成長率降低 (D)以上皆是。

( ) **7** 由於科學發達帶來的現代化亦使危險環繞於人們四周，造成公害及一些成年人特有的疾病如癌症、心臟病、腦血管疾病等死亡率上升，導致何種保障需要增加？ (1)死亡保障 (2)退休保障 (3)家庭健康保障 (4)意外保障。 (A)(1)(2)(3)(4) (B)(1)(3) (C)(1)(3)(4) (D)(1)(2)(3)。

( ) **8** 由於經濟發達及工業技術提高，加速了勞動力的流動，這種趨勢導致大家庭制度解體，針對這種現象，人們對保險產生迫切需要的原因為何？ (A)保健觀念提升 (B)養兒防老觀念提升 (C)教育日漸普及 (D)家族互助意識模糊。

( ) **9** 由於壽命的延長，現在一般員工已屆企業規定之退休年齡階段，但許多人還負擔子女的教育生活費用，而且該階段的員工還精力充沛，渴望工作，試問一般企業之退休年齡多為？ (A)61歲或65歲 (B)55歲或60歲 (C)50歲或59歲 (D)50歲或54歲。

( ) **10** 目前有許多的保險商品是為滿足消費者特殊的需求設計，在消費者的需求上不僅要求足夠的死亡保障，而且必須依年齡、性別、職業等設計不同的保險商品，壽險公司所需採行的措施是將商品 (A)獨立化 (B)統一化 (C)細分化 (D)平均化。

( ) **11** 保險公司為因應通貨膨脹的壓力，以及國民儲蓄的傾向維持於高水準，因此商品之設計與販售多以什麼險種為主？ (A)意外綜合保險 (B)定期還本型終身保險 (C)短期死亡險 (D)平準型養老保險。

( ) **12** 為因應通貨膨脹潛在的壓力，以及國民儲蓄傾向維持於高水準，因此商品設計的形式以下列何者為主？ (1)定期還本型終身保險 (2)五年期以下定期保險 (3)終身型癌症保險 (4)複利增值型養老保險。 (A)(1)(3) (B)(1)(4) (C)(2)(3) (D)(2)(4)。

( ) **13** 面對微利時代的來臨，社會大眾無不擔心財富縮水，人壽保險公司針對這些問題提供了哪些功能？ (A)不斷創新壽險商品，提供投資理財工具 (B)提供保障與降低投資風險不確定之商品 (C)部分商品有最低保證收益設計 (D)以上皆是。

(　　) **14** 臺灣地區人口年齡結構因醫藥科學發達，高齡化人口所占比率亦逐年增加，所以何種保險多為老年人口的重要需求？　(1)長年期的健康保險　(2)投資型保險　(3)長年期看護保險　(4)年金保險。　(A)(1)(2)(3)(4)　(B)(1)(4)　(C)(1)(3)(4)　(D)(1)(2)(3)。

(　　) **15** 隨著經濟的發達，我國產業結構已產生變化，依目前各產業比重來看，其大小順序為？　(A)服務業、工業、農業　(B)農業、工業、服務業　(C)工業、農業、服務業　(D)工業、服務業、農業。

(　　) **16** 臺灣地區人口產業結構的變化趨勢為？　(A)農業及水產就業人口日漸增加　(B)服務業人口日漸減少　(C)服務業人口日漸增加　(D)工業人口日漸減少因此對年金保險的發展產生影響。

(　　) **17** 長年期看護保險未來將成為老年人口的重要需求，其可能的原因包含下列何者？　(1)人類壽命普遍延長　(2)家庭制度的改變　(3)社會福利的不足　(4)對通貨膨脹的恐懼。　(A)(1)(2)(3)　(B)(1)(2)(4)　(C)(1)(3)　(D)(1)(2)(3)(4)。

(　　) **18** 家庭模式由大家庭轉變為小家庭對壽險業的發展？　(A)沒有影響　(B)有壞的影響　(C)有好的影響　(D)好壞影響都有。

人身保險業務員的使命

(　　) **1** 人身保險業的商品不能像一般貨品一樣琳瑯滿目擺在櫥窗內任人選擇，而是屬於下列哪一種商品？　(A)有形商品　(B)無形商品　(C)奢華商品　(D)無價商品。

(　　) **2** 下列何者為壽險業務員應扮演之角色？　(1)保戶與保險公司之間的橋樑　(2)保戶家庭幸福保障的經濟顧問　(3)保戶的理財規劃顧問　(4)代保戶保管保單。　(A)(1)(2)(4)　(B)(1)(2)　(C)(1)(2)(3)(4)　(D)(1)(2)(3)。

(　　) **3** 壽險商品和一般商品不同點在於？　(A)壽險商品是無形的商品　(B)壽險商品一般人對它不會有積極的需要　(C)壽險商品需靠業務員推廣及介紹才能讓客戶瞭解它的內容及自己的需要　(D)以上皆是。

(　　) **4** 關於壽險業務員，下列何者正確？　(A)只要認真推銷努力工作就能達成目標　(B)只要有良好的人際關係就能勝任愉快　(C)除了確立目標外，應具備有關壽險和推銷壽險的知識與技能，並對人壽保險有堅定的信念，才能達到預期的效果　(D)必須勤練口才以說服客戶。

(　　) **5** 壽險業務員除了應具備個人品德、精神、學識、工作態度外，還需要？　(1)遵守所屬壽險公司的規章和有關業務上的指示考核　(2)與公司其他內勤人員和衷共濟通力合作　(3)嚴守主管機關所訂「保險業務員管理規則」　(4)有關業務員管理的法令規定可以隨自己意願執行，只要可以達成業務就好。　(A)(1)(2)(3)　(B)(1)(2)(3)(4)　(C)(2)(3)(4)　(D)(1)(3)(4)。

( ) **6** 從事人身保險神聖事業的人必須具有？甲、崇高的信念，乙、豐富的學識，丙、不屈的毅力，丁、優良的態度。 (A)甲乙 (B)丙丁 (C)甲乙丙 (D)甲乙丙丁。

人身保險事業現況、客戶動向與今後努力的重點

( ) **1** 下列何者為目前各家民營人壽保險公司之銷售組織？ (A)業務員 (B)總公司 (C)其他分支機構 (D)以上皆是。

( ) **2** 目前國內保險市場經營壽險業務之組織為？ (A)無相關規定，故有許多組織型態 (B)均為股份有限公司 (C)除股份有限公司外，亦有相互合作社之組織型態 (D)有股份有限公司或合作社兩種組織型態。

( ) **3** 近年來壽險業的經營不斷講求效率，促使壽險業在各方面均呈高度成長，今後為使業務能不斷的擴展，在經營上應該特別重視？ (A)開發各類儲蓄型保險商品，提供保戶更佳保障 (B)加強對保戶服務，增加失效及退保案件的發生 (C)強化客戶商品行銷導向之教育訓練，業務員行銷應先強調投資型商品 (D)由壽險公司提供試算軟體並施行保險教育宣導，供保戶檢視自身保障缺口及了解保障之功能。

( ) **4** 保險法所稱保險業務員，係指為相關公司從事保險招攬之人，下列何者不包括在內？ (A)保險業 (B)保險代理人公司 (C)保險經紀人公司 (D)保險公證人公司。

( ) **5** 為給客戶最大的方便及最高的利益，壽險業在經營上應該特別重視？ (1)加強人身保險知識宣導 (2)業務員教育訓練 (3)提高經營效率，降低成本 (4)提高佣金比例，以安定業務員之生活？ (A)(2)(3)(4) (B)(1)(3)(4) (C)(1)(2)(3)(4) (D)(1)(2)(3)。

( ) **6** 壽險公司為適應社會變遷，應有何作為？ (A)培養壽險專業人員 (B)設計合乎消費者需要的商品 (C)講求壽險經營效率 (D)以上皆是。

( ) **7** 依保險法規定，保險人必須為？ (A)自然人 (B)法人或自然人均可 (C)法人 (D)以上皆非。

( ) **8** 下列有關保險人之規定，何者為非？ (A)目前國內之保險公司均為股份有限公司 (B)非保險業不得兼營保險或類似保險之業務 (C)保險法之規定，保險業之組織以股份有限公司或合作社為限 (D)人身保險人可為法人或自然人。

( ) **9** 下列何者錯誤？ (A)臺灣目前無相互保險公司之組織 (B)中央信託局人壽保險處係依特別法成立 (C)臺灣的保險公司皆為股份有限公司 (D)中央信託局人壽保險處為保險合作社。

解答與解析

▋我國人身保險事業概述

1 (D)。人身保險由民間開辦，非公辦。

2 (A)

3 (C)。不分紅保單：壽險公司不必將經營的獲利分紅給被保險人。自民國92年起，壽險業得銷售不分紅人壽保險單。

4 (A)。因利率不斷下降，造成保險公司經營的不確定，故93年起停賣強制分紅保單，改以不分紅保單、投資型商品為主。

5 (A)。自民國56年元起，壽險業不得簽發5年期以下生存保險保單。

6 (A)。因利率不斷下降，造成保險公司經營的不確定，故93年起停賣強制分紅保單，改以不分紅保單、投資型商品為主。

7 (C)。民國90年通過投資型保險商品之開發，預計將成未來新商品的主流。

▋生活型態改變與人身保險事業的關係

1 (D)。(D)保險公司收取保費，需將錢再投資以獲利，利率走低會使投資收益受到衝擊。

2 (C)。定期險：保費低，到期前有保障，到期後沒保障；終身險：保費高，到期前後皆有保障。

3 (C)　4 (D)　5 (C)　6 (D)

7 (B)。特有疾病死亡率上升→家庭健康保障（醫藥補償、失能補償）＋死亡保障（遺族生活費）。

8 (D)。大家庭解體，使得家族互助力降低，須靠一己之力保護家庭，免於危難，故對保險產生較強烈的需要感。

9 (A)。勞基法延長強制退休年齡至65歲。

10 (C)。必須依年齡、性別、職業等設計不同的保險商品→細分化。

11 (B)。對抗通膨→定期還本型終身保險、複利增值型養老保險。

12 (B)。對抗通膨→定期還本型終身保險、複利增值型養老保險。

13 (D)

14 (C)。(2)老年以保本和定期收益為主，不追求投資效益。

15 (A)。從業人口：服務業＞工業＞農業。

16 (C)　17 (D)

18 (C)。大家庭解體，使得家族互助力降低，須靠一己之力保護家庭，免於危難，故對保險產生較強烈的需要感。

▋人身保險業務員的使命

1 (B)

2 (D)。(4)保單應由保戶自行管理。

3 (D)　4 (C)　5 (A)　6 (D)

人身保險事業現況、客戶動向與今後努力的重點

1 (D)

2 (B)。保險業之組織型態規定，僅限於股份有限公司和合作社，但目前國內僅有股份有限公司。

3 (D)。現在商品種類眾多，透過電腦試算，消費者才能知道哪個產品最適合自己。

4 (D)。(D)保險公證人為幫保險人或被保險人辦理保險標的之查勘、鑑定、估價、賠款等而予證明之人。

5 (D)。為給客戶最大的方便及最高的利益→故無(4)。

6 (D)

7 (C)。須為股份有限公司或合作社，兩者皆是法人（社團法人）。

8 (D)。(D)只能為法人（社團法人）。

9 (D)。現為臺銀人壽，唯一之國營人壽保險公司，是股份有限公司。

焦點觀念題組

保險業的開放進程

(　) **1** 政府鑒於國民經濟發展，社會對於保險已有迫切需要，民國幾年准許民營保險公司成立？　(A)五十九年　(B)七十五年　(C)五十一年　(D)八十一年。

(　) **2** 民國幾年起，政府開放美商保險公司在臺設立分公司？　(A)七十五年　(B)八十一年　(C)八十三年　(D)八十五年。

(　) **3** 繼民國75年政府開放美商壽險公司在我國境內設置分公司後，有鑑於壽險市場的成長，於民國又再核准國內保險公司之成立。　(A)八十年　(B)八十一年　(C)八十二年　(D)八十三年。

(　) **4** 全面開放外商設立分公司，是在民國幾年公布「外國保險業許可標準及管理辦法」？　(A)五十九年　(B)八十五年　(C)八十三年　(D)七十五年。

(　) **5** 以下何者為是？
(A)民國七十九年公布「外國保險業許可標準及管理辦法」，全面開放外商設立分公司
(B)我國保險法第13條將保險分為責任保險及人壽保險
(C)我國保險法第13條將保險分為人身保險與財產保險
(D)民國八十九年准許民營保險公司成立。

(　) **6** 以下何者為是？
(A)民國八十五年因修正保險公司設立標準，外商准許設立子公司經營保險業務
(B)簡易人壽保險非為人身保險
(C)因公布「外國保險業許可標準及管理辦法」，局部開放外商設立分公司
(D)民國八十一修正保險公司設立標準，准許外商設立子公司經營保險業務。

(　) **7** 以下何者為是？
(A)我國保險法第13條，將保險分為責任保險及人壽保險
(B)民國五十九年公布「外國保險業許可標準及管理辦法」，全面開放外商設立分公司
(C)我國保險法第13條，將保險分為人身保險與財產保險
(D)民國五十九年准許民營保險公司成立。

壽險業經驗生命表

(　) **1** 以參加人壽保險之被保險人為對象所作成的生命表稱為？　(A)居民生命表 (B)簡易生命表　(C)國民生命表　(D)壽險業經驗生命表。

(　) **2** 壽險公會以臺灣地區壽險業下列何者為對象，編製「臺灣壽險業經驗生命表」？　(A)保險人　(B)受益人　(C)要保人　(D)被保險人。

(　) **3** 首度將臺灣「壽險業經驗生命表」區分為男、女性表，並於民國78年6月奉准採用做為責任準備金提存標準的是？
(A)臺灣壽險業第三回經驗生命表　　(B)臺灣壽險業第四回經驗生命表
(C)臺灣壽險業第二回經驗生命表　　(D)臺灣壽險業第五回經驗生命表。

(　) **4** 人身保險業自九十二年元月起銷售之人壽保險單，計算保險費用之生命表為？
(A)臺灣壽險業第三回經驗生命表
(B)臺灣壽險業第四回經驗生命表
(C)臺灣壽險業第三回經驗生命表死亡率90%
(D)得自行決定。

(　) **5** 民國九十三年一月一日起，計提責任準備金之生命表改以臺灣壽險業第幾回生命表為基礎？　(A)第四回　(B)第三回　(C)第二回　(D)第一回。

(　) **6** 主管機關頒布，人壽保險自101年7月1日起計提責任準備金根據何者以死亡率百分之九十為基礎？　(A)臺灣壽險業第三回經驗生命表　(B)臺灣壽險業第二回經驗生命表　(C)臺灣壽險業第五回經驗生命表　(D)臺灣壽險業第四回經驗生命表。

(　) **7** 小明昨日剛投保了某壽險公司本月初新銷售之定期人壽保險商品，該保單依據經驗生命表所計算之保險費，同一年齡男女性保險費率？　(A)女性費率便宜　(B)相同　(C)男性費率便宜　(D)以上皆非。

(　) **8** 經驗生命表編製的目的為？　(1)確定被保險人的死亡機率　(2)提存責任準備金的基礎　(3)使壽險業者能公平、合理地釐訂費率　(4)計算解約金的基礎。　(A)(2)(3)　(B)(2)(3)(4)　(C)(1)(2)(3)　(D)(2)(4)。

(　) **9** 「臺灣壽險業第四回經驗生命表」計算同一年齡男女性之定期保險費率時？
(A)兩者相同　(B)女性費率較便宜　(C)男性費率較便宜　(D)以上皆是。

(　)**10** 「臺灣壽險業經驗生命表」由第一回至第五回，對於保障型商品保險費？
(A)愈調愈高　(B)愈調愈低　(C)第二回比第一、第三回高　(D)視當時實際狀況而定。

解答與解析

保險業的開放進程

1 (C)　**2 (A)**　**3 (B)**

4 (C)。(1)民國51年准國人設民營保險公司。(2)75年准美商設分公司。(3)81年准國人新設保險公司。(4)83年准外商設分公司。(5)85年准外商設子公司。

5 (C)。(A)民國83年；(B)人身保險與財產保險；(D)民國51年。

6 (A)。(B)簡易壽險為人身保險的一種；(C)全面開放；(D)民國85年。

7 (C)。(A)財產保險、人身保險；(B)民國83年；(D)民國51年。

壽險業經驗生命表

1 (D)。統計對象：(A)居民生命表→地區居民。(B)簡易生命表→國民生命表的精簡版。(C)國民生命表→全國國民。

2 (D)。壽險公會以參加壽險之被保險人為對象所作成的生命表，稱為「壽險業經驗生命表」。

3 (A)。78年「第三回經驗生命表」男女分表，保險費以該表死亡率90%為基礎，再次降低保費。

4 (D)。92年自行決定；93年第四回生命表。

5 (A)。92年自行決定；93年第四回生命表。

6 (C)

7 (A)。一般來說，女性死亡率較男性低。

8 (A)。(1)經驗生命表乃依大數法則統計歸納，並非確定。(4)計算解約金的基礎為保單價值準備金。

9 (B)。因同一年齡中，女性死亡率較男性為低。

10 (B)。醫學進步，死亡率降低，保險公司理賠的機率亦降低，因此保險費愈調愈低。

Lesson 04 | 形形色色的人身保險

課前導讀

本堂課內容較多，介紹了各種不同類型的保險，可以說正式進入了保險的世界。
在出題上頗具份量，請記得多加練習。

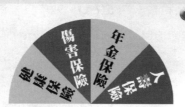

名師教學

https://reurl.cc/W4yYXD

重點 ① 人身保險的類別　　本重點依據出題頻率區分，屬：**A** 頻率高

一、人身保險的類別 ★★

保險法第13條規定：**保險分成「財產保險」與「人身保險」**，其中**人身保險又分為「社會保險」與「商業保險」**。

類別	含意	險種
1.社會保險	社會福利制度中最早系統發展、制度最完整、占社會福利財政支出最高。	(1) 勞工保險。 (2) 公教人員保險。 (3) 農民健康保險。 (4) 軍人保險。 (5) 就業保險。 (6) 全民健康保險。 (7) 國民年金。

類別	含意	險種
2.商業保險	對人身遭遇的各種情況，包括生、老、病、死、傷、殘等提供保險給付，以彌補經濟上的損失。	(1) 人壽保險。 (2) 年金保險。 (3) 傷害保險。 (4) 健康保險。

名師提點
1. 保險人：接受投保的保險公司。
2. 要保人：即保戶，向保險公司投保，負繳交保費義務的人。
3. 被保險人：被保險的對象，以其生死傷病為理賠要件的人。
4. 受益人：領取保險理賠金的人。
→以上於Lesson 09有詳細的說明。

二、「保險經營機構」與「保險種類」關係圖 ★★

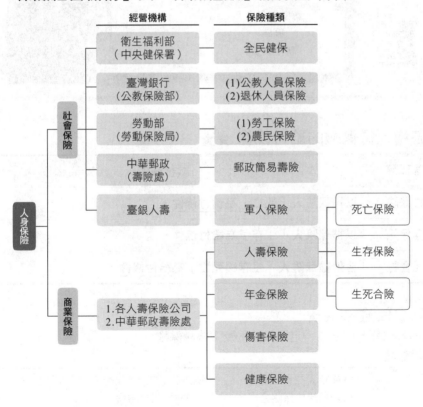

註：1.接下來各節將要討論各種不同保險的內容和特質，請同學們細心分辨，別搞混了喔！
　　2.商業保險中的「年金保險」是現代保險的主流，將在Lesson 06完整介紹。

小試身手

( )　「商業」保險的主管機關為？　(A)壽險公會　(B)交通部　(C)金管會
(D)勞保局。

答 **(C)**。主管機關：商業保險→金管會；健保→衛福部；農保→農業部。

重點 **②** 　**人壽保險**　　　　　本重點依據出題頻率區分，屬：**A** 頻率高

名師教學

立即看私房講解

一、各種人壽保險的給付條件 ★★

保險種類	給付條件
死亡保險	以被保險人「死亡」為給付條件。
生存保險	以被保險人「生存」為給付條件。
生死合險	合併被保險人「生存與死亡」為給付條件。

二、死亡保險 ★★★

以保險期限來分，可分為「定期保險」及「終身保險」。

(一) 定期保險

1.給付條件	被保險人死亡，保險公司需給付保險金	被保險人死亡，保險公司無需給付保險金
	保險期間內	超過保險期間

2.契約類型	(1) 以保險期間分：年為單位，常以1、6、10、15、20年為期，亦有以被保險人到達終身年齡為約定期限。 (2) 以保額增減分：平準、遞增、遞減3種基本型態。	**名師提點** 平準：保額不變。 遞增：保額遞增。 遞減：保額遞減。
3.投保時機	剛入社會或建立小家庭的年輕人，收入低，保障需求高，適合定期投保。	**名師提點** 民國109年7月1日起，金管會調高各年齡之死亡保障最低比率，以提高保險公司承擔保戶的死亡風險。即民眾可用較低保費，得到較高的死亡保障。

(二) 終身保險

1.給付條件	無論被保險人何時死亡，保險公司皆負給付保險金的責任。
2.契約類型	有平準、遞增2種基本型態。
3.繳費方式	(1) 躉繳 　A.特色：一次繳納全部保險費。 　B.缺點：保戶經濟負擔重。 (2) 終身繳費 　A.特色：只要被保險人在世，就須繳納保險費。 　B.缺點：退休後失去所得能力，仍需繳費，易造成經濟負擔。 (3) 限期繳費 　A.限期繳費，終身保障，以避免終身繳費終身保險之缺點。 　B.年限：多為10、15、20、30年期，或繳費到60～65歲為止。

奪分密技
利用生存保險金，籌備子女教育資金、結婚資金、創業資金……等。

三、生存保險 ★★★

1.給付條件	被保險人於保險期間內： (1) 生存：保險公司依約給付保險。 (2) 死亡：保險公司無給付責任，且所收保險費不予退還。
2.保險金來源	(1) 被保險人所繳付的保險費。 (2) 所繳保險費的儲蓄生息。

| 3.特性 | (1) 保戶希望一段時間後，獲得一筆資金，以應付需要而設計。
(2) 以年金為給付方式的生存保險，因退休需求，成為重要潮流。 |

四、生死合險 ★★★

| 1.給付條件 | (1) 保險期間內：當被保險人死亡，保險公司負給付保險金的責任。
(2) 超過保險期間：當被保險人生存，保險公司負給付保險金的責任。 |
| 2.特性 | (1) 生死合險兼顧「定期保險」與「生存保險」，總保費卻較個別加總便宜，因組合後保險公司可節省管理費用。
(2) **生死合險兼顧死亡保障與儲蓄功能，又稱為「養老保險」。** |

知識補給站

1. 近來壽險業引進國外觀念，引導國人重視生前給付，故重大疾病，或確診生命 ≦ 六個月，可提前給付。
2. 養老保險
  (1) 養老保險的保費較單一險種高。
  (2) 目前養老保險多為「多倍型養老保險」，即生死合險附加死亡險或傷害保險。

小試身手

( ) **1** 「生存保險」如被保險人在保險期間內死亡時，保險公司？ (A)退還保費 (B)退還保單價值準備金 (C)依保險金額賠償 (D)不負賠償責任。

　　答 (D)。生存保險：以被保險人生存為給付條件，若在期滿前死亡，保險公司不給付保險金，且保險費不予退還。

( ) **2** 死亡保險在何時可領取保險給付？ (A)被保險人死亡、全殘或生存時 (B)只限被保險人死亡時 (C)被保險人死亡或全殘時 (D)被保險人因意外死亡或滿期時。

　　答 (B)。死亡保險：被保險人在規定時期內死亡，保險人向受益人給付保險金。

( ) **3** 投保十年期定期保險，保險金額50萬，至期間屆滿時，被保險人仍生存，保險公司應給付？ (A)50萬 (B)25萬 (C)0萬 (D)100萬。

　　答 (C)。定期保險為死亡保險，以死亡為給付條件。

重點 **3** 傷害保險　　本重點依據出題頻率區分，屬：**A** 頻率高

一、含意 ★★

(一) 經濟進步，意外增多，保險公司以單獨的傷害保險，或附加於普通壽險中，來保障意外帶來的損失，故又稱為「意外保險」。

(二) 傷害保險包含：個人／團體傷害保險、傷害失能險、旅行平安險。

二、個人傷害保險 ★★

(一) 給付條件

　1. 保險期間內，遭遇意外傷害事故，導致傷害、失能或死亡時，給付保險金。

　2. 為解決醫療險超賠或濫賠的情況，自民國109年起，要保人申請醫療住院理賠時，保險公司得徵詢其他專業醫療意見，徵詢所生之費用由保險公司負擔。

(二) 職業風險與保費率比

職業類別	1	2	3	4	5	6
費率比	1	1.25	1.5	2.25	3.5	4.5

> **奪分密技**
> 職業類別數字越大，危險性越高。

(三) 失能程度的分級

失能級數	1	2	3	4	5	6
給付比例	100%	90%	80%	70%	60%	50%

失能級數	7	8	9	10	11
給付比例	40%	30%	20%	10%	5%

> **奪分密技**
> 1. 對失能的程度分成11級80項。
> 2. 民國109年起，傷害險之失能項目新增「鼻未缺損，但鼻機能永久遺存顯著障害者。」需賠付11級失能，5%之失能保險金。
> 3. 失明：指在萬國視力表中，視力≤ 0.02而言。

(四) 個人傷害保險短期費率

期間	12個月	11個月	10個月	9個月	8個月	7個月
對年繳保費比	100%	95%	90%	85%	80%	75%

期間	6個月	5個月	4個月	3個月	2個月	1個月	1日
對年繳保費比	65%	55%	45%	35%	25%	15%	5%

三、傷害失能險 ★★

1.給付條件	保險期間內，因意外傷害無法工作，造成收入損失，給予的補償。
2.種類	包括：年補償金、月補償金、週補償金等。

四、旅行平安保險 ★★★

1.給付條件	國內外旅行時，遭遇意外事故，因而受傷、殘廢或死亡時，給付保險金。
2.給付標準	(1) 與一般「傷害保險」相同。 (2) 醫療以「實支實付」為限。
3.保險期間	**最長為180天**（若遭劫持，得延長至事故終了）。
4.特性	(1) **以實際於國內外旅遊的旅客為限，不須身體檢查，單獨出單。** (2) **財政部明訂其意外醫療給付之預期損失率≧現行預期損失率的70%。**

 小試身手

( ) **1** 下列何者為傷害保險之給付項目？　(A)意外傷害身故　(B)酗酒身故　(C)疾病身故　(D)自殺身故。

　　答 (A)。傷害保險：補償意外傷害事故造成的身故、失能損失，但不保障故意事故和疾病。

( ) **2** 我國旅行平安保險期間以天為限，但旅客若有需要，經保險公司同意可延長保險期間。　(A)90　(B)120　(C)180　(D)360。

　　答 (C)

( ) **3** 被保險人某甲投保終身保險保額100萬元，另附加傷害保險附約保額200萬元，嗣因某甲飲酒後駕車不慎肇事致死，經檢警單位調查其血液含酒精成份超過規定，但並無自殺情事，則保險公司應？　(A)不予理賠　(B)給付終身保險死亡保險金100萬元　(C)給付終身保險死亡保險金100萬元，傷害保險死亡保險金200萬元　(D)給付傷害保險死亡保險金200萬元。

　　答 (B)。傷害保險：補償意外傷害事故造成的身故、失能損失。故酒駕致死不賠。終身保險100萬理賠；傷害保險200萬不賠。

重點 ④ 健康保險　　　本重點依據出題頻率區分，屬：**A** 頻率高

一、給付條件 ★★
保險期間內，當疾病或意外傷害導致下列情況時，給付保險金，以彌補損失：
(一) 失去工作能力，造成收入上的損失。
(二) 就醫時，相關的醫療、醫藥等開銷。

二、類型 ★★
(一) **住院醫療保險**：分為「實支實付型」和「日額給付型」兩種。

<table>
<tr><td rowspan="2">實支實付型</td><td>1.給付條件</td><td colspan="2">(1) 被保險人為社會保險的被保險對象。
(2) 超出社會保險給付範圍，須被保險人自行負擔的部分。</td></tr>
<tr><td>2.給付項目</td><td>(1) 病房費用。
(2) 手術費用。
(3) <u>醫療</u>費用。</td><td>**奪分密技**
住院醫療費用包含：指示用藥、處方藥、輸血、醫材、救護車等。</td></tr>
<tr><td rowspan="3">日額給付型</td><td>1.給付金額</td><td colspan="2">給付金額
＝醫療保險金日額×實際住院日數。</td></tr>
<tr><td>2.給付限制</td><td colspan="2">有最高給付日數之限制。</td></tr>
<tr><td>3.特性</td><td colspan="2">為當前健康保險的主流。</td></tr>
</table>

(二) **防癌健康保險**

<table>
<tr><td>1.給付方式</td><td>(1) 住院醫療給付。
(3) 因癌症身故給付。</td><td>(2)在家療養給付。
(4)非癌症身故給付。</td></tr>
<tr><td>2.給付限制</td><td colspan="2">天數與給付日額有一定的限制。</td></tr>
</table>

(三) **失能保險**
　　給付條件：因意外傷害或疾病造成失能無法工作，而造成收入損失的補償。

(四) **豁免保險費附約**
　　給付條件：因意外傷害或疾病造成失能無法工作，而豁免其保費，使契約繼續有效。

名師提點
1. 傷害失能保險：彌補意外傷害造成無法工作的損失。
2. 健康保險：彌補意外傷害，或疾病造成無法工作的損失。

(五) 長期看護保險

1.給付資格	(1) 專科醫師依「巴氏量表」或其他專業量表，判定被保險人身體有功能障礙達一段期間以上。 (2) 上述身體功能障礙包括：生理功能障礙、認知功能障礙。 (3) 第(1)項所述之一段期間為保險公司的「免責期間」，通常為90日，不得超過六個月。 (4) 若判定終身無法治癒，則不受上述期間限制。
2.生理功能障礙	包括： (1) 進食障礙。　　　　　　　　　(2)移位障礙。 (3) 如廁障礙。　　　　　　　　　(4)沐浴障礙。 (5) 平行移動障礙。　　　　　　　(6)更衣障礙。 上列自理能力障礙，持續3項以上，即符合長期看護的給付資格。
3.認知功能障礙	包括： (1) 時間的分辨障礙。　　　　　　(2)場所的分辨障礙。 (3) 人物的分辨障礙。 上列分辨障礙，持續2項以上，即符合長期看護的給付資格。

小試身手

(　) **1** 下列何種保險是於保險期間內，被保險人發生所得及醫療費用兩種經濟損失時，給付保險金以彌補經濟損失的保險？　(A)旅行平安保險　(B)定期保險　(C)傷害保險　(D)健康保險。

　　答 (D)。健康保險：疾病或傷害會造成兩種損失→就醫的醫療費用、無法工作的所得損失。

(　) **2** 「長期看護險」之「免責期間」，通常是以幾天來計算？　(A)30天(B)90天　(C)180天　(D)360天。

　　答 (B)。經專科醫師判定，符合生理功能障礙或認知功能障礙之一達90天以上，才啟動理賠。

(　) **3** 所謂健康保險是指為彌補因 _____，造成人們失去工作能力或就醫，而導致經濟上的損失，所設計來的保險。(1)傷害　(2)疾病　(3)酗酒　(4)健康檢查　(A)(1)(4)　(B)(1)(2)(4)　(C)(1)(2)　(D)(1)(3)。

　　答 (C)。健康保險：疾病與傷害會造成兩種損失→就醫的醫療費用、無法工作的所得損失。(3)故意事故不理賠，(4)非疾病不理賠。

重點 **5** 投資型保險商品　本重點依據出題頻率區分，屬：**A** 頻率高

名師教學

立即看私房講解

一、保險含意 ★★
(一) 將保險與投資合而為一的保險商品。
(二) 本質仍為保險，受保險法的規範，經主管機關核准才得銷售。

二、商品特色 ★★
(一) <u>盈虧自負</u>。
(二) <u>投資部分與保障部份分別列帳</u>。
(三) <u>費用透明</u>。
(四) <u>彈性繳費</u>：保戶可依自身狀況多繳或少繳，只需 ≧ 最低金額。
(五) <u>保險公司可脫離利率風險</u>。

> **奪分密技**
> 投資標的包含：
> 1. 證券投信基金受益憑證。
> 2. 共同信託基金受益憑證。
> 3. 各國政府發行之公債、國庫券。
> 4. 銀行存款。

三、保費運作流程 ★★
繳交保費→保險公司扣除保險相關費用→將投資部分投入專設帳簿→**依保戶選擇的投資標的作投資分配**→保戶承擔投資風險。

四、保險相關費用 ★★
(一) 前置費用。
(二) 保單相關費用。例如：保單管理費、保險成本。
(三) 投資相關費用。例如：投資標的申購手續費、轉換費用、贖回費用等。
(四) 後置費用。例如：解約費用、部分提領費用。

五、商品種類 ★★

(一) 變額壽險。

(二) 變額年金。

(三) 變額萬能壽險。

名師提點		
險種	保費	保額
變額壽險	固定	變動
變額年金	彈性	無
變額萬能壽險	彈性	變動

六、投資型保險專業課程測驗之辦理單位 ★★

(一) 主管機關認可之保險單位。

(二) 財團法人保險事業發展中心。

(三) 壽險公會。

保險業務員通過測驗，取得合格證書，經所屬公司向壽險公會變更登錄後，始可從事投資型保險商品之招攬。

七、投資型保單112年新制 ★★

(一) 保險公司委託投信業代操的類全委投資型保單，投資配置非投資等級債基金比例≤10%，加計新興市場債基金≤20%。

→降低保戶在非投資等級債券的比重，避免投資風險。

(二) 禁止自選投資標的的保戶以非投資等級債券基金、新興市場債基金、國內反向和槓桿型基金做為投資標的。

→降低保戶在非投資等級債券的比重，避免投資風險。

(三) 類全委保單的撥回率≤單位淨值八成時，即當帳戶單位淨值低於8元，保戶將無息可領。

🖉 小試身手

(　　) **1** 投資型保險之保費運作，係保戶將保費交給保險公司後，扣除相關費用後全數置於專設帳戶中，再依下列何者的選擇投資作投資分配？　(A)保險公司　(B)主管機關　(C)被保險人　(D)保戶。

　　答 **(D)**。投資型保單＝保險＋投資。

(　　) **2** 投資型保險商品的特性有？　(A)保險公司可脫離利率風險　(B)採取專設帳簿，盈虧由保戶自負　(C)保戶有投資獲利之機會　(D)以上皆是。

　　答 **(D)**

(　　) **3** 投資型商品的相關費用有？　(1)保障成本　(2)保單管理費　(3)基金轉換費　(4)贖回費用。　(A)(1)(2)(3)(4)　(B)(3)(4)　(C)(2)(3)　(D)(2)(3)(4)。

　　答 **(A)**。相關費用：保障成本、基本保費、增額保費、保單管理費用、投資標的轉換費用、贖回費用。

重點 **6** 團體保險與學生團體保險

一、團體保險 ★★★

特性	以整個團體為對象，只有一張主保單。
目的	1.**保障員工生活。** 2.**謀求員工福利。** 3.**員工退休或退職提存準備金。** 4.**減免營利事業所得稅。**
要保人	要保人為企業或企業負責人。 1.無論僱主與員工如何分攤，保險費皆由要保人負責繳付。 2.要保人須在契約屆滿2<u>週前</u>，通知保險公司契約續保。 3.要保人若因被保險人工作變更致使危險增加，須在2<u>週內</u>通知保險公司。
被保險人	1.最低人數：5人。 2.最低人數比例：75%以上的員工參加。 3.員工指要保單位所聘僱，領有固定薪金者。
受益人	團體保險之死亡保險金的受益人為被保險人家屬或法定繼承人。
保險金額	非個人自由選擇，保險金額以薪資、職位、年資或團體定額等決定。以防止逆選擇的發生。
保險費	以實際損失經驗為考量： 1.若該團體無過去損失經驗可參考，則先採取分類計算保費。第二年後，依實際損失經驗，計算後續年度保險費。 2.每位員工應繳之保險費＝平均保險費率×保險金額總額。
類型	1.團體人壽保險，又分為：團體定期壽險和團體養老保險。 2.團體傷害保險。 3.團體健康保險。 4.團體年金保險。
成長原因	1.政府加強推行社會福利政策。 2.改善勞資關係，增進員工福利。 3.政府給予投保企業稅法優惠。

奪分密技

團體一年定期壽險，「平均保險費率」是依：危險程度、員工年齡、保險金額、員工性別，計算出保險費總和，再除以全體被保險員工人數。

名師提點

1.團體保險中，以團體定期壽險最具代表性。
2.以團體一年定期人壽保險為主。

二、學生團體保險 ★★

開辦時間	民國65年8月1日。
開辦目的	1.推行社會福利政策。 2.增進社會安全制度。 3.補償學生因遭意外傷害而身故、失能，或需要醫療時的費用。

小試身手

( ) **1** (1)謀求員工福利 (2)員工退休或退職提存準備金 (3)保障員工生活 (4)減免營利事業所得稅，上述何者是投保團體人壽保險之主要目的？ (A)(1)(3)(4) (B)(2)(3)(4) (C)(1)(2)(3)(4) (D)(1)(2)(3)。

答 (C)

( ) **2** 下列何者非團體保險之保險金額決定基礎？ (A)薪資等級 (B)團體定額 (C)職位年資 (D)員工的工作性質。

答 (D)。團體保險之金額非員工個人自由選擇，以薪資、職位、年資、團體定額等，為決定基礎，不看工作性質，避免逆選擇。

( ) **3** 下列何者非團體保險與個人保險主要的差異？ (A)保險金額由個人自由選擇 (B)保費以實際損失經驗為考量 (C)以團體為基礎 (D)須規定最低參加人數及比例。

答 (A)。團體保險金額非由個人自由選擇。

本重點依據出題頻率區分，屬：**A** 頻率高

重點 7 郵政簡易壽險與微型保險

一、郵政簡易壽險 ★★★

(一)何謂郵政簡易？

性質	本質與「人身保險」中的「人壽保險」相同。 故險種也包括：生存保險、死亡保險、生死合險三種。
被保險人	1.中華民國國民皆可為被保險人。 2.投保年齡無限制。 3.被保險人投保超過9個月，死亡時給付保險金全額。
特性	被保險人**免身體檢查**。
保險金額	1萬元≦保險金額≦600萬元。
繳費方式	郵政存簿轉帳，或劃撥轉帳。

(二) 簡易壽險與一般人壽保險的比較

	法令依據	主管機關
郵政簡易壽險	簡易人壽保險法	交通部
一般人壽保險	保險法	金管會

> **名師提點**
> 民國24年「簡易人壽保險法」規定由郵局專售，民國80年後，開放其他保險業者加入。

二、微型保險 ★★

(一) 發展

1. 以印度經驗為代表。印度政府強制保險公司推行微型保險業務，成功為弱勢民眾提供基本保障。
2. 低所得及開發中國家也大力推動，視為整體社會安全制度的一環。
3. 我國金管會98年發布後，於113年2月22日修正之「保險業辦理微型保險業務應注意事項」，作為微型保險的法令依據。

(二) 內涵

	1.針對經濟弱勢或特定身分者	**經濟弱勢以收入標準、職業、身份為界定的標準：** (1) 無配偶且全年所得≦財政部公告當年之綜所稅免稅額、標準扣除額及薪資所得特別扣除額之合計數者。 (2) 夫妻之全年綜合所得總額≦財政部公告當年之綜所稅免 額、標準扣除額及薪資所得特別扣除額之合計數者。 (3) 具有原住民、漁民、船員、農民身分。 (4) 社會救助法或特殊境遇家庭之低收入戶與中低收入戶。 (5) 身障者權益保障法之身心障礙者。 (6) 合法立案之社福團體的服務對象。 (7) 內政部工作所得補助方案的對象。
特色	2.保險金額低，保費低廉	(1) 放寬保險費限制： 　A.不受50人以下團體費率之限制。 　B.不受個人傷害險之危險發生率下限之規定。 **(2) 微型保險作業簡易，營業管理費用也較低。附加費用率≦總保費之15%。**
	3.較彈性的繳費方式	避免經濟弱勢者因欠繳保費，中斷微型保險之保障，故給予較彈性的繳費方式。
	4.保障期間短、保障內容簡單	保險期間不超過一年，保障項目也較為簡單。
	5.非傳統通路，以團體方式承作	(1) 政府、公營機構、公益團體等為主要銷售管道。 (2) 團體保險在費用結構、行銷成本、投保及理賠程序上都較簡便，可有效降低保費成本。

種類	限定為： 1.一年期的傳統型定期壽險。 2.一年期的傷害保險。 3.一年期的實支實付型傷害醫療保險。 　(1) 避免綜合型保險商品的複雜設計。 　(2) 不得含有生存或滿期給付之設計。 4.殘廢保險金受益人為被保險人本人。
投保方式	為降低保險成本，及接近潛在保戶，微型保險採取下列投保方式： 1.**個人保險**。 2.**團體保險**。 3.**集體投保**。 　(1) 集體投保之被保險人須5人以上。 　(2) 集體投保之要保人與被保險人須為同一人。 　(3) 代理投保單位：公私立學校、鄉鎮市公所、或成立二年以上之法人。
風險控管	個別保戶投保微型保險： 1.投保微型「人壽保險」之累積金額≦50萬元。 2.投保微型「傷害保險」之累積金額≦50萬元。 3.投保微型「傷害醫療保險」≦3萬元。 若超過，保險業得自行決定處理方式，以控管風險，避免逆選擇之發生。
特別要求	相關條款用語盡量口語化，以利民眾瞭解。

 小試身手

( ) **1** 微型保險的投保方式，下列何者為非？　(A)團購投保　(B)團體保險　(C)個人保險　(D)集體投保。

答 (A)。微型保險得以個人保險、集體投保或團體保險方式為之。保險沒有團購。

( ) **2** 下列何者是微型保險的經濟弱勢條件？　(A)無配偶且全年度綜合所得稅在新臺幣70萬元以下　(B)無配偶且全年度綜合所得在新臺幣70萬元以下　(C)無配偶且全年綜合所得總額不超過財政部公告當年度規定之綜合所得稅免稅額、標準扣除額及薪資所得特別扣除額之合計數者或其家庭成員　(D)無配偶且全年度綜合所得稅在新臺幣50萬元以下。

答 (C)。保險業辦理微型保險業務應注意事項第二點於110年12月16日修正發布，請注意。

( ) **3** 有關微型保險的發展，一般認為最具代表性的是哪個國家？　(A)日本　(B)印度　(C)臺灣　(D)美國。

答 (B)。微型保險以印度經驗為代表。

重點 **8** 社會保險　　本重點依據出題頻率區分，屬：**A**頻率高

險種		投保對象	投保方式	給付條件	辦理機關	保險費率（每月薪俸比例）	負擔比例		
							個人	雇主	政府
公教人員保險（公立學校）		－	－	養老、死亡、眷屬喪葬、殘廢、育嬰留職停薪津貼註1	臺灣銀行公教保險部	7%～15%，目前8.25%	35%	－	65%
公教人員保險（私立學校）		－	－	同上 1.全民健保後，仍保有老年給付項目。	臺灣銀行	－	35%	32.5%	32.5%
勞工保險	普通	15～65歲之勞工，包括外籍員工	以雇主或所屬團體為單位，全部勞工為被保險人	生育、傷病、失能、老年、死亡	勞保局	7.5%～13%，目前9%	20%	70%	10%
	職災			傷病、醫療、失能、死亡		行業別不同	－	100%	－
農民保險		15歲以上農民皆可參加（非會員）	－	傷殘、喪葬	農業部	2.55%	30%	－	70%
全民健康保險		被保險人及其眷屬註2	84年3月1日開辦	醫療、生育	**中央健康保險署**	4.69%，上限6%	30%	60%	10%
國民年金（簡稱：國保）		25～65歲，設籍於本國，無勞保、農保、公教保、軍保之期間	97年10月1日依「國民年金法」開辦	老年、生育、身心障礙、死亡	勞保局	第一年為6.5%；第三年調高0.5%，之後每二年調高0.5%，至上限12%註3	60%	－	40%
就業保險		15～65歲之本國勞工，或與本國國民結婚，且有居留權之外國人、大陸港澳居民	92年1月1日開辦。以雇主或所屬團體為單位，全部勞工為被保險人	失業給付、提早就業津貼、職訓生活津貼、育嬰留職停薪津貼、失業之被保人及其加保眷屬健保補助	勞委會	1%～2%，目前1%	－	－	－

險種	投保對象	投保方式	給付條件	辦理機關	保險費率（每月薪俸比例）	負擔比例		
						個人	雇主	政府
現役軍官、士官、士兵	—	—	死亡、身心障礙、退伍、育嬰留職停薪及眷屬喪葬。	臺銀人壽	3%～8%	1 軍官：個人負擔35%、政府補助65% 2 士兵、士兵：政府全額補助		
退休人員保險	限74年7月1日前投保，健保開辦時仍在保者	—	退休	臺灣銀行中央健保局	—	被保險人全額負擔，為薪俸的8%		
勞工退休金制（勞退新制）	適用勞動基準法之本國勞工	93年6月30日依「勞工退休金條例」開辦註4	1. 滿60歲工年，得請領按月給付或一次給付 2. 工作年資滿15年以上，只得請領一次給付	勞保局	1. 雇主每月自薪資提撥≧6% 2. 勞工自願提撥0%～6%註	勞工200人以上公司經工會同意，無工會經1／2勞工同意，可投保年金取代提撥。		

註：1.不含生育、疾病及傷害。

2.眷屬包括：(1)無職業之直系血親尊親屬。(2)無職業之配偶。(3)二等親內之直系血親卑親屬。

3.自願提繳的部份，得自當年度個人綜所得總額中全數扣除。

4.全民健保後，勞保終止醫療給付之項目。

5.勞工自願提繳的部分得自當年度個人綜合所得總額中全數扣除。

小試身手

（　）1 「農民健康保險」的保險費率，目前暫定為被保險人按月投保金額的？
(A)3%　(B)4%　(C)2.55%　(D)1.25%。

答 (C)

（　）2 政府自民國39年起，先後開辦政策性保險，下列哪項非為已開辦之業務？
(A)勞工保險　(B)公務人員保險　(C)農民健康保險　(D)旅行平安保險。

答 (D)。為商業保險，非社會保險。

（　）3 勞工保險以保障勞工生活，促進社會安全為目的，下列何者正確？　(A)目前失業保險尚未辦理　(B)職業災害保險部份，為傷害與失能給付　(C)其保險項目分為普通事故保險及職業災害保險二種　(D)在職外國籍員工不得投保。

答 (C)。勞工保險：分為普通保險及職災保險，其中職災保險有傷害、失能與死亡給付。(A)已開辦；(B)包含：醫療、失能、死亡、傷病；(D)須投保。

實戰演練

人身保險的類別

(　) **1** 所謂生前給付即是被保險人在經醫生診斷因疾病或傷害致其生命不足多久時，可以提前申領保險金。　(A)一年　(B)九個月　(C)六個月　(D)三個月。

(　) **2** 壽險業者引進國外新觀念，設計引導社會大眾重視生前給付而設計之保險商品有？　(A)經診斷生命期間不超過六個月提前給付保險　(B)重大疾病保險　(C)失能保險　(D)以上皆是。

人壽保險

(　) **1** 下列有關養老保險的敘述何者為非？　(A)具有儲蓄的功能　(B)其保費較同額之死亡保險為低　(C)是死亡保險與生存保險的綜合體　(D)又稱生死合險。

(　) **2** 下列敘述何者為非？　(A)保險金是保險事故發生時，保險公司依照保險契約約定給付的金額　(B)定期死亡險的繳費期間是要保人與保險公司約定繳費的期間，一般而言，「繳費期間」和「保險期間」不同　(C)保險費是保險公司依據保險金額，保險費率及繳費方式等因素所計算出要保人每期應繳付保險公司的金額　(D)保險金額是保險公司同意承保的金額。

(　) **3** 下列險種中哪一種保險因兼顧死亡保障與儲蓄性質，故屬於普通壽險中保險費較貴的險種？　(A)定期保險　(B)終身壽險　(C)生存保險　(D)生死合險。

(　) **4** 先進國家高齡人口對老年以後生活費的準備多以何者為主？　(A)在工作期間自行準備　(B)靠親友接濟　(C)依賴社會救濟　(D)由子女奉養。

(　) **5** 有關養老保險的功用何者為非？　(A)年老工作能力停止時之生活保障　(B)家庭生活的保障　(C)晚年生活的保障　(D)預籌失能的保障。

(　) **6** 死亡保險若以保險期間來分，則可分為？　(A)定期保險與連生保險　(B)終身保險與連生保險　(C)定期與不定期保險　(D)終身保險與定期保險。

(　) **7** 投保十年期養老保險，保險金額20萬元，至期間屆滿時，被保險人仍生存保險公司應給付？　(A)20萬元　(B)10萬元　(C)40萬元　(D)0萬元。

( )　**8** 買一張養老保險就等於買哪兩種保險？　(A)定期保險、生存保險　(B)限
期繳費終身保險、生存保險　(C)定期保險、年金保險　(D)還本型終身保
險、生存保險。

( )　**9** 近年來，壽險業於商品設計上引進國外新觀念，引導國人重視？　(A)遺愛
後人　(B)生前給付　(C)透過投資行保險商品快速累積財富　(D)強制保單
優於分紅保單，因此設計重大疾病提前給付或醫生診斷生命期間不超過六
個月可提前給付之終身保險商品。

( )**10** 為彌補終身保險依保險期間經過終身繳費造成老年時失去所得能力還得
繼續繳費的缺點，保險公司通常設計販售 _____ 終身保險。　(A)躉繳
(B)年繳　(C)終身繳費　(D)限期繳費。

( )**11** 若保險費隨保險期間的經過，只要被保險人在世，保戶依照保險契約約定
繼續繳納保險費者，一般稱之為？　(A)終身繳費終身保險　(B)躉繳終身
保險　(C)限期繳費終身保險　(D)永久終身壽險。

( )**12** 終身繳費終身保險之最大缺點為？　(A)年紀越大保險費越低　(B)退休失去
所得能力後仍得繼續繳費　(C)平均保險費率較高　(D)以上皆是。

( )**13** 通常多倍型養老保險係在養老保險上附加？　(A)生存保險　(B)健康保險
(C)死亡保險或意外保險　(D)另一個養老保險。

( )**14** 養育子女期間，對家庭生活的保障責任隨子女的增加與成長一直上升，購
買何種保險較可符合被保險人的需要？　(A)遞增型定期壽險　(B)遞減型
定期壽險　(C)終身保險　(D)生死合險。

( )**15** 聯合國定義「高齡化社會」，係僅指65歲以上人口占總比率在7%以上；臺
灣地區人口結構於何時開始達到此一標準？　(A)民國八十七年　(B)民國
八十二年　(C)民國八十三年　(D)民國八十四年。

( )**16** 躉繳保險費是指保險契約成立之 _____ ，後繳清全部保險費。　(A)同時
(B)1年後　(C)2年後　(D)5年。

( )**17** 依據國家發展委員會對於我國高齡化估計之說明，何者有誤？
(A)預估自民國107年起邁入高齡社會
(B)因育齡婦女數減少及年齡分布高齡化的影響，未來人口將持續下降
(C)青壯年人口係指25至64歲的工作年齡人口
(D)預估民國115年將進入超高齡社會

傷害保險

(　　) **1** 人身保險中，壽險及傷害險之被保險人全殘時視同死亡，主因是？　(A)需要長期之生活費　(B)需要很大金額之醫療費用　(C)永久完全失去工作能力，收入停止　(D)全殘廢，身心俱受嚴重打擊。

(　　) **2** 下列有關傷害保險之陳述何者正確？　(1)一般而言，意外事故發生的危險性和年齡有很大的關係　(2)壽險公司可單獨發售意外傷害保險　(3)壽險公司可用附加方式附加於普通壽險販賣　(4)隨經濟高度成長，傷害保險業務發展迅速　(A)(1)(3)　(B)(1)(2)(3)　(C)(1)(2)(3)(4)　(D)(2)(3)(4)。

(　　) **3** 下列敘述何者正確？　(A)保險公司承保傷害保險時，不必檢查被保險人的身體　(B)定期保險通常以1年、5年、10年為期，亦有以要保人到達終身年齡為約定期限　(C)賽車駕駛員的危險性與每天坐辦公室的辦事人員危險性差不多　(D)最後生存者年金之受領人有2人以上，只要有1人死亡，保險人就不必再給付原約定之年金。

(　　) **4** 目前傷害保險失能程度表各級給付比例為？　(A)100%、90%、80%、70%、60%、50%、40%、30%、20%、10%、5%　(B)100%、75%、50%、30%、15%、10%　(C)100%、80%、60%、40%、20%　(D)以上皆非。

(　　) **5** 有關傷害保險殘廢等級給付之比例何者為正確？甲、第六級殘廢給付10%；乙、第四級殘廢給付70%；丙、第一級殘廢給付100%；丁、第二級殘廢給付50%　(A)甲丁　(B)甲丙　(C)乙丙　(D)乙丁。

(　　) **6** 我國壽險業目前將傷害保險失能程度分為？　(A)四級十二項　(B)四級十四項　(C)十一級七十九項　(D)六級二十八項。

(　　) **7** 個人傷害保險短期費率二個月期之保費為年繳保費的？　(A)十二分之一　(B)百分之二十五　(C)百分之十五　(D)百分之十二。

(　　) **8** 關於旅行平安保險？　(A)單獨出單　(B)所販賣的對象不限實際從事旅遊的國內外旅客　(C)保額太高時需要體檢　(D)以上皆是。

(　　) **9** 下列何者是旅行平安險與傷害險的不同？　(1)保險期間可否因特殊事故延長　(2)承保時間計算之標準　(3)除外責任項目　(4)承保事故　(A)(3)(4)　(B)(1)(3)(4)　(C)(1)(3)　(D)(2)(3)(4)。

(　　) **10** 旅行平安險中被保險人以乘客身分搭乘領有載客執照之飛機，因遭劫持，於劫持中契約的保險期間如已終止，則？　(A)就終止　(B)得經被保險人提出申請　(C)自動延長有效期限至劫持事故終了　(D)不得延長。

(　　) **11** 被保險人投保傷害保險後，因遭受意外傷害事故，致其身體受傷害，因而死亡時，保險公司？　(A)應給付保險金　(B)不給付保險金　(C)酌給慰問金　(D)酌給保險金。

（　）**12** 傷害保險之保險費係依被保險人之何者而定？　(A)婚姻狀況　(B)年齡　(C)職業類別　(D)性別。

（　）**13** 傷害保險被保險人由於工作場所變更，致危險有顯著增加時應於 ＿＿＿＿＿＿ ，通知保險公司。　(A)要保人應於知悉後二週內　(B)要保人應於契約週年時　(C)被保險人應於二週內　(D)即時通知保險公司。

（　）**14** 傷害保險殘廢程度所謂「失明」係指視力永久在萬國視力表 ＿＿＿＿＿ 以下而言。　(A)0.02　(B)0.2　(C)0.01　(D)0.1。

（　）**15** 壽險業承保未滿十五歲以下未成年人之傷害保險，其最高保險金額為？　(A)30萬元　(B)50萬元　(C)40萬元　(D)61.5萬。

健康保險

（　）**1** 下列何者非疾病或傷害使人們造成之經濟損失？　(A)因而失去家人親友而致之精神損失　(B)因而暫時失去工作能力而造成收入損失　(C)因而治療傷病所需之額外費用　(D)因而死亡或殘廢而致之永遠工作停止、收入停止。

（　）**2** 日額給付型健康險之保險給付係按？　(A)實際醫療費用　(B)支付實際手術費用　(C)醫療保險金日額乘以實際住院日數　(D)以上皆是。

（　）**3** 長期看護保險中符合長期看護之定義中「意識清醒的情形下有分辨上之障礙」，係指經醫師診斷判定，符合三項分辨障礙中之二項以上，此三項不包括？　(A)時間分辨障礙　(B)人物分辨障礙　(C)場所分辨障礙　(D)顏色分辨障礙。

（　）**4** 健康保險契約訂立時，被保險人已患疾病或在妊娠情況中時，壽險公司對該項疾病或分娩的醫藥、醫療費用，應？　(A)完全給付　(B)酌情給付三分之一費用　(C)酌情給付二分之一費用　(D)不予給付。

（　）**5** 健康保險為保障被保險人疾病或傷害使其導致經濟上之損失，目前包括：　(1)失能保險　(2)豁免保險費附約　(3)防癌健康保險　(4)長期看護保險，請問上述何者為真？　(A)(1)(2)(3)　(B)(1)(2)(4)　(C)(1)(3)(4)　(D)(1)(2)(3)(4)。

（　）**6** 下列敘述何者錯誤？　(A)長期照顧保險給付可分為一筆或分期給予固定金額二種　(B)被保險人經專科醫師診斷判定認知功能障礙為終身無法治癒者，仍須符合契約條款約定之期間限制，才可符合認知功能障礙　(C)若契約條款明定免責期間，被保險人的生理功能障礙或認知功能障礙狀態須超過免責期，保險公司才會給付長期照顧保險金　(D)外溢效果的保險可以達到事前預防風險的效益。

(　) **7** 健康保險為保障被保險人疾病或傷害使其導致經濟上之損失，不包括下列
何項？　(A)「日額給付型」健康保險　(B)豁免保費附約　(C)防癌健康保
險　(D)殘廢保險。

投資型保險商品

(　) **1** 投資型保險商品的投資標的可包含？　(1)證券投資信託基金受益憑證
(2)共同信託基金受益憑證　(3)各國中央政府發行之公債、國庫券　(4)銀行
存款。　(A)(2)(3)(4)　(B)(1)(2)(4)　(C)(1)(2)(3)　(D)(1)(2)(3)(4)。

(　) **2** 投資型商品可由保戶依據自己的經濟狀況來繳納保費，符合？　(A)費用透
明　(B)分離帳戶的特色　(C)盈虧自負　(D)彈性繳費。

(　) **3** 下列何者屬投資型保險商品規範，由保險人接受要保人以保險契約委任全
權決定運用之投資標的之運用範圍？　(1)公債、國庫券　(2)臺灣存託憑證
(3)外國有價證券　(4)結構型商品。　(A)(2)(3)(4)　(B)(1)(3)　(C)(1)(2)(3)
(D)(1)(2)(4)。

(　) **4** 投資型保險是以何者為軸心，結合了證券投資與資產管理的特色。　(A)人
壽保險與年金保險　(B)健康保險　(C)團體保險　(D)傷害保險。

(　) **5** 保險業務員通過投資型保險商品特別測驗，取得合格證書者，經何種程
序後，始得開始從事投資型保險商品之招攬。　(A)經所屬公司向壽險公
會辦理變更登錄後　(B)經報主管機關同意後　(C)經通訊處負責人授權後
(D)即可直接。

(　) **6** 結構式債券保單不會面臨到何種的風險？　(A)匯率風險　(B)折價風險
(C)流動性風險　(D)以上皆非。

(　) **7** 投資型保險兼具何種的功能？　(A)理財投資　(B)保險保障　(C)保戶擁有
資本增值的機會　(D)以上皆是。

團體保險與學生團體保險

(　) **1** 下列何者不是團體保險契約中所稱之團體？　(A)依法成立之協會　(B)同學
會　(C)債權、債務人團體　(D)依法成立之職業工會。

(　) **2** 在可提前給付之終身保險商品中，團體保險之投保金額通常是依下列何者
作為決定基礎？　(1)職位　(2)薪資等級　(3)工作年資　(4)團體定額。
(A)(1)(2)(3)　(B)(1)(2)(4)　(C)(1)(3)(4)　(D)(1)(2)(3)(4)。

( ) **3** 目前各公司所推出的團體保險可分為？甲、團體傷害保險；乙、團體人壽保險；丙、團體健康保險；丁、團體儲蓄保險。 (A)甲乙丙 (B)乙丙丁 (C)甲及乙 (D)甲及丙。

( ) **4** 所謂團體一年定期壽險之「平均保險費率」是依？ (1)被保險團體的危險程度 (2)每一被保險員工的年齡 (3)每一被保險員工的保險金額 (4)每一被保險員工的性別；所計算出的保險費總和除以全體被保險員工保險金額總和計算。 (A)(1)(2)(4) (B)(2)(3)(4) (C)(1)(2)(3)(4) (D)(1)(2)(3)。

( ) **5** 要保人得在契約屆滿多少前通知保險公司團體保險契約續保。 (A)二週前 (B)一個月前 (C)一週前 (D)二個月前。

( ) **6** 通常一般團體保險，最低之參加員工人數及比率多為？ (A)5人及75%以上 (B)10人及80%以上 (C)25人及75%以上 (D)15人及80%以上。

( ) **7** 雇主為員工投保人身保險的最大好處？ (A)可因此不必投保勞工保險 (B)與壽險業建立良好關係，方便資金融通 (C)降低員工流動率 (D)以上皆非。

( ) **8** 團體一年定期人壽保險以員工為被保險人，所稱員工係指要保單位？ (A)所聘僱，無論是否領有固定薪金者 (B)所聘僱，且係公司行號之董監事領有固定薪金者 (C)公營事業之正式職員 (D)所聘僱，且領有固定薪金者。

( ) **9** 團體保險「死亡保險金的受益人」為？ (A)被保險人本人 (B)被保險人家屬或法定繼承人 (C)要保人 (D)保險人指定。

( ) **10** 團體保險已漸為一般公司行號、企業團體所利用；目前壽險公司所推出之團體保險不包括那一種？ (A)團體責任保險 (B)團體傷害保險 (C)團體健康保險 (D)團體人壽保險。

( ) **11** 團體保險內每位員工對每單位保險金額應繳的保險費通常係以何種費率乘以保險金額總額計算？ (A)分級保險費率 (B)平均保險費率 (C)平衡保險費率 (D)團體保險費率。

( ) **12** 團體保險在承保時係以整個團體為基礎來考慮，故以企業或其負責人為要保人，訂立保險契約，有關保險費之繳納，不論雇主與員工如何分擔？ (A)皆由要保人負責繳付 (B)皆由員工負責繳付 (C)由員工及要保人依比例同時繳付 (D)以上皆可。

( ) **13** 團體保險近幾年來快速成長，其主要原因是？ (1)政府加強推行社福政策 (2)改善勞資關係，增進員工福利 (3)愈多企業體為員工投保團體保險，政府的負擔就越輕 (4)政府給予投保團體之企業予以稅法上之優惠。 (A)(1)(2)(3) (B)(1)(3)(4) (C)(1)(2)(3) (D)(2)(3)(4)。

(　) **14** 團體保險被保險人由於工作場所變更，致危險有顯著增加時？　(A)要保人應於知悉後二週內　(B)要保人應於契約週年時　(C)被保險人應於二週內　(D)要保人應於一個月內通知保險公司。

(　) **15** 團體健康保險一般以員工本人之 _____ 為限，亦有擴大範圍至配偶子女等。　(A)一般健檢　(B)體格檢查　(C)傷害疾病醫療　(D)以上皆非為限。

(　) **16** 關於團體保險，下列敘述何者為非？　(A)政府對投保團體保險之企業在稅法上往往予以優惠　(B)團體保險是企業保障員工生活，增進員工福利，改善勞資關係最好的工具　(C)凡是團體內合格之個人皆屬承保對象，不因其員工工作地點，性質具高危險性即予以排除　(D)承保時是以團體中之個人為基礎。

郵政簡易壽險與微型保險

(　) **1** 下列何者非屬「保險業辦理微型保險業務應注意事項」明定之經濟弱勢者？　(A)符合身心障礙者權益保障法定義之身心障礙者　(B)為合法立案之社會福利慈善團體或機構之服務對象　(C)居住在離島地區民眾　(D)無配偶且全年綜合所得總額不超過財政部公告當年度規定之綜合所得稅免稅額、標準扣除額及薪資所得特別扣除額之合計數者或其家庭成員。

(　) **2** 下列哪一項不是微型保險的特色？　(A)繳費方式具有彈性　(B)多透過業務員傳統通路行銷　(C)保障內容簡單　(D)透過團體保險方式承作。

(　) **3** 下列哪一項不是微型保險的特色？　(A)保險金額低　(B)保障內容簡單　(C)按期繳納保費　(D)以經濟弱勢者為承保對象。

(　) **4** 下列哪一項是微型保險的特色？　(A)以軍公教人員為主要承保對象　(B)僅可透過個人保險方式承作　(C)保障內容簡單　(D)多透過業務員通路行銷。

(　) **5** 有關微型保險之規定何者為是？　(A)一定要體檢　(B)殘廢保險金可指定受益人　(C)身故保險金以本人為限　(D)可免體檢。

(　) **6** 依據「保險業辦理微型保險業務應注意事項」規定，下列哪一項不是微型保險的承保險種？　(A)重大疾病保險　(B)一年期定期壽險　(C)傷害保險　(D)以上皆非。

(　) **7** 依據「保險業辦理微型保險業務應注意事項」規定，下列敘述何者為是？　(A)微型保險可以採取個人保險、集體投保或團體保險方式為之　(B)微型保險得含有還本給付的設計　(C)微型保險種類限定為終身壽險及住院醫療險　(D)微型保險附加費用率的上限為總保費的20%。

（　　）**8** 依據「保險業辦理微型保險業務應注意事項」規定，微型保險附加費用率上限為總保費之？　(A)20%　(B)25%　(C)10%　(D)15%。

（　　）**9** 依據「保險業辦理微型保險業務應注意事項」規定，下列敘述何者為非？(A)微型保險以經濟弱勢或特定身分者為承保對象　(B)保險業者必須在簽訂微型保險契約時，將契約所列重要約定事項摘要以書面提供予要保人(C)微型保險不得含有生存或滿期給付之設計　(D)微型保險的附加費用率上限比照傳統型保險。

（　　）**10** 個別被保險人投保微型人壽保險或微型傷害保險之累積保險金額分別不得超過台幣？　(A)20萬元　(B)30萬元　(C)40萬元　(D)50萬元。

（　　）**11** 郵政簡易人壽保險與商業性人壽保險最大的不同，在於？　(A)皆適用簡易人壽保險法　(B)皆適用保險法　(C)郵政簡易人壽保險適用簡易人壽保險法　(D)郵政簡易人壽保險適用保險法。

（　　）**12** 郵政簡易壽險保險費繳納方法有？　(A)自動轉帳　(B)劃撥轉帳　(C)郵政存簿　(D)以上皆可。

（　　）**13** 郵政簡易壽險被保險人投保超過？　(A)9個月　(B)6個月　(C)1年　(D)3個月 _____ 死亡時給付保險金全額。

（　　）**14** 微型保險的投保金額限制規定何者為非？　(A)傷害保險新臺幣50萬元　(B)人壽保險與傷害保險各新臺幣50萬元　(C)人壽保險新臺幣50萬元(D)人壽保險與傷害保險共新臺幣50萬元。

（　　）**15** 簡易人壽保險亦為人身保險之一，政府於民國幾年公布簡易人壽保險法？(A)二十四年　(B)三十五年　(C)五十九年　(D)七十五年。

（　　）**16** 簡易人壽保險投保年齡限制為？　(A)12歲～60歲　(B)20歲～65歲　(C)12歲～65歲　(D)無年齡限制。

（　　）**17** 屬於夫妻二人之全年綜合所得在新臺幣多少萬元下者，屬微型保險中定義的經濟弱勢者族群？　(A)20萬元以下者　(B)30萬元以下者　(C)50萬元以下者　(D)70萬元以下者。

（　　）**18** 下列何者非為微型保險的特色？　(A)以經濟弱勢者為承保對象　(B)保險金額低，保費低廉　(C)繳費方式具有彈性　(D)透過傳統行銷通路，並以團體保險方式承攬。

（　　）**19** 簡易人壽保險原規定為國營事業，由中華郵政公司辦理，其他保險業不得經營。民國八十年「簡易人壽保險法」修正施行後，開放其他壽險業者經營，其他保險業者經營之主管機關為？　(A)經濟部　(B)交通部　(C)金融監督管理委員會　(D)內政部。

社會保險

(　　) **1** 下列何者非全民健康保險之眷屬隨同被保險人投保之範圍？ 　(A)無職業之直系血親尊親屬 　(B)直系姻親尊親屬 　(C)無職業之配偶 　(D)未成年且無職業，或成年無謀生能力或仍在學就讀且無職業二親等內之直系血親卑親屬。

(　　) **2** 下列何者為公務人員保險在全民健康保險實施後不給付項目？ 　(A)死亡 　(B)養老 　(C)失能 　(D)疾病。

(　　) **3** 下列那一項為全民健康保險開辦後，勞工保險普通事故中終止給付之項目？ 　(A)失能給付 　(B)醫療給付 　(C)死亡給付 　(D)老年給付。

(　　) **4** 公務人員保險之保險給付項目中因全民健康保險開辦後仍有給付之項目為？ 　(A)老年 　(B)生育 　(C)疾病 　(D)傷害給付。

(　　) **5** 公務人員保險之保險費被保險人需自付？ 　(A)55% 　(B)40% 　(C)45% 　(D)35%。

(　　) **6** 全民健康保險中央主管機關為？ 　(A)勞保局 　(B)行政院衛生福利部 　(C)財政部 　(D)中央信託局。

(　　) **7** 全民健康保險實施後，事業機構受僱者之被保險人每月須負擔之保險費比例為？ 　(A)15% 　(B)30% 　(C)20% 　(D)40%。

(　　) **8** 有關全民健康保險之內容何者正確？ 　(1)保險事故包含疾病、傷害、生育 　(2)以強制投保為原則 　(3)主管機關為中央健康保險署 　(4)保險人為衛生福利部。 　(A)(2) 　(B)(1)(2)(3)(4) 　(C)(1)(2) 　(D)(1)(2)(3)。

(　　) **9** 有關全民健康保險之主要內容，下列何者為非？ 　(A)保險對象為被保險本人及其眷屬 　(B)被保險人分為六類 　(C)保險事故為疾病、傷害、生育給付 　(D)非為強制性投保。

(　　)**10** 依規定應參加勞工保險之投保單位，其合法在職外籍勞工？ 　(A)不能 　(B)可選擇 　(C)應全部 　(D)法令規定　參加勞工保險。

(　　)**11** 軍人保險之給付不包括以下哪一項目？ 　(A)疾病 　(B)死亡 　(C)殘廢 　(D)退伍。

(　　)**12** 退休人員保險之保險費固定以被保險人之保險俸（薪）給的百分之多少為費率核計？ 　(A)9% 　(B)8% 　(C)10% 　(D)7%。

(　　)**13** 勞工保險之普通事故保險中，因全民健康保險開辦後終止給付之項目為？ 　(A)醫療 　(B)生育 　(C)傷病 　(D)失能給付。

(　　)**14** 勞工保險之職業災害保險給付項目不包括？ 　(1)傷病及醫療 　(2)失業及年老 　(3)失能及死亡 　(4)生育及避孕。 　(A)(1)(2) 　(B)(2)(4) 　(C)(1)(2)(3) 　(D)(1)(4)。

( ) **15** 勞工保險的投保年齡下列何者為是？ (A)15～60歲 (B)15～65歲 (C)15～55歲 (D)15～50歲。

( ) **16** 勞工保險保費的負擔，原則上普通事故由？ (A)被保險人負擔30%、雇主60%、政府10% (B)被保險人負擔20%、雇主70%、政府10% (C)被保險人10%、雇主60%、政府30% (D)被保險人40%、雇主50%、政府10%。

( ) **17** 就勞工退休金制度下列敘述何者為非？ (A)適用勞動基準法之本國籍勞工適用之 (B)雇主按月提繳6%退休金於勞保局設立之勞工退休金個人帳戶 (C)勞工不可自提6%於勞工退休金個人帳戶，且無法於年度個人綜合所得額中全數扣除 (D)雇用勞工200人之事業單位經工會同意，無工會經二分之一勞工同意者，可用投保年金取代提撥。

( ) **18** 就業保險之保險費率，目前為被保險人月投保薪資之？ (A)5% (B)1% (C)3% (D)4%。

( ) **19** 農民健康保險的主管機關在中央為？ (A)農業委員會 (B)經濟部 (C)內政部 (D)財政部。

( ) **20** 農民健康保險的保險費，政府補助及被保險人自行負擔比例各是？ (A)50%、50% (B)60%、40% (C)70%、30% (D)80%、20%。

( ) **21** 勞工保險之普通事故保險費，被保險人應負擔之比率為？ (A)20% (B)10% (C)30% (D)50%。

( ) **22** 有關勞工退休金採新制者，下列敘述何者有誤？ (A)勞工自願提繳的部分得自當年度個人綜合所得總額中全數扣除 (B)每月提撥率得由勞工自由決定 (C)勞工按月提繳退休金，可選擇儲存於勞保局設立之勞工退休金個人專戶 (D)以上皆正確。

( ) **23** 有關國民年金制度敘述何者有誤？ (A)提供老年年金、生育給付、身心障礙年金、遺屬年金及喪葬給付等保障 (B)投保對象為年滿15歲以上未滿65歲於國內設有戶籍的國民 (C)投保對象須為沒有參加軍保、公教保、勞保及農保的國民 (D)被保險人死亡時按其月投保金額一次發給5個月喪葬給付。

( ) **24** 勞工保險之普通事故保險費率，係按被保險人月投保薪資之？ (A)7%～8% (B)7%～9% (C)7.5%～13% (D)6.5～9%訂定。

( ) **25** 農民健康保險之被保險人，若非農會會員則需？ (A)十五歲至六十歲 (B)十八至六十歲 (C)年滿十五歲以上 (D)年滿十八歲以上，且合乎從事農業工作農民之認定標準及資格審查辦法之農民。

解答與解析

人身保險的類別

1 (C) **2 (D)**

人壽保險

1 (B)。(B)為高。

2 (B)。(B)繳費期間≦保險期間。但一般而言,定期死亡險的繳費期間=保險期間。

3 (D)。(D)又稱養老保險。

4 (A)

5 (D)。(D)非養老保險,為健康保險。

6 (D)。一般的壽險以期間來分者,皆分為終身和定期。

7 (A)。養老保險為生死合險,生或死皆須給付。

8 (A)。養老保險(即生死合險)=定期保險+生存保險。

9 (B)。(D)強制/非強制分紅保單:保險公司一定/不一定要將經營獲利與保戶共享。非強制為較新觀念。

10 (D)。彌補終身保險「終身繳費」造成老年失去所得能力,還需繼續繳費的缺點。

11 (A)。(A)終身繳費終身險:終身繳費、終身保障;(B)躉繳終身險:一次繳清、終身保障;(C)限期繳費終身險:期間內繳費、終身保障;(D)永久終身壽險,即簡稱為終身險。

12 (B)

13 (C)。多倍型養老保險是養老保險中的生存保險、定期保險,再附加死亡險和意外保險。

14 (A)。遞增型定期壽險:壯年收入漸多,逐年增加保費,保障也逐年增加,避免意外時家人無所依靠。

15 (B) **16 (A)**

17 (C)。(C)工作年齡人口(青壯年人口)指15至64歲之人口數。

傷害保險

1 (C)

2 (D)。(1)意外事故發生與年齡無直接關係。

3 (A)。(A)傷害保險不保障故意事故和疾病,故不須體檢;(B)非「要保人」,應是「被保險人」。(D)2人皆死亡,才不必給付。

4 (A)

5 (C)。參照殘廢程度的分級表→甲:50%;丁90%。

6 (C)

7 (B)。個人傷害保險短期費率一個月期為年繳保費15%、二個月期為年繳保費25%。

8 (A)。(B)限實際從事旅遊之國內外旅客。(C)不須體檢。

9 (C)。旅行平安險若經保險公司同意,可延長保險期間。

10 (C)

11 (A)。傷害保險：補償意外傷害事故造成的身故、失能損失，但不保障故意事故和疾病。

12 (C)。意外發生與職業高度相關。

13 (D)。危險增加通知義務：個人傷害保險→要保人立即通知；團體保險→要保人二周內通知。

14 (A)

15 (D)。未滿15歲被保險人之壽險、傷害險，死亡給付於其滿15歲時起生效，殘廢及醫療之給付則無限制。

健康保險

1 (A)。(A)精神損失非經濟損失。

2 (C)。日額給付型：(1)住院日額定付＝住院天數×日額保險金；(2)手術費。

3 (D)。(A)(B)(C)為認知功能障礙，色盲不在其中。

4 (D)。帶病投保，保險公司不予給付。

5 (D)。健康保險主要分為：實支實付型、日額給付型，尚有防癌健康險、失能險、豁免保費附約長期看護險，但不包含殘廢保險（屬傷害險）。

6 (B)。(B)經專科醫師診斷判定認為終身無法治癒者，則不受免責期間限制。

7 (D)。健康保險主要分為：實支實付型、日額給付型，尚有防癌健康險、失能險、豁免保費附約、長期看護險，但不包含殘廢保險（屬傷害險）。(D)屬傷害保險，非健康保險。

投資型保險商品

1 (D)。(4)銀行存款可，但可轉讓定期存單（NCD）不可。

2 (D)。依據自己的經濟狀況來繳納保費→彈性繳費。

3 (C)。結構型商品：債券（固定收益）＋選擇權（衍生性金融）的投資工具。適合短期投資，故不適合長期間的投資型保險。

4 (A)。保險的轉變，以壽險商品為軸心，結合證券投資與資產管理的特色，發展成為兼具理財投資及保險保障的工具。

5 (A)

6 (C)。連結標的有利率、匯率、股價指數或股票等，流動性高。

7 (D)

團體保險與學生團體保險

1 (B)。同學會是私人聚會。

2 (D)。團體保險之金額非員工個人自由選擇，以薪資、職位、年資、團體定額等，為決定基礎。

3 (A)。團體保險可區分為：團體壽險、團體傷害保險及團體健康保險三大類。

4 (C)。平均保險費率：依要保人的危險程度、被保險人的性別、年齡、保險金額，計算出保險費總和，再除以全部保險金額。

5 (A)。要保人得在保險屆滿日的兩週前通知保險公司續保，續保的始期以原契約屆滿日的翌日零時為準。

6 (A)　7 (C)　8 (D)

9 (B)。團體保險的受益人：殘廢或醫療給付→被保險人本人；身故保險金→被保險人之家屬。

10 (A)。團體保險可區分為：團體壽險、團體傷害保險及團體健康保險三大類。

11 (B)。平均保險費率：依要保人的危險程度、被保險人的性別、年齡、保險金額，計算出保險費總和，再除以全部保險金額。

12 (A)。保費上不論雇主與員工如何分擔，皆由要保人負責繳納。

13 (C)。團體險非強制投保。若愈多企業為員工投保，政府負擔就越重，因鼓勵企業給予稅法優惠。

14 (A)。危險增加通知義務：個人傷害保險→要保人立即通知；團體保險→要保人二周內通知。

15 (C)。團體健康保險包含員工傷害疾病醫療方面的給付。故也針對這兩方面做體檢。

16 (D)。(D)以團體為基礎，不以個人為對象，只有一張主保單。

郵政簡易壽險與微型保險

1 (C)

2 (B)。(B)非傳統通路，以團體方式承作。

3 (C)。(C)較彈性的繳費方式。

4 (C)。(A)經濟弱勢者為對象，(B)個人、集體或團體方式。

5 (D)。(B)殘廢保險金受益人需為被保險人，(C)身故保險金以本人家屬或法定繼承人為限。

6 (A)。限定為：一年期傳統定期人壽保險、傷害保險、一年期實支實付型傷害醫療保險。

7 (A)。(B)不得，避免保費過高；(C)一年期定期壽險；(D)15%。

8 (D)

9 (D)。(D)微型保險附加費用率的上限為總保費的15%。

10 (D)。個人投保微型保險之人壽保險與傷害保險的累積保額，分別不得超過50萬元。

11 (C)。簡易人壽保險適用簡易人壽保險法，商業性人壽保險適用保險法。

12 (D)。自動轉帳繳費有應收保險費1%的優待。

13 (A)。死亡時給付保險金，其投保期間：未滿3個月，拿回繳納之保費；滿3～6個月，領受1/4保險金；滿6～9個月，領受1/2保險金；滿9個月，領受全部保險金。

14 (D)。(D)人壽保險與傷害保險各50萬。

15 (A)。民國24年公布簡易人壽保險法，最新修正為107年。

16 (D)。民國88年修正簡易人壽保險法，刪除投保年齡限制。

17 (D)。經濟弱勢：無配偶→年所得35萬；有配偶→年所得70萬以下。

18 (D)。(D)非傳統通路，以團體方式承作。

19 (C)。我國保險業的主管機關為「金融監督管理委員會保險局」（簡稱「金管會保險局」）。

社會保險

1 (B)。被保險人的眷屬：配偶、無業或無謀生能力的的直系血親尊親屬、二親等內直系血親卑親。

2 (D)。公務人員保險在全民健保開辦後終止給付項目：疾病、傷害。

3 (B)。勞保普通事故在全民健保開辦後終止給付項目：醫療、生育。

4 (A)(B)。原答案為(A)，但民國103年公保法修正案增列生育給付項目。故答案修正為(A)(B)。

5 (D)。按月繳付，被保險人自付35%，政府補助65%。

6 (B)。主管機關：商業保險→金管會；健保→衛服部；農保→農委會。

7 (B)。[負擔比率]受雇者：雇主：政府＝3：6：1。

8 (C)。(3)行政院衛生福利部，(4)中央健康保險署。

9 (D)。(D)強制性投保。

10 (C)。一般企業進用外籍勞工，若符合勞保條例第6條者，應強制參加勞保。

11 (A)。軍人保險之給付包含：死亡、身心障礙、退伍、育嬰留職停薪津貼、眷屬喪葬津貼等五項。

12 (B)

13 (A)(B)。原答案為(A)，後勞保條例第76-1條：有關生育、醫療給付部分，於全民健康保險施行後，停止適用。故答案修正為(A)(B)。

14 (B)。職災保險給付項目：醫療、失能、傷病、死亡。（口訣：醫師死傷）。

15 (B)。勞保條例第6條：15歲以上，65歲以下之左列勞工，應全部參加勞保。

16 (B)。勞保普通事故→受雇者：雇主：政府＝2：7：1。

17 (C)。(C)勞工可自提0～6%勞工退休金，且可於個人綜合所得額中全數扣除。

18 (B)。保險費率依被保險人月薪1%～2%擬訂，目前以下限1%計收。

19 (A)。農保條例107年修正，中央主管機關由內政部改為行政院農業委員會。（現改制為農業部）

20 (C)。農保→被保險人：政府＝3：7。

21 (A)。勞保普通事故→受雇者：雇主：政府＝2：7：1。

22 (C)。(C)雇主提繳之勞工退休金，存於勞保局設立之退休金個人專戶。

23 (B)。(B)為25歲以上未滿65歲之設有戶籍的國民。

24 (C)。勞保普通事故保險費率，每兩年調升0.5%。民國112年起，將再調升達到11%。調升上限為13%。

25 (C)。非農會會員則需年滿15歲以上、合乎從事農業工作農民之認定標準及資格審查辦法之農民。

焦點觀念題組

人身保險的四大類別

( ) **1** 人身保險共四種類型，有健康保險、人壽保險、年金保險與？ (A)傷害保險 (B)產物保險 (C)汽車保險 (D)天災保險。

( ) **2** 下列何者係屬於人身保險業務？ (1)傷害保險 (2)投資型保險商品 (3)健康保險 (4)責任保險 (A)(1)(3) (B)(1)(2)(3) (C)(1)(2)(3)(4) (D)(1)(3)(4)。

( ) **3** 我國保險法第13條規定保險分為？ (A)財產保險及人身保險 (B)個人保險及終身保險 (C)死亡保險及儲蓄保險 (D)定期保險與終身保險。

( ) **4** 以下何者為非？
(A)將保險區分財產保險及人身保險兩種，是依據我國保險法第13條規定
(B)人壽保險中包括生存保險、死亡保險及生死合險
(C)人身保險包括責任保險及人壽保險
(D)人身保險四種類型中含健康保險。

( ) **5** 人身保險商品依保險法規定，分為？ (A)五大類，生存保險、死亡保險、生死合險、傷害保險、健康保險 (B)壽險、傷害險、健康險三大類 (C)四大類，人壽保險、年金保險、傷害保險、健康保險 (D)三大類，生存險、死亡險、生死合險。

( ) **6** 下列何者為是？
(A)將保險分為財產保險及人身保險兩類，是依據我國保險法第13條規定
(B)人壽保險中包括生存保險、死亡保險及健康保險
(C)人身保險包括責任保險及人壽保險
(D)人身保險四種類型中包含責任保險。

( ) **7** 以下何者為非？
(A)人壽保險中包括生存保險、死亡保險及生死合險
(B)人身保險四種類型中包含健康保險
(C)人身保險包括責任保險及人壽保險
(D)將保險區分為財產保險及人身保險兩種，是依據我國保險法第13條規定。

( ) **8** 我國保險法第幾條規定，將保險區分財產保險及人身保險兩類？ (A)第11條 (B)第12條 (C)第13條 (D)第14條。

解答與解析

人身保險的四大類別

1 (A)。人身保險有四大類別：人壽保險、健康保險、傷害保險、年金保險。

2 (B)。人身保險有四大類別：人壽保險、健康保險、傷害保險、年金保險。投資型保險為「人壽、年金＋投資」，故也在其中。

3 (A)。保險法第13條規定，保險分為財產保險及人身保險。

4 (C)　　**5 (C)**

6 (A)。(B)非健康保險，是生死合險，(C)包括人壽、年金、傷害、健康保險。

7 (C)。(C)人身保險包含：人壽、健康、傷害、年金四大類。

8 (C)。保險法第13條：保險分為財產保險及人身保險。

Lesson 05 | 解構人身保險費

課前導讀

本課要介紹「保險費用」及「準備金」。內容有許多與法規相關的日期、比率和金額，記憶起來並不輕鬆，但觀念間有許多相似之處，只要耐心研讀，定能領會貫通。

附加費用	純保險費
保險公司營運 業務員佣金	理賠給付 生存保險給付 死亡保險給付 醫療保險給付

名師教學

https://reurl.cc/1QML2X

本重點依據出題頻率區分，屬：**B** 頻率中

重點 ① 人身保險費構成三原則

一、人身保險費的原則 ★★

保險制度須兼顧三個原則：

(一) 相互扶助的觀念。

(二) 公平的危險分擔。

(三) 收支相等的原則。

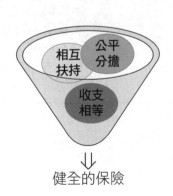

健全的保險

二、三原則的內涵 ★★

原則	內涵
1.相互扶助的觀念	保險是大家參與，相互扶助的制度。
2.公平的危險分擔	(1) 公平的危險分擔：年齡不同，死亡率不同，應負擔的保費也不同。 (2) 公平分擔的依據： 　A.大數法則：經由大量數據重複觀察，得到一個隨機事件的均值。 　B.死亡率：某一年齡，在一年內死亡的比率。 $$死亡率=\frac{某一年齡年度內的死亡人數}{某一年齡年初的生存人數}$$ 　例如： 　民國108年初，抽樣30歲男性10萬人，年底時統計，有8,080人死亡。則其死亡率＝8,080÷100,000×100%＝8.08%。 　C.生命表：又稱「死亡率表」，依性別、年齡分類。將不同年齡之死亡率排列成表。
3.收支相等的原則	(1) 壽險公司就對全體保戶之收入與支出，來**計算保費**。 (2) 收支相等的原則： **全體保戶繳入的保險費＝保險公司支付給全體受益人的保險金** 例如： 1,000名45歲男子各投保1,000萬元的死亡險，「生命表」顯示該年齡死亡率是0.4%（即一年中死亡1,000×0.4%＝4人） 　A.保險公司給付之死亡保險金＝1,000（萬）×4（人）＝4,000萬元。 　B.收支相等下，每人應繳保費＝4,000（萬）÷1,000（人）＝4（萬／人）。

三、重要名詞圖說 ★★

名師教學

立即看私房講解

以下將「保險費」、「責任準備金」、「保單價值準備金」三個重要概念，以圖說的方式來理解。

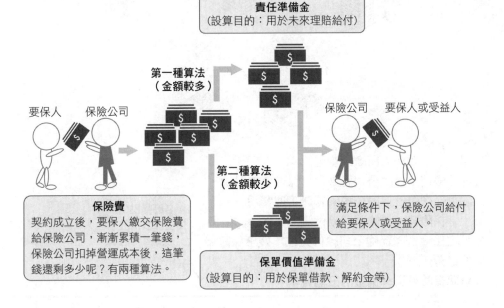

責任準備金
(設算目的：用於未來理賠給付)

第一種算法
(金額較多)

要保人　保險公司

保險公司　要保人或受益人

保險費
契約成立後，要保人繳交保險費給保險公司，漸漸累積一筆錢，保險公司扣掉營運成本後，這筆錢還剩多少呢？有兩種算法。

第二種算法
(金額較少)

滿足條件下，保險公司給付給要保人或受益人。

保單價值準備金
(設算目的：用於保單借款、解約金等)

小試身手

(　　) 1 2,000名45歲的男人各投保1,000萬元死亡保險（保險期間1年），生命表顯示45歲男人的死亡率是千分之二，則每人的保險費是？　(A)2萬元　(B)4萬元　(C)2千元　(D)4千元。

答 (A)。2,000×0.002×1000萬÷2,000＝20,000元。

(　) **2** 純保險費之計算是根據？　(A)收支相等原則　(B)量出為入　(C)大數法則 (D)盈餘預估原則。

　　答 (A)。收支相等原則：保險公司→純保險費支出＝保險金收入，其中純保險費即為保險賠償金。

本重點依據出題頻率區分，屬：A 頻率高

重點 **2**　人身保險費及準備金的構成

一、保險費與準備金的計算基礎 ★★

(一) 保險費的構成要素

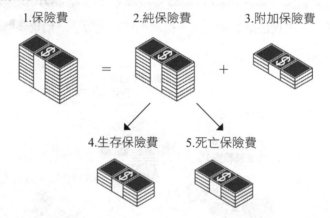

　　1.保險費：要保人所繳的費用。
　　2.純保險費：保險公司將來給付保險金的財源。
　　3.附加保險費：保險公司的營運管理費用。
　　4.生存保險費：保險公司給付滿期保險金的財源。
　　5.死亡保險費：保險公司給付死亡、殘廢保險金的財源。

> **名師提點**
> 生命表用於：
> 1. 計算保險費。
> 2. 計算責任準備金。
> 3. 評估營運績效。

(二) 計算保險費與準備金的三個費率

1.預定死亡率	(1) 參考「生命表」之死亡率，計算死亡保險費的死亡率。 (2) **與保費成正比，預定死亡率越低，保費越低。**
2.預定利率	(1) 保險公司收取保費，投資運用後若獲利，須在保費上回饋給保戶，此回饋比率即預定利率。 (2) 89年起，預定利率由保險公司依情況自行定之。 (3) **與保費成反比，預定利率越高，則保費越低。**

| 3.預定營業費用率 | (1) 保險公司營運費用佔保費收入之比率，即為預定營業費用率，又稱「附加費用率」。
(2) **與保費成正比，預定營業費用率越低，保費越低。** |

名師提點
參加保險的人越多，每張保單負擔的營業費用越低。

(三) 保險費關於三個費率的套用

保險費＝純保險費＋附加保險費
生存保險費＋死亡保險費

預定利率
預定營業費用
預定死亡率

(四) 關於三個費率的運用

保險公司開始收取保險費

收取保費前　　　　　　　收取保費後

保險公司依照
預定死亡率、預定利率、預定費用率計算要向保戶收取的「保險費」

保險公司依照
預定死亡率、預定利率、預定費用率計算保單的：
1.責任準備金。
2.保單價值準備金。
3.解約金。

二、責任準備金 ★★★

(一) 何謂「責任準備金」？

1. 定義：保險公司將收取的**純保險費**，部分提存保管並記載於特設帳簿，做為準備履行將來給付責任的資金。

奪分密技
金管會依市場利率適時調整責任準備金的預定利率。

2. 特性
   (1) 不同的保險類型，責任準備金的計算方式不同。
   (2) 責任準備金在會計報表上為「負債」科目。
   (3) 現行責任準備金的提存，以「**壽險業第六回生命表**」為標準。
   (4) 終身壽險保單的**責任準備金提存越多，其「危險保額」越低。**

奪分密技
危險保額（↓）＝身故給付金（不變）－責任準備金（↑）。

(二) 不同保險的責任準備金提存方式

險種	提存方式
人壽保險 （保險期間 超過一年）	1.87年前：純保險費較20年繳費20年滿期生死合險為大者。採20年滿期生死合險修正制。 2.88年起：純保險費較25年繳費25年滿期生死合險為大者。採25年滿期生死合險修正制。 3.95年起：純保險費較20年繳費終身保險為大者。採20年繳費終身保險修正制。 4.第1款至第3款以外之契約：採1年定期修正制。
生存保險	採平衡準備金制。
健康保險 （保險期間 超過一年）	採1年定期修正制。

> **平衡準備金制：**
> 一種責任準備金的計算方式，其所計算出來的金額最大，會使保險公司負債較高，政府常以此來降低保險公司的販賣意願。

三、保單價值準備金 ★★★

(一) **定義**：保戶繳交保費給保險公司，如同將錢存到銀行，累積的金額扣除必要支出後，保險公司即可用來支付未來要給保戶的各種可能款項，如保單借款、解約金等。

(二) **保單價值準備金vs責任準備金**：兩者的計算方式一致，差別在計算所用之假設值不同。以下就三方面來分析。

1. 目的不同
   (1) **責任準備金**：做為準備履行將來給付責任（如滿期金、理賠金等）的資金。
   (2) **保單價值準備金**：做為準備將來給付（如保單借款、解約金、保單分紅等）的資金。
2. 計算方面
   (1) **責任準備金**：以保守的「較低的預定利率」及「較高的預定死亡率」來計算。高估保單當下的價值。
   (2) **保單價值準備金**：以計算保費時所採用的預定利率及預定死亡率來計算。反映保單當下的真正價值。

3. 提存方面
  (1) **責任準備金：保險公司自行提存。**
  (2) **保單價值準備金：主管機關規定提存。**

> **名師提點**
> 保險公司自行提存的金額＞主管機關規定提存的金額，對保戶而言，較為穩健、有保障。

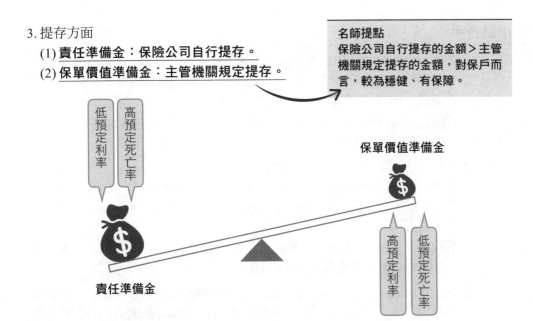

四、解約金 ★★

(一) 給付條件
  1. 保戶投保一年以上。
  2. 繳費累積達到有保單價值準備金。
  3. 保險公司應於**一個月內**償付解約金。
(二) 相關費用：提前解約對保險公司造成的不利的
    影響：
  1. 逆選擇。
  2. 資金運用不利。
  3. 費用無法攤回。故會酌收費用作為補償。

> **逆選擇：**
> 「事前」因資訊不對稱，缺乏資訊的一方為免受害，反而作出損害自身的選擇。
> 例如：保險公司擔心駕駛人投保後會降低駕駛安全，故提高保費作為保障，結果造成投保者皆為高風險駕駛人。

> **奪分密技**
> 民國109年起，所有附解約金的保險，皆需錄音或錄影，若民眾不願配合，則保險公司不能接受投保，即不能予以核保。

(三) 計算方式

險種	計算方式
1.躉繳保單	解約金＝保單價值準備金－解約費用。
2.分期繳費保單	解約金＝保單價值準備金×規定成數－解約費用。
3.滿期保單	解約金＝保單價值準備金－解約費用。

小試身手

( ) **1** 下列何者是保險公司的保險給付準備，也是保戶年輕時多繳保費，用來彌補年老時少繳保費的儲備金？ (A)保險金 (B)保單價值準備金 (C)責任準備金 (D)賠款準備金。

答 (C)。保險公司為將來能履行給付責任，平日將收取的保費提存，即是責任準備金。

( ) **2** 人壽保險保費計算基礎三因素為？ (A)預定獲益率、預定利率、預定營業費用率 (B)預定死亡率、預定利率、預定營業費用率 (C)預定獲益率、預定利率、預定職業類別費率 (D)預定死亡率、預定職業類別費率、預定營業費用率。

答 (B)。保險公司計算保費的三要素：預定死亡率、預定投資收益率、預定營運管理費用。

( ) **3** 為作為將來給付保險金財源，以預定死亡率與預定利率為基礎計算的保險費是？ (A)純保險費 (B)平準保險費 (C)附加保險費 (D)自然保險費。

答 (A)。純保費＝死亡保險費＋生存保險費，這兩者皆與預定死亡率、預定利率相關。

重點 3 保單紅利與分紅保單 本重點依據出題頻率區分，屬：A 頻率高

一、保單紅利 ★★

(一) **含意**：保險公司收取保費，實際投資運用後產生營利，將其中一部分回饋給保戶。

保險公司的盈餘

死差益
利差益 —— 取出一部分作為 →
費差益

分配給要保人

保單紅利

> **名師提點**
> 保單紅利是公司將經營成果與保戶分享，性質與存款利息並不相同。

(二) **保單紅利的來源**

利源	產生原因
1.死差益	實際死亡人數＜預定死亡人數，所產生的利益。
2.利差益	實際之運用收益＞預定利率預計之收益，所產生的利益。
3.費差益	實際營業費用＜預定營業費用率之營業費用，所產生的利益。

名師教學

立即看私房講解

知識補給站

保單紅利vs預定利率

保險公司開始收取保費

收取保費前	收取保費後

預定利率
保險公司「預期」將保費運用後，
會產生的獲利。
預先將此一獲利在保費上做折扣。

保單紅利
將保費「實際」運用後，產生比預定
利率更好的獲利。
將此獲利的一部分額外再分配給保戶。

(三) **保單紅利的分配**

1. **當年度之死差紅利與利差紅利，不得為負值。**

2. 利差紅利＝（中信局、臺銀、合庫、一銀的二年期定期儲蓄存款最高利率之平均值－保費之預定利率）×保單價值準備金

3. **若死差紅利＋利差紅利＞0，即使當年度營運虧損，仍需分配保單紅利。**

(四) **保單紅利的給付**

給付方法	內涵
1.積存（存入）	(1) 又稱「儲存生息」，保戶將紅利存放在保險公司。 (2) 最長可存至契約終止時再領取。 (3) 以保險公司約定銀行之定期存款利率計息。
2.購買增額的繳清保險	**使保險金額（簡稱「保額」）增加。**
3.抵繳保費	抵繳部份保險費。
4.現金支付	每年一次，以現金支付給保戶。

二、分紅保單 ★★

(一) **定義**：分配保單紅利的保單即為「分紅保單」。

(二) **演進：**

	民國92年		民國93年
民國81年～92年 傳統強制分紅保單 **保單紅利=死差益+利差益**	1.傳統強制分紅保單 2.**新分紅保單** 　**保單紅利=死差益+** 　**利差益+費差異** 3.不分紅保單		1.**新分紅保單** 2.**不分紅保單**

名師提點
1. 停售→傳統強制分紅保單。
2. 不分紅保單：不參加紅利分配，無紅利給付項目，故保費較分紅保單便宜。

(三) **作業**

1. 分紅保單初次辦理及內容變更時，均須報主管機關備查。
2. 每年保單紅利需由公司董事會核定。

(四) **113年7月1日紅保單新規範4大重點**

1. 分紅機制透明
   (1) 保單內容須含：今年可分配盈餘、每人分配率、每人紅利金額、紅利分配計算方式、紅利來源、紅利實現率及給付方式。
   (2) 若連續兩年未達到最可能分紅金額的累積值時，保險公司須說明原因。
   (3) 保險公司應揭露至少三個年齡層的年齡計算金額。

2. 不可過度宣染「分紅夢」
   (1) 保險公司不得公布「高分紅」假設，僅能列出最可能紅利金額、較低紅利金額、可能紅利為零的假設，避免保戶誤解可長期拿到高分紅。
   (2) 保險公司須在保單條款中明示「紅利非保證給付，在極端情境下可能為零」及「要保人保單紅利非保證給付」等文字。
   (3) 保險公司不得以保單的預定利率、分紅率、分紅金額進行招攬；不得將保單報酬率跟公司股息率、同業的保單、銀行利率或債券殖利率等做比較。

3. 保單定價時須採現金流量測試
   (1) 發放最可能的紅利基礎，須通過現金流量測試，選擇利率情境最差的65%。
   (2) 分紅保單須設區隔帳戶，管理每年度可分配紅利盈餘，確保可持續性、可負擔性、平穩性三大原則。盈餘分配比率不得低於70%。

4. 主約若有壽險外之項目須採核准制
   (1) 分紅保單除壽險外，若有醫療、意外等保障且在主約中，因傷害與健康給付不得參與分紅，故商品設計較複雜，須事先送審，採核准制。
   (2) 醫療、意外等保障若以附約來設計，可採備查制。

小試身手

(　) **1** 人壽保險事業依各項預定率向保戶收取保險費,其與實際支付金額之差所產生之盈餘? 　(A)轉增資　(B)分配於公司之股東　(C)保留為公司之盈餘 (D)應分配保單紅利。

    答 (D)。表示保險公司向保戶收取的保費收入>實際支出的保險理賠金,產生盈餘,須回饋給保戶。

(　) **2** 依主管機關核定,自民國八十一年度起,每一保單年度終了應分配當年度保單紅利係指下列那幾項之和? 　(1)利差紅利　(2)費差紅利　(3)死差紅利。 　(A)(1)(3)　(B)(1)(2)　(C)(2)(3)　(D)(1)(2)(3)。

    答 (A)。81～93年:保單紅利＝死差益＋利差益;93年後:保單紅利 ＝死差益＋利差益＋費差異。

(　) **3** 紅利選擇方式中,對於保單面額與保單現金價值皆有影響者為下列何種選擇方式? 　(A)增額繳清保險　(B)抵繳保費　(C)儲存生息　(D)現金支付。

    答 (A)。增額繳清保險:將收到的紅利加購該保險。而保單總保額＝ 基本保額＋增額繳清保險增加的保額,故總保額增加。

實戰演練

人身保險費構成三原則

( ) **1** 決定壽險商品價格時，必須配合下列何原則？ (A)供需及大數法則 (B)收支相等原則 (C)損失公平分攤原則 (D)以上皆是。

( ) **2** 所謂「收支相等原則」是指？ (A)保戶個人所繳的保險費與保險公司支付的保險金額相等 (B)保戶全體所繳的保險費與保險公司支付所有保戶的保險金總額相等 (C)保戶個人所繳的保險費與保險公司支付所有保戶的保險金總額相等 (D)保戶全體所繳的保險費與保險公司支付個別保戶的保險金額相等。

( ) **3** 為了促進人身保險制度能夠健全經營，就必須顧及下列哪幾項要素？ (1)相互扶助的觀念 (2)公平的危險分擔 (3)收支相等原則 (4)損失填補原則。 (A)(1)(2)(3) (B)(1)(3) (C)(2)(3) (D)(1)(2)(3)(4)。

( ) **4** 假定在十萬個35歲的人當中，一年內共有630人死亡，則其死亡率為？ (A)0.63 (B)0.063 (C)0.00631 (D)0.0063。

人身保險費及準備金的構成

( ) **1** 一年定期壽險、健康保險及傷害保險應提存之未滿期保費準備金，不得低於當年自留總保險費收入之？ (A)百分之三十 (B)百分之四十 (C)百分之三十五 (D)百分之五十。

( ) **2** 人壽保險公司收取了保險費，即需負起給付各項保險金的責任，因此為了應付各項給付的需要，壽險公司應積存準備，此即？ (A)盈餘金 (B)保證金 (C)解約金 (D)責任準備金。

( ) **3** 人壽保險公司產生盈餘的主要原因，亦即盈餘之利源是指？ (A)死差益 (B)利差益 (C)費差異 (D)以上皆是。

( ) **4** 有關人壽保險業經驗生命表，係為下列何者之準繩？ (1)壽險業計算責任準備金 (2)壽險業釐訂保險費率 (3)壽險業評價業務營運績效。 (A)(1)(2) (B)(2) (C)(1) (D)(1)(2)(3)。

( ) **5** 下列何者非責任準備金之作用？ (A)年老時高風險保單之準備 (B)公司費用支出之準備 (C)保險給付的準備 (D)滿期保險金的準備。

(　　) **6** 下列何者為影響死亡率的因素？　(1)被保險人的性別　(2)被保險人的職業　(3)被保險人的體格（即身高、體重）　(4)被保險人的健康狀況。　(A)(1)(2)　(B)(1)(2)(3)　(C)(1)(2)(3)(4)　(D)(2)(3)(4)。

(　　) **7** 下列敘述何者為是？　(A)生存機率與死亡機率間無任何關係　(B)因同一時點某人的生存機率等於1減死亡機率，所以年金生命表可以依據目前壽險業界所採的經驗表去推算　(C)在同一時點下，某人之死亡與生存是互斥的　(D)在同一時點下，某人之生存機率與死亡機率之和會小於1。

(　　) **8** 不論繳費期間多長，每期所繳的保險費都是同一數額，稱為？　(A)躉繳保險費　(B)自然保險費　(C)年繳保險費　(D)平準保險費。

(　　) **9** 生存保險、人壽保險附有按一定期間（不含滿期）給付之生存保險金部分，及年金保險最低責任準備金，提存方式以為原則。　(A)15年繳費15年滿期生死合險修正制　(B)10年繳費10年滿期生死合險修正制　(C)平衡準備金制　(D)20年繳費20年滿期生死合險修正制。

(　　) **10** 生存保險以外，保險期間超過一年之人壽保險契約，依現行保險法施行細則規定，其最低責任準備金之提存，將自民國 ＿＿＿＿ 年起，採二十年繳費終身保險修正制。　(A)九十一　(B)八十八　(C)八十七　(D)九十五。

(　　) **11** 在人身保險中，責任準備金的提存需比保單價值準備金更為穩健，所以前者提存之金額比後者？　(A)一樣　(B)多　(C)不一定　(D)少。

(　　) **12** 在人壽保險保險費三個預定率中，當保險人實際所用之營業費用低於預定營業費用時，會產生？　(A)費差損　(B)費差益　(C)利差損　(D)死差益。

(　　) **13** 有關生存保險之滿期保險金來源敘述何者為非？　(A)自繳保險費之孳息　(B)保險期間死亡之被保險人所繳之保險費　(C)自繳保險費　(D)保險公司資本。

(　　) **14** 有關保費所累積的「責任準備金」下列敘述何者錯誤？　(A)是保戶的一種有利投資　(B)是保戶的一種儲蓄　(C)透過保險公司專家的經營運作，獲利較一般利息優厚　(D)保戶要承擔投資的風險，沒有確保一定利潤。

(　　) **15** 死亡率的計算公式是？　(A)年初之死亡人數÷年初之生存人數　(B)年度內之死亡人數÷年底之生存人數　(C)年底之死亡人數÷年底之生存人數　(D)當年內之死亡人數÷當年年初之生存人數。

(　　) **16** 死亡率隨年齡增加，費率應該每年增加，但一般保戶所繳保險費相同，保險公司為了準備完全履行給付保險金的責任，應於保戶所繳保險費中提存一筆累積資金稱為？　(A)解約金　(B)責任準備金　(C)退休金　(D)安定基金。

（　）**17** 依現行法令規定健康保險最低責任準備金之提存採用 ＿＿＿＿＿，但須事先報
經主管機關核准。　(A)一年定期修正制　(B)平衡準備金提存方式　(C)15
年繳費15年滿期生死合險修正制　(D)由各壽險公司自行決定提存方式。

（　）**18** 附加保費是為？　(A)給付意外事故、住院給付金、手術津貼等　(B)壽險公
司營運所需費用　(C)累積責任準備金　(D)以上皆是。

（　）**19** 保險公司為了經營保險事業所需的經費，都預先算入保險費內，此種比率
就是？　(A)預定死亡率　(B)預定利率　(C)預定營業費用率　(D)預定投保
率。

（　）**20** 保險法所稱之各種責任準備金包括？　(1)賠款準備金　(2)差額準備
金　(3)未滿期保費準備金　(4)特別準備金。　(A)(1)(2)(4)　(B)(2)(3)(4)
(C)(1)(2)(3)　(D)(1)(3)(4)。

（　）**21** 保險費由那幾項因素組成？　(1)預估保險費　(2)純保險費　(3)附加保險費
(A)(1)(2)　(B)(2)(3)　(C)(1)(3)　(D)(1)(2)(3)。

（　）**22** 為了克服自然保險費的缺點及簡化，保險費的收取所設計每一期保險費數
額皆相等的保險費稱為？　(A)平準保險費　(B)賦課保險費　(C)復效保險
費　(D)彈性保險費。

（　）**23** 為給付滿期保險金財源之保險費為？　(A)死亡保險費　(B)營業保險費
(C)附加保險費　(D)生存保險費。

（　）**24** 為準備被保險人死亡時給付之保險金，保險公司需要未雨綢繆於保戶繳費
期間，先在所繳保險費中提存累積一筆資金，以便被保險人死亡時給付保
險金，其提存累積的資金稱為？　(A)責任準備金　(B)解約金　(C)特別準
備金　(D)賠款準備金。

（　）**25** 要保人所繳納之保險費稱為？　(A)總保險費　(B)附加保險費　(C)純保險
費　(D)自然保險費。

（　）**26** 純保險費是指？　(A)附加保險費、醫療保險費　(B)死亡保險費、生存保險
費　(C)死亡保險費、營業保險費　(D)生存保險費、附加保險費。

（　）**27** 終身壽險保單，當其責任準備金累積愈多時，其淨危險保額會？　(A)增加
(B)減少　(C)一樣　(D)依保險公司之投資情況而定。

（　）**28** 責任準備金的提存與下列哪些費率因子有關？　(1)預定死亡率　(2)預定營
業費用率　(3)預定利率　(A)(1)(3)　(B)(2)(3)　(C)(1)(2)　(D)(1)(2)(3)。

（　）**29** 養老保險中為給付死亡保險金、殘廢保險金財源之保險費稱為？　(A)死亡
保險費　(B)附加保險費　(C)純保險費　(D)生存保險費。

(　) **30** 有關生存保險之敘述，下列何者為是？　(1)僅在被保險人於保險期滿後仍生存時給付保險金　(2)被保險人在保險期間內死亡，保險公司無給付保險金的責任，但退還所繳保費　(3)滿期保險金之來源，部分來自保險公司資本　(4)保險公司為準備被保險人保險期滿生存時給付保險金，需有責任準備金的提存。　(A)(1)(2)(3)(4)　(B)(1)(4)　(C)(1)(2)(4)　(D)(1)(2)。

(　) **31** 要保人解約對保險人的影響，下列敘述，何者不正確？　(A)保險人通常會再酌收費用作為補償　(B)造成逆選擇的不良影響　(C)造成資金運用不利的不良影響　(D)解約對於保險人費用分擔並無任何影響。

保單紅利與分紅保單

(　) **1** 下列何者正確？　(A)不分紅人壽保險保單之招攬廣告不得單獨強調保費預定利率　(B)分紅人壽保單之招攬廣告可記載預期保單紅利金額　(C)招攬廣告得適度運用保費預定利率與銀行定存利率比較說明　(D)以上皆非。

(　) **2** 以保險公司所給付的保單紅利直接支付保險費稱為？　(A)抵繳保費法　(B)積存方法　(C)增加保險金額方法　(D)現金支付法。

(　) **3** 如要保人選擇以儲存生息之方式給付紅利之後，當被保險人死亡時，保險人所給付之保險金額較原保險金額為？　(A)不一定　(B)低　(C)高　(D)一樣。

(　) **4** 自民國九十三年起壽險業銷售之分紅保單，保單分紅的依據？　(A)死差益　(B)利差紅利　(C)該險經營損益　(D)費差益。

(　) **5** 依主管機關核定，自民國八十一年度起，每一保單年度終了應分配當年度保單紅利係指下列那幾項之和？　(1)利差紅利　(2)費差紅利　(3)死差紅利　(A)(1)(3)　(B)(1)(2)　(C)(2)(3)　(D)(1)(2)(3)。

(　) **6** 保單紅利支付的方法有？　(1)增加保險金額　(2)積存方法　(3)抵繳保費　(4)現金支付方法。　(A)(1)(3)(4)　(B)(1)(2)(3)　(C)(2)(3)(4)　(D)(1)(2)(3)(4)。

(　) **7** 紅利選擇方式中，對於保單面額與保單現金價值皆有影響者為下列何種選擇方式？　(A)增額繳清保險　(B)抵繳保費　(C)儲存生息　(D)現金支付。

(　) **8** 傳統型壽險保單皆屬強制分紅保單，其主要根據下列何者作為計算分紅金額的計算基礎？甲、利差；乙、費差；丙、死差　(A)甲及乙　(B)乙及丙　(C)甲及丙　(D)甲。

(　) **9** 分紅保單是保險公司每年經營與投資所產生的　(1)利差益　(2)死差損　(3)費差益　(4)死差益，下列哪些項目分紅回饋給保戶？　(A)(1)(3)(4)　(B)(1)(2)(3)(4)　(C)(1)(2)　(D)(2)(3)(4)。

(　) **10** 下列何人享有保單分紅的權利？　(A)要保人　(B)受益人　(C)被保險人　(D)保險人。

(　) **11** 以往傳統型壽險保單皆屬強制分紅，主要是根據利差、死差做為分紅金額之計算基礎，在此基礎下其強制分紅之標準為何？
(A)只要出現利差損或死差損就必須分紅
(B)僅出現死差益，即使有利差損也必須分紅
(C)同時出現利差益及死差益才分紅
(D)以上皆非。

(　) **12** 自民國93年起壽險市場上區分為分紅與不分紅保單，正常狀況下，不分紅保單較分紅保單？　(A)不一定　(B)一樣　(C)貴　(D)便宜。

(　) **13** 保單分紅的支付方法，那一種可增加保障的作用？
(A)增加保險金額方法　　　　　　(B)現金支付方法
(C)抵繳保費　　　　　　　　　　(D)積存（存入）方法。

(　) **14** 有關保險費所累積的「責任準備金」下列敘述何者錯誤？
(A)是保戶的一種有利投資
(B)保戶要承擔投資的風險，沒有確保一定利潤
(C)透過保險公司專家的經營運作，獲利較一般利息優厚
(D)是保戶的一種儲蓄。

解答與解析

人身保險費構成三原則

1 (D)。人身保險構成三原則：收支相等原則、損失公平分攤原則（包括大數法則、死亡率與生命表）、相互扶持觀念原則。

2 (B)。收支相等的原則：保戶全體所繳的保險費＝保險公司支付所有保戶的保險金總額。

3 (A)。(4)損失填補原則只適用於產險，不適用於壽險。

4 (D)。630÷10萬＝0.0063。

人身保險費及準備金的構成

1 (D)

2 (D)。保險公司收取保險費，就負擔了死亡保險金及滿期生存保險金的給付責任，故平日須有所準備。

3 (D)。盈餘之利源＝紅利的來源＝死差益＋利差益＋費差異。

4 (D)

5 (B)。公司收取保險費，扣除營運費用後，才會提存責任準備金，做為未來給付的準備。

6 (C)。體格、職業、健康、性別（口訣：隔夜餞別）。

7 (C)。(A)生存率＋死亡率＝1，(B)年金生命表是以國民生命表作為依據。

8 (D)。(A)一次繳清；(B)隨被保險人年齡遞增而遞增的保費；(C)一年繳一次；(D)將遞增的自然保費設算成每期相等的保費。

9 (C)。最低責任準備金之提存：生存、人壽→平衡準備金制；健康→一年定期修正制；年金→平衡準備金制。

10 (D)

11 (B)。責任準備金＞保單價值準備金。

12 (B)。費差＝預定營運費用－實際營運費用；當預定＞實際，費差＞0，即為費差益。

13 (D)。滿期保險金：源於自繳保費、保費之孳息、保險期間死亡之其他被保險人之保費。

14 (D)。(D)責任準備金利率不得低於最低保證利率。

15 (D)。死亡率＝年度內之死亡人數÷年初之生存人數。

16 (B)。責任準備金：主管機關規定保險公司之保證能清償未來保險金責任之金額。

17 (A)。最低責任準備金之提存：生存、人壽→平衡準備金制；健康→一年定期修正制；年金→平衡準備金制。

18 (B)。人壽保險的保費結構：總保費＝純保費＋附加費用。純保費→保戶未來的保障、附加費用→保險公司的營運費用。

19 (C)

20 (D)。(2)差額準備金屬銀行業規定，非保險法。

21 (B)。人壽保險的保費結構：總保費＝純保費＋附加費用。純保費→保戶未來的保障、附加費用→保險公司的營運費用。

22 (A)。自然保險費：隨被保險人年齡遞增而遞增；平準保險費：將遞增的自然保費設算成每期相等的金額。

23 (D)。死亡保險費：被保險人死亡，給付給受益人；生存保險費：保險期滿，給付給被保險人。

24 **(A)**。保險公司為將來能履行給付責
任，平日將收取的保費提存，即是責
任準備金。

25 **(A)**。人壽保險的保費結構：總保費＝
純保費＋附加費用。純保費→保戶未
來的保障、附加費用→保險公司的營
運費用。

26 **(B)**。純保費＝死亡保險費＋生存保險
費，這兩者皆與預定死亡率、預定利
率相關。

27 **(B)**。保險金額＝保單價值準備金＋淨
危險保額。當保險金額不變，責任準
備金↑，保單價值準備金↑，淨危險
保額↓。

28 **(A)**。責任準備金是為未來的理賠給
付，故只與預定死亡率、預定利率有
關，與預定營業費用率無關。

29 **(A)**。死亡保險費：被保險人死亡，
給付給受益人；生存保險費：保險期
滿，給付給被保險人。

30 **(B)**。(2)無給付責任，且保險不予退
還。(3)源於自繳保費、保費之孳息、
保險期間死亡之其他被保險人之保費。

31 **(D)**。解約會造成保險公司原先對資金
的規劃運用不符合預期。

保單紅利與分紅保單

1 **(A)**。(B)分紅保單不保證給付金額。
(C)分紅保險單不得以保單報酬率與其
他金融商品比較。

2 **(A)**。支付保險費→抵繳保費法。

3 **(D)**。因為儲存生息並不會讓保額增加。

4 **(C)**。保險公司依各項預定率向保戶收
取保險費，實際營運後產生盈餘，應
分配保單紅利。

5 **(A)**。81～93年：保單紅利＝死差益＋
利差益；93年後：保單紅利＝死差益
＋利差益＋費差異。

6 **(D)**。積存方法：又稱儲存生息，將保
單紅利存至契約終止為止。

7 **(A)**。增額繳清保險：將收到的紅利加
購該保險。而保單總保額＝基本保額
＋增額繳清保險增加的保額，故總保
額增加。

8 **(C)**。民國81～93年：保單紅利＝死差
益＋利差益；民國93年後：保單紅利
＝死差益＋利差益＋費差異

9 **(A)**。紅利的來源：死差益、費差益及
利差益。

10 **(A)**。即繳付保險費之人。

11 **(B)**。傳統強制分紅：只要出現利差
益、或死差益，就必須分紅。

12 **(D)**。不享受分紅，故較便宜。

13 **(A)**。(A)增額繳清保險：將收到的紅
利加購該保險。而保單總保額＝基本
保額＋增額繳清保險增加的保額，故
總保額增加。(B)(C)(D)皆無法增加投
保額。

14 **(B)**。壽險公司收取保費，提列責任準
備金，依法可投資運用，但因做為給
付的來源，故須避開高風險的投資，
以確保一定的利潤。

焦點觀念題組

保費與三率的關係

(　) **1** 下列哪項非人壽保險費的計算依據基礎？
(A)預定利率　　　　　　　　(B)預定營業費用率
(C)預定死亡率　　　　　　　(D)預定住院率。

(　) **2** 有關保險費的計算，下列何者正確？
(1)其他因素不變，保險費與死亡率高低成正比
(2)其他因素不變，保險費與利率高低成反比
(3)其他因素不變，保險費與費用率高低成正比。
(A)(3)　　　　　　　　　　　(B)(1)(3)
(C)(1)(2)(3)　　　　　　　　(D)(2)。

(　) **3** 計算終身險保險費時，假定預定營業費用不變，而預定死亡率降低，同時預定利率提高時，保險費會？
(A)差不多　　　　　　　　　(B)降低
(C)不變　　　　　　　　　　(D)提高。

(　) **4** 其他條件不變下，預定利率降低，保險費就會？
(A)升高　　　　　　　　　　(B)沒有影響
(C)不一定　　　　　　　　　(D)降低。

(　) **5** 下列何者不正確？
(1)其他因素不變，保險費與死亡率高低成正比
(2)其他因素不變，保險費與利率高低成正比
(3)其他因素不變，保險費與附加費用率高低成正比。
(A)(1)(3)　　　　　　　　　　(B)(2)
(C)(1)(2)(3)　　　　　　　　(D)(3)。

(　) **6** 若預定死亡率降低，定期保險的保險費就會？
(A)一樣　　　　　　　　　　(B)不一定
(C)便宜　　　　　　　　　　(D)貴。

(　) **7** 下列何者正確？
(A)其他因素不變，保險費與利率高低成反比
(B)其他因素不變，保險費與死亡率高低成反比
(C)其他因素不變，保險費與費用率高低成反比
(D)以上皆是。

解答與解析

保費與三率的關係

1 **(D)**。保險公司計算保費的三要素：預定死亡率、預定投資收益率、預定營運管理費用。費率一確定，就不能隨意改變。

2 **(C)**。保險費vs利率→成反比。保險費vs費用率→成正比。保險費vs死亡率→成正比。

3 **(B)**　4 **(A)**　5 **(B)**　6 **(C)**

7 **(A)**。(B)保險費與死亡率成正比。(C)保險費與費用率成正比。

課前導讀

年金保險是保險中較為複雜的一種，本課擷取了歷年考試的重點，並附上不同年金保險的比較，讓你充分掌握其間的差異。

名師教學

https://reurl.cc/jda41m

重點 ① 年金保險的意義　本重點依據出題頻率區分，屬：**A** 頻率高

一、何謂年金？ ★★

固定一段時間就給付一筆錢，即為「年金」，例如每月繳交的房屋貸款、或政府每月撥發的低收入戶補助等。而一段時間可以是月、季、年等，「年」金只是一種代稱。

知識補給站

確定年金vs不確定年金

年金種類	給付條件	內容
確定年金	不以被保險人的生存為給付條件	若年金受領人死亡，由指定受益人繼續領取到期滿為止
不確定年金	以被保險人的生存為給付條件	一旦被保險人死亡後即停止支付，亦稱為「終身年金」

二、何謂年金保險？　★★

保險公司承諾在特定期間內，定期支付特定金額的契約。

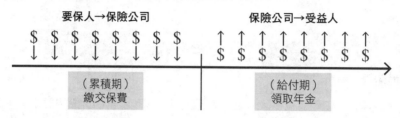

三、年金保險發展的背景　★★

背景	內容
1.高齡化社會的到來	(1) 死亡率降低。 (2) 平均壽命延長。 (3) 老年人口增加。 (4) 未來人口結構變化。
2.家庭結構的改變	(1) 進入工商業社會，每戶人口數降至3人以下。 (2) 傳統大家庭縮減為「二代式核心家庭」。
3.就業結構的變化	(1) 產業人口的變化：如下圖。 (2) 勞動參與率的變化：女性參與率提升，老年參與率偏低。 **三部門就業人口** 服務業：58.84　58.6　58.75　58.89　58.91　59.02　59.17　59.31　59.4　59.55　59.80　59.81　60.1　60.74 工業：35.92　36.34　36.23　36.16　36.14　35.03　35.88　35.79　35.7　35.58　35.43　35.45　35.33　34.96 農業：5.24　5.06　5.01　4.96　4.95　4.96　4.94　4.9　4.9　4.86　4.76　4.73　4.58　4.36 （2010　2010　2012　2013　2014　2015　2016　2017　2018　2019　2020　2021　2022　2023） 參考資料：經濟部統計處網站https：//dmz26.moea.gov.tw
4.國民所得提升及高齡者經濟狀況	(1) 物價與工資上升，但物價上漲率<工資上漲率，實質所得下降。 (2) 高齡者所得偏低：65歲以上每戶可支配所得僅全體家庭之一半。
5.年金保險趨勢的形成	(1) **老年生活費以「工作期間自行準備」為主，「社會保障扶助」為輔。** (2) 愈先進的國家，對「年金保險」的倚賴愈深。 (3) 投保年齡為0～85歲，且要保人、被保險人、受益人得須同一人。

小試身手

(　　) **1** 「養兒防老」的觀念隨著大家庭制度的瓦解應有所修正，而人身保險即可提供這種安全可靠的準備，尤其是 _____ ，可提供「定期性持續有保險給付」的一種保障。 (A)健康保險　(B)傷害保險　(C)定期人壽保險　(D)年金保險。

　答 **(D)**。可提供「定期性持續有保險給付」→年金保險。

(　　) **2** 年金的給付不以被保險人生存為條件者稱？ (A)確定年金　(B)變額年金 (C)生存年金　(D)終身年金。

　答 **(A)**。確定年金：不論被保人生死，期限內，保險公司都須給付保險金。

(　　) **3** 被保險人於不確定年金開始給付後，_____ 第一次申請年金時，應提出足以證明其生存之證明文件。 (A)每季　(B)每月　(C)每年　(D)每半年。

　答 **(C)**。被保險人於年金開始給付日後，每年第一次支領時，應提出證明被保險人生存之文件。

重點 2 年金保險的種類　本重點依據出題頻率區分，屬：A 頻率高

一、「社會年金保險」與「商業性年金保險」 ★★

(一) 社會年金保險

受理人	政府。
內涵	提供定期保險給付，以保障本人及家屬未來生活的一種社會保障制度。
特性	保障老年退休後的基本生活。

(二) 商業性年金保險

受理人	保險公司。
內涵	在生存期間或特定期間內，由保險公司定期給付一定金額的保險。
特性	彌補社會年金之不足，可穩定老年生活，提升高齡者經濟地位。

二、「社會年金保險」的分類 ★★★

(一) 依保險事故的不同，可分為「老年年金」、「殘廢年金」及「遺屬年金」三種。

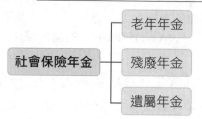

(二)「社會年金保險」的內容：

1. 老年年金

給付方式	終身定期給付。
領取資格	1.加入滿一定期間。 2.達到一定年齡，或依法退休。
特性	**兼具保險與儲蓄雙重意義**。

2. 殘廢年金

給付方式	終身定期給付。
領取資格	1.遭遇永久全部或局部之失能事故。 2.喪失工作能力達一定程度。

3. 遺屬年金

目的	保障受扶養遺屬的生活。
給付對象	遺屬包括：寡婦或鰥夫、受扶養子女，其他受扶養的直系親屬。

三、「商業性年金保險」的分類 ★★★

(一) **涵義**

1. 為人身保險的一種。

2. 保險法第135-1條：**年金保險人於被保險人生存期間或特定期間內，依照契約負一次或分期給付一定金額之責。**

(二) **目的**：被保險人存活較長時，保障其經濟需求，如：老年看護費用。

(三) **分類**：依「交付保險費方式」、「給付之始期」、「給付方式」、「受領人數」、「給付金額」作以下分類。

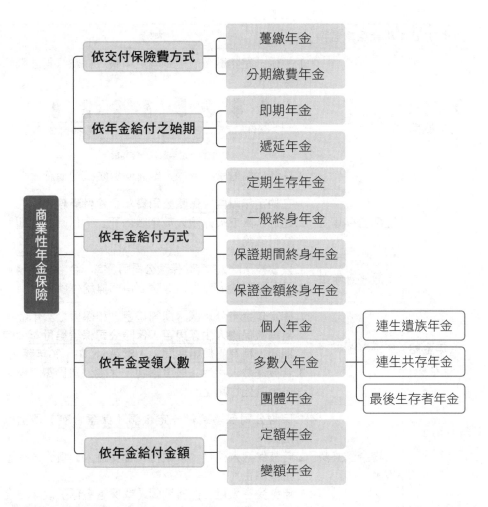

(四) 內容

分類方式	年金保險名稱	內容
依交付保險費方式	躉繳年金	**保險費1次繳清。**
	分期繳費年金	保險費分期繳付。
依年金給付之始期	即期年金	**訂立後，保費一次繳清（躉繳），保險公司即開始定期給付年金。** (要保人)躉繳全部保費 $ ↓ ↑ ↑ ↑ ↑ ↑ (保險公司)定期給附年金 》 期初

分類方式	年金保險名稱	內容	
依年金給付之始期	遞延年金	1.經過一定年數，或達到一定年齡，保險公司才開始給付年金。 （要保人)定期繳交保費 ⬇⬇⬇⬇　（保險公司)定期給附年金 ⬆⬆⬆⬆ ≫ 達到一定年數或一定年齡 2.在開始給付前，要保人能先向保險公司借款。	
依年金給付方式	定期生存年金	1.**在約定年限內，保險公司負年金給付義務。** 2.超過年限或被保險人於年限內死亡，保險公司即無給付義務。	
	一般終身年金	1.只要被保險人存活,保險公司即負有年金給付義務。 2.只要被保險人死亡,保險公司即無給付義務。	
	保證期間終身年金	1.確定年金可分為保證期間年金，和保證金額年金。 2.**無論被保險人生存與否，保險公司保證給付年金的期間，稱為「保證期間」，常為6、10、20年等。** 3.若被保險人存活＞保證期間，保險公司仍需繼續給付至其死亡為止。	
	保證金額終身年金	1.**保險公司保證給付一定金額（保證金額）予被保險人。** 2.若被保險人死亡，須給付年金受益人，直到達保證金額為止。 3.年金受益人可於保證期間（或保證金額）之年金商品，申請年金貼現提前給付。	
依年金受領人數	個人年金	年金受領人僅一人。一般年金契約多為個人年金。	
	多數人年金	連生遺族年金	**原受領人死亡後，保險公司仍應將年金給付予指定、連帶、或附帶的受領人。**
		連生共存年金	**受領人有2人以上，每人皆生存時，保險公司才需給付年金。若有人死亡，即無須再給付。**
		最後生存者年金	**受領人2人以上，只要有人生存，保險公司即需給付年金，至最後1位受領人死亡為止。**

分類方式	年金保險名稱	內容
依年金受領人數	團體年金	1.對象為團體，簽訂1個主保單。 2.常見者為企業年金，乃雇主提供給員工的退休養老計畫。
依年金給付金額	定額年金	**每期領取之年金金額固定不變。** 定額年金
	變額年金	**每期領取之年金金額隨投資績效好壞而變動。** 變額年金

小試身手

(　) **1** 下列何者不屬於社會年金？　(A)老年年金　(B)殘廢年金　(C)遺囑年金 (D)延期年金。

答 **(D)**。社會年金有：老年年金、殘廢年金、遺屬年金。延期年金即遞延年金，為商業年金的一種。

(　) **2** 下列有關年金保險之陳述何者正確？　(1)可分為社會年金保險及商業性年金保險　(2)年金保險契約必須記載給付方法　(3)未滿15歲之未成年人不得投保年金保險　(4)受益人不得為被保險人本人。　(A)(1)　(B)(2)(3) (C)(1)(2)　(D)(1)(2)(3)(4)。

答 **(C)**。(3)年金保險投保年齡為0～85歲，(4)受益人得為被保險人。

重點 ③ 傳統型年金保險費

傳統型年金保險的結構 ★★

(一) 保險費

1. 預定危險發生率

(1) 94年以前：以「第一回年金生命表」死亡率之100%～120%為計算基礎。

(2) 94年～101年6月底：以「第一回年金生命表」死亡率為計算基礎，由各保險公司自行決定。

> **奪分密技**
> 「年金生命表」以「國民生命表」死亡率的65%為準頒訂。

(3) 101年7月起：以「第二回年金生命表」死亡率為計算基礎，由各保險公司自行決定。

2. 預定利率：由主管機關定之。

3. 預定附加費率

(1) **躉繳者：附加費用率≦總保費之5%。**

(2) **繳費期間＜10年：附加費用率≦總保費之8.5%。**

(3) **繳費期間＜15年：附加費用率≦總保費之9.5%。**

(4) **繳費期間≧15年：附加費用率≦總保費之11%。**

(二) 責任準備金

1. 預定危險發生率

(1) 94年以前：以「第一回年金生命表」死亡率之100%為計算基礎。

(2) 94年～101年6月底：以「第一回年金生命表」死亡率之90%為計算基礎。

(3) 101年7月起：以「第二回年金生命表」死亡率之100%為計算基礎。

2. 預定利率，取下列三者的最小值：

(1) 計算保費時的預定利率。

(2) 臺銀、一銀、合庫、中信局之2年期定期儲蓄存款最高利率平均值減1碼（0.25%）後之利率。

(3) 新契約責任準備金的調整後利率。

3. 提存方式：**以「平衡準備金制」為原則。**

知識補給站

預定危險發生率vs年金生命表的死亡率

		第一回年金生命表		第二回年金生命表
		86年～93/12/31	94/1/1～101/6/30	101/7/1～至今
預定危險發生率	保險費	100%～120%	自行決定	自行決定
	責任準備金	100%	90%	100%

 小試身手

( )**1** 民國94年以前之年金保險，有關年金保險計算保險費以年金生命表死亡率
為基礎，惟下列何者可能被引用作為計算保險費之基礎？
(A)年金生命表死亡率90%
(B)年金生命表死亡率之70%
(C)年金生命表死亡率之110%
(D)年金生命表死亡率之130%。

答 **(C)**。保險費之預定危險發生率：94年前→年金生命表死亡率100%
～120%；94年後→各公司自行訂定。

( )**2** 年金保險乃防範自身老年經濟生活匱乏時，提供生活保障，因此年金保險
係以 _____ 作為保險費計算依據。
(A)年金生命表　　　　　　　　(B)簡易生命表
(C)壽險業經驗生命表　　　　　(D)國民生命表。

答 **(A)**。最低責任準備金：94年前→年金生命表死亡率之100%；94年
後→年金生命表死亡率之90%為基礎。

( )**3** 年金保險應提存最低責任準備金之預定危險發生率，以年金生命表死亡
率之？
(A)100%　　　　　　　　　　　(B)110%
(C)120%　　　　　　　　　　　(D)90%。

答 **(A)**。財政部101年7月頒布：以年金生命表死亡率100%為基礎。

重點 **4** 利率變動型年金保險費

名師教學

立即看私房講解

一、預定利率與宣告利率

(一) **預定利率**

1. 含意：保險公司將保戶的保費投資運用後，**預估**的投資報酬率，為**固定利率**，在保單設計時就已決定。
2. 範圍：0＜預定利率≦年金開始給付日當月的宣告利率。

(二) **宣告利率**

1. 含意：保險公司將保戶的保費投資運用後，**實際**的投資報酬率，為**變動利率**，於契約生效日和每保單周年日的當月宣告一次。
2. 範圍：0＜宣告利率≦央行最近一月10年期政府公債次級市場殖利率。

二、利率變動型年金的意義 ★★★

(一) 何謂「利率變動型年金」

1. 年金累積期間：保險公司將收取之保費減去附加費用後，依「宣告利率」計算保單價值準備金。
2. 年金給付期間：依累積之保單價值準備金，按契約約定利率，定期給付年金。

> **奪分密技**
> 為使客戶充分了解利率變動型年金保險，保險公司需提供「特性摘要說明」讓客戶了解並簽名。

(二) 利率變動型年金的種類：

1. 利率變動型年金，簡稱「利變型年金」，分成甲型和乙型。
2. 三種年金的比較如下：

年金種類	累積期		給付期
	保險費的計算	保單價值準備金的計算	年金的計算
傳統型年金	依預定危險發生率、預定利率、預定附加費用率計算保險費。	1.採計算保費時的**預定利率**。 2.利率：固定。	1.以**預定利率**計算年金金額。 2.年金金額：每年固定。
利變型年金甲型	同上。	1.依**宣告利率**計算，利率愈高，保單價值準備金累積也愈快。 2.利率：變動。	1.以**預定利率**計算年金金額。 2.年金金額：每年固定。
利變型年金乙型	同上。	1.同**甲型**。 2.利率：變動。	1.第一年：以當時之預定利率及**宣告利率**，計算年金金額。 2.第二年以後：以**宣告利率**及調整係數調整各年度之年金金額。 3.年金金額：每年不同。

名師提點
1. 甲型：可保證期間或保證金額。
2. 乙型：只有保證期間。

(三) 三種年金保險的分辨

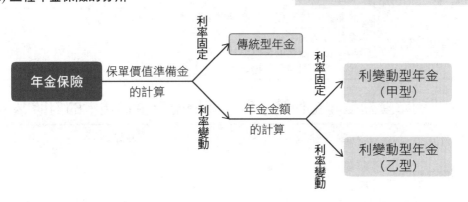

三、利率變動型年金的結構 ★★★

結構	內容	細項
1.保險費	繳費方式	(1) 躉繳 (2) 非躉繳 　A.固定（定期定額）。 　B.彈性（不定期不定額）。
2.責任準備金	(1) 預定危險發生率	不超過計算保費時之預定危險發生率。
	(2) 提存方式	A.年金累積期間：**將收取保費減去附加費用後，依宣告利率計算之「年金保單價值準備金」全額提存。** B.年金給付期間： **甲型：以平衡準備金制提存。** **乙型：首年同甲型；續年度依宣告利率計算。**
3.解約金	計算方式	**依保險法第119條規定，由保險公司自行訂定。**
4.年金	(1) 預定利率	給付期間：預定利率≦開始給付日當月之宣告利率。
	(2) 宣告利率	**不得超過宣告前央行最近一月10年期公債次級市場殖利率，且不得為負數。**

知識補給站

各種保險的責任準備金提存方式

險種	提存方式
健康保險	一年定期修正制。
生存保險	平衡準備金制。
年金保險	平衡準備金制。
利率變動型年金	年金累積期間：以「年金保單價值準備金」全額提存。 年金給付期間： 甲型：以平衡準備金制提存。 乙型：首年同甲型；續年度依宣告利率計算。

四、「利率變動型年金保險」與「傳統型年金保險」的對照 ★★

	利率變動型	傳統型
1.利率保證	保證期間一年，由保險公司宣告利率。	長期固定利率保證。

	利率變動型	傳統型
2.附加費用	由公司自行訂定。	(1) **躉繳者：費用≦總保費之**5%。 (2) **繳費期間＜10年：費用≦總保費之**8.5%。 (3) **繳費期間＜15年：費用≦總保費之**9.5%。 (4) **繳費期間≧15年：費用≦總保費之**11%。
3.保費繳交	躉繳、非躉繳（定期定額、不定期不定額）。	躉繳、非躉繳（定期定額）。
4.身故保障	保單價值準備金金額。	退還已繳保費或解約金或保單價值準備金。
5.年金給付	固定年金金額或變動年金金額兩種。	固定年金金額。
6.準備金	(1) **累積期間：保單價值準備金。** (2) **給付期間：平衡制。**	**平衡制。**

小試身手

( ) **1** 若投資利率變動型年金乙型，年金給付開始日時，假設年金金額高於原保險公司所規定之最高年領年金金額時，若保單價值準備金超出年金給付金額上限所需之保單價值準備金的部分，應？　(A)不須返還　(B)應還被保險人　(C)應還受益人　(D)應還要保人。

答 (D)

( ) **2** 利率變動型年金甲型為 _____ ，在年金給付開始日，保險公司以當時之所累積之年金保單價值準備金，依據當時預定利率及年金生命表計算可以領取之年金金額。　(A)不固定年金金額　(B)變動年金金額　(C)固定年金金額　(D)彈性年金金額。

答 (C)。第1年：甲、乙型→依年齡、預定利率、年金生命表計算。第2年後：甲型→不變，乙型→依宣告利率及預定利率調整。

( ) **3** 利率變動型年金保險費的計算基礎不包括？　(A)預定附加費用率　(B)通貨膨脹率　(C)宣告利率　(D)預定危險發生率。

答 (B)。利率變動型年金保險費的計算基礎為：預定利率、預定危險發生率、預定附加費用率、宣告利率（乙型）。

實戰演練

年金保險的意義

( ) **1** 以團體為對象訂立一個主要契約保單，而以團體組成人員為被保險人所訂立之年金保險，稱為？　(1)團體年金保險　(2)個人年金保險　(3)企業年金保險　(A)(1)(3)　(B)(2)(3)　(C)(1)(2)　(D)(1)(2)(3)。

( ) **2** 年金保險之受益人在被保險人生存期間？
(A)得由要保人指定或變更，但須經被保險人同意
(B)限為要保人本人，不得指定或變更
(C)得由要保人指定或變更，且不需經被保險人同意
(D)限為被保險人本人，不得指定或變更。

( ) **3** 年金保險契約之生存年金部分？　(A)得有除外責任　(B)不得有除外責任期間，但得有除外責任原因　(C)不得有除外責任原因，但得有除外責任期間　(D)不得有除外責任。

( ) **4** 有關年金保險，下列何者為非？
(A)年金係保險人承諾在被保險人生存期間或一特定期間內，依照契約負一次或分期給付一定金額之責
(B)年金保險係個人安排養老之一種方式
(C)企業年金主要用於企業雇主提供員工退休、養老年金計畫中投保之年金保險
(D)一般而言購買年金保險之目的，在於保障自身死後家庭經濟生活之安定。

( ) **5** 即使年金被保險人失蹤經法院宣告死亡後發現生還者，保險公司應？
(A)依約繼續給付年金，並補足中間未付年金　(B)依約繼續給付年金，但不補足中間未付年金　(C)宣告死亡後兩年內發現生還者繼續給付年金，並補足中間未付年金　(D)因契約已消滅，不再給付年金。

( ) **6** 約定保險人於被保險人生存期間或特定期間內，依照契約付一次或分期給付一定金額之責此種保險是？　(A)人壽保險　(B)年金保險　(C)健康保險　(D)傷害保險。

( ) **7** 現行年金保險主要型態來自於？　(1)人壽保險單示範條款　(2)利率變動型年金保險單示範條款　(3)個人即期年金保險單示範條款　(4)個人遞延年金保險單示範條款。　(A)(2)(3)(4)　(B)(1)(2)(4)　(C)(1)(3)(4)　(D)(1)(2)(3)(4)。

年金保險的種類

(　　) **1** 下列何者非投資型保險商品之種類？　(A)變額萬能壽險　(B)變額年金　(C)萬能年金　(D)變額壽險。

(　　) **2** 下列何者非依保險事故區分的社會年金保險種類？　(A)即期年金　(B)殘廢年金　(C)遺屬年金　(D)老人年金。

(　　) **3** 下列何者屬於由一人訂立之年金保險，而約定受領人僅有一人之保險契約？　(A)最後生存者年金　(B)連生遺族年金　(C)連生共存年金　(D)個人年金保險。

(　　) **4** 下列敘述何者正確？　(A)保險公司承保傷害保險時，不必檢查被保險人的身體　(B)定期保險通常以1年、5年、10年為期，亦有以要保人到達終身年齡為約定期限　(C)賽車駕駛員的危險性與每天坐辦公室的辦事人員危險性差不多　(D)最後生存者年金之受領人有2人以上，只要有1人死亡，保險人就不必再給付原約定之年金。

(　　) **5** 以年金給付方式，對於被保險人遭遇老年、殘廢或死亡事故時，由政府提供繼續性保險給付，以保障其本人或家屬未來生活安全為目的的社會保障制度，稱為？　(A)即期年金保險　(B)遞延年金保險　(C)社會年金保險　(D)商業性年金保險。

(　　) **6** 年金的給付每期固定不變者稱為？　(A)連生年金　(B)終身年金　(C)定額年金　(D)變額年金。

(　　) **7** 年金保險受領人有2人以上，只要其中1人仍生存者，保險人應繼續給付年金至最後1人死亡為止為何種年金？　(A)連生遺族　(B)連生共存　(C)最後生存者年金　(D)定期生存年金。

(　　) **8** 年金保險契約訂定時躉繳一筆保險金，保險公司即開始給付年金的保險稱為？　(A)分期繳費年金保險　(B)確定年金保險　(C)即期年金保險　(D)遞延年金保險。

(　　) **9** 社會年金保險中，因被保險人死亡而給付其家屬，用以保障受扶養家屬生活的年金，稱為？　(A)遺屬年金　(B)附加年金　(C)老年年金　(D)殘廢年金。

(　　)**10** 現行年金保險主要銷售型態下列何者為非？　(A)個人遞延年金　(B)利率變動型年金　(C)個人即期年金　(D)個人退休年金。

(　　)**11** 遞延年金保險契約在開始給付前，要保人？　(A)不得以保險契約為質向保險公司借款　(B)不得終止契約　(C)得以保險契約為質向保險公司借款　(D)不得終止契約領回解約金。

(　　) **12** 遞延年金保險第二期以後保險費如未依約交付時，(1)保險公司應催告要保人繳費，逾寬限期間保單停效　(2)無寬限期間及停效之適用　(3)保險公司僅得減少年金金額。　(A)(1)(2)　(B)(2)(3)　(C)(1)(2)(3)　(D)(1)(3)。

(　　) **13** 遞延年金開始給付前，被保險人失蹤經法院宣告死亡者，保險公司？(A)除保證部分外，無繼續給付年金之責任　(B)應繼續給付年金　(C)應返還已繳保險費或年金保單價值準備金　(D)僅給付生存年金。

(　　) **14** 附保證期間之年金保險中，被保險人於保險契約年金保證期間內尚未領取之年金金額稱為？　(A)年金金額　(B)年金保額　(C)未支領年金餘額(D)生存年金金額。

(　　) **15** 有關投資型保險商品敘述何者錯誤？　(A)專設帳簿的資產於保險公司破產時，得不受保險公司之債權人扣押　(B)變額萬能壽險指彈性繳納保險費，保單現金價值有高低起伏但不可能降低至零　(C)變額壽險指固定繳費，但保險金額隨著投資績效而變動　(D)變額年金保險指保險費及年金額度都會變動。

傳統型年金保險費率及責任準備金等相關規範

(　　) **1** 目前計算年金保險費之年金生命表，係依據？　(A)臺灣壽險業第四回經驗生命表百分之七十　(B)各公司經驗生命表為基礎由各公司自行訂定(C)主管機關頒布的年金生命表　(D)日本年金生命表。

(　　) **2** 一般而言，同一年齡中以下何種生命表之死亡率較高？　(A)國民生命表(B)壽險業經驗生命表　(C)以上二者皆相同　(D)以上皆非。

(　　) **3** 「年金保險生命表」之死亡率較「壽險生命表」為？　(A)一樣　(B)低(C)高　(D)不一定。

(　　) **4** 一般言之，同一年齡中，以下何種生命表之死亡率最高？　(A)國民生命表(B)壽險業經驗生命表　(C)年金生命表　(D)以上皆非。

(　　) **5** 年金保險計算保險費之預定危險發生率，採年金生命表死亡率_____為基礎。　(A)100%　(B)90%　(C)80～100%　(D)由各公司自行訂定。

(　　) **6** 年金生命表的死亡率愈高，即其年金保險費？　(A)一樣　(B)愈高　(C)不一定　(D)愈低。

(　　) **7** 年金保險的預定附加費用率標準與相同繳費期間之生死合險的附加費用率相比之下，較？　(A)低　(B)相同　(C)不一定　(D)高。

(　) **8** 年金保險要保人？　(A)得於年金開始給付前，行使契約撤銷權　(B)得於保險單送達當日起算十日內，行使契約撤銷權　(C)不得行使契約撤銷權　(D)得於保險單送達翌日起算十日內，行使契約撤銷權。

(　) **9** 年金保險計算解約金之規定，下列何者為是？　(A)利率不得低於年息五‧七五厘　(B)不得高於保單分紅利率　(C)採計算責任準備金之預定利率　(D)保單年度經過十年即無解約費用。

(　) **10** 年金保險最低責任準備金提存採？　(A)二十五年滿期生死合險修正制　(B)二十年繳費終身保險修正制　(C)平衡準備金制　(D)二十年滿期生死合險修正制。

(　) **11** 可使我們晚年生活有所憑恃的是？　(A)殘廢保險金　(B)死亡保險金　(C)滿期保險金及按期給付的年金　(D)醫療保險金。

(　) **12** 社會人口愈來愈老化，已成為人口發展的必然趨勢，為解決此項嚴重社會問題，其方法有？　(A)投保人壽保險　(B)提早以年金保險作退休規劃　(C)選項(A)、(B)兩種方法皆可　(D)以上皆非。

(　) **13** 有關傳統型年金保險費率計算可使用之預定附加費用率標準，何者正確？　(A)繳費期間未滿十年者，費用率不得超過總保費之10%　(B)躉繳者，費用率不得超過總保費之3%　(C)繳費期間滿十五年者，費用率不得超過總保費之11%　(D)繳費期間未滿十五年者，費用率不得超過總保費之15%。

利率變動型年金保險費及責任準備金等相關規範

(　) **1** 下列哪一種年金保險，其可領取之年金金額會隨著市場利率波動？　(A)利率變動型年金甲型　(B)傳統型年金　(C)利率變動型年金乙型　(D)以上皆會。

(　) **2** 年金保險之預定利率，不得高於下列哪個期間的當月宣告利率，且不得為負數？　(A)契約起始日　(B)年金開始給付日　(C)全部皆非　(D)繳費完成日。

(　) **3** 利率變動型年金乙型在年金給付開始第一次，以當時之 ＿＿＿＿＿ ，換算年金金額。　(A)年齡　(B)年金生命表　(C)預定利率　(D)以上皆是。

(　) **4** 利率變動型年金乙型於給付期間，保戶可領取之年金金額與下列何者無關？　(A)預定附加費用率　(B)宣告利率　(C)預定死亡率　(D)預定利率。

(　) **5** 利率變動型年金甲型在年金給付開始時，以當時之 ＿＿＿＿＿ ，換算定額年金金額。　(A)預定利率　(B)年金生命表　(C)年齡　(D)以上皆是。

（　）**6** 利率變動型年金甲型於給付期間，保戶可領取之年金金額與下列何者有
關？　(1)預定死亡率　(2)預定附加費用率　(3)預定利率　(4)宣告利率。
(A)(1)(3)　(B)(1)(2)　(C)(1)(4)　(D)(1)(2)(3)。

（　）**7** 利率變動型年金在累積期間，保險公司依據要保人交付之保險費，減去附
加費用後，依何種利率計算年金保單價值準備？　(A)預定利率　(B)宣告
利率　(C)定存利率　(D)以上皆是。

（　）**8** 利率變動型年金於年金給付期間，預定利率不得高於何時之當日的宣告利
率？　(A)契約到期日　(B)給付開始日　(C)保費繳完日　(D)契約生效日。

（　）**9** 利率變動型年金於累積期間，年金保單價值準備金的累積與下列何者有
關？　(1)預定死亡率　(2)預定附加費用率　(3)預定利率　(4)宣告利率
(A)(2)(4)　(B)(1)(3)　(C)(1)(2)　(D)(2)(3)。

（　）**10** 利率變動型年金於累積期間，保險公司依據要保人支付之保險費，減去何
種費用後，依宣告利率計算年金保單價值準備？　(A)附加費用　(B)純保
費　(C)總保費　(D)以上皆非。

（　）**11** 利率變動型年金的繳費方式有下列哪幾種？　(1)躉繳　(2)非躉繳（定期
定額）　(3)非躉繳（不定期不定額）　(A)(2)(3)　(B)(1)(2)　(C)(1)(2)(3)
(D)(1)(3)。

（　）**12** 利率變動型年金保險費率相關規範中，下列何者為不可採行者？
(A)預定利率不得高於年金給付開始日當月之宣告利率
(B)宣告利率不得超過宣告前中央銀行公布之最近一個月10年期中央政府公
債次級市場殖利率
(C)宣告利率下限無規定，且得為負值
(D)預定附加費用率由公司自行訂定，並明訂於契約條款中。

（　）**13** 利率變動型年金保險費率計算基礎，下列何者為不可採行者？　(A)宣告利
率上限為10年期政府公債加1.5%　(B)附加費用率為總保費的5%　(C)宣告
利率下限無規定　(D)年金金額計算以年金生命表死亡率90%為基礎。

（　）**14** 利率變動型年金計算責任準備金之預定危險發生率。自民國101年7月1日起
以下列何者死亡率為計算基礎？
(A)臺灣壽險業第二回年金生命表之90%
(B)臺灣壽險業第二回年金生命表之100%
(C)臺灣壽險業第一回年金生命表之100%
(D)臺灣壽險業第一回年金生命表之90%。

（　）**15** 利率變動型年金躉繳者附加費用率不得超過總保費之？　(A)5%　(B)8.5%
(C)由公司自行訂定　(D)10%。

（　　）**16** 保險公司於契約生效日或保單周年日當月宣告並用以計算該年度利率變動型年金保單價值準備金之利率稱之為？　(A)預定死亡率　(B)預定附加費用率　(C)預定利率　(D)宣告利率。

（　　）**17** 為使客戶充分了解利率變動型年金保險的特性，要保人填寫要保書之前，保險公司另需提供 ＿＿＿＿ 讓客戶了解並簽名。　(A)年金承保書　(B)契約同意書　(C)批註事項　(D)特性摘要說明。

（　　）**18** 94年起利率變動型年金計算責任準備金以年金金額之預定危險發生率，是以下列何者為基礎？　(A)年金生命表死亡率100%～120%　(B)年金生命表死亡率100%　(C)年金生命表死亡率90%　(D)自行決定。

（　　）**19** 利率變動型年金之宣告利率不得超過宣告前中央銀行公布之最近一個月 ＿＿＿＿ 期中央政府公債次級市場殖利率，且不得為負數。　(A)5年　(B)2年　(C)10年　(D)1年。

（　　）**20** 利率變動型年金其宣告利率以那個單位公布之政府公債市場殖利率為衡量標準？　(A)第一銀行　(B)合作金庫　(C)臺灣銀行　(D)中央銀行。

（　　）**21** 利率變動型年金保險甲型為固定年金金額，在年金給付開始日，保險公司以當時所累積之年金保單價值準備金，依據當時的 ＿＿＿＿ 及年金生命表計算可以領取之年金金額。
(A)十年期公債殖利率
(B)預定利率
(C)宣告利率
(D)定存利率。

（　　）**22** 利率變動型年金之責任準備金於累計期間，以什麼基礎提存？　(A)保單價值準備金全額　(B)所繳保費總和　(C)純保費總和　(D)以上皆是。

（　　）**23** 利率變動型年金甲型在給付期間之責任準備金，係以年金金額之預定利率與依「新契約責任準備金利率採自動調整精算公式」計算之利率 ＿＿＿＿ 計算。　(A)最大值　(B)平均值　(C)最小值　(D)以上皆可。

解答與解析

年金保險的意義

1 (A)。以團體為對象→團體、企業,非個人。

2 (D)。失能保險、醫療保險、年金保險(生前)之受益人:為被保險人本人,無法指定或變更。

3 (D)。除外責任:保險公司不予理賠的情況。

4 (D)。(D)年金保險是保障自身退休後養老之需,而非保障遺族的生活費。

5 (A)。年金保險以生存為給付條件。被保險人失蹤,除保證期間、保證金額外,不再給付;若日後生還,則恢復給付,並補足其間年金。

6 (B)。年金保險:分期給付為常態,一次給付為少數(例:保證年金,若領取金額小於保障金額,剩餘會一次退還)。

7 (A)。人壽保險與年金保險屬不同類別之人身保險。

年金保險的種類

1 (C)。(A)(B)(D)變額為保單價值參考投資標的報酬率,(C)萬能指彈性繳費,保費自行決定。

2 (A)。社會年金有:老年年金、殘廢年金、遺屬年金。即期年金為商業年金的一種。

3 (D)。一人訂約,一人受領→個人年金保險。

4 (A)。(B)被保險人在保險期間內死亡即須給付;(D)受領人全部死亡,才不再負給付之責。

5 (C)。年金分為:商業年金、社會年金。(A)(B)(D)皆為商業年金。

6 (C)。每期固定不變→定額。

7 (C)。多人受領時:最後生存者→有人生存,就給付;連生共存→同時生存,才給付;連生遺族→繼續給付給連帶受領人。

8 (C)。(C)躉繳後契約生效,保險公司即有年金給付責任。

9 (A)。給付其家屬→遺屬年金。

10 (D)。(A)(B)(C)為商業年金;(D)既非商業年金,也非社會年金。

11 (C)。(A)得質借;(B)(D)得終止契約,領回解約金。

12 (B)。(1)無寬限期及停效之適用。

13 (C)。被保險人身故:保單簽發前→返還已繳保費;保單簽發後,開始給付前→返還已繳保費或保單價值準備金。

14 (C)

15 (B)。變額萬能壽險:繳費期間彈性、繳交保費也彈性,屬投資型保險,但不保證本金和收益。(B)保單現金價值可能降至為零。

傳統型年金保險費率及責任準備金等相關規範

1 (C)

2 (A)。事先經過體檢,保險公司接受投保的人,常較健康,故死亡率比一般國人低。

3 (B)。死亡率:國民生命表>壽險生命表>年金生命表。

4 (A)。死亡率:國民生命表>壽險生命表>年金生命表。

5 (D)。保險費之預定危險發生率:94年前→年金生命表死亡率100%～120%;94年後→各公司自行訂定。

6 (D)。年金死亡率愈高，給付期間愈短，保費愈低。（一般壽險：死亡率越高，保費越貴）。

7 (A)。給付條件：年金保險→生存；養老保險（生死合險）→生存＋死亡。

8 (D)。契約撤銷權：適用個人二年期以上之人身保險。訂立契約"前"有3日的審閱期。保單送達"後"的翌日有10日的契約撤銷期。

9 (D)。(A)利率不得低於年息四厘（4%），高於年息一分（10%）；(B)(C)採計算保險費之預定利率。

10 (C)。最低責任準備金之提存：生存、人壽→平衡準備金制；健康→一年定期修正制、年金→平衡準備金制。

11 (C)。人壽保險的「滿期保險金」，及年金保險的按期給付「年金」，能保障老年生活免於淒苦無依。

12 (C)

13 (C)。(A)應為8.5%；(B)應為5%；(D)應為9.5%。

利率變動型年金保險費及責任準備金等相關規範

1 (C)。(A)甲型年金：以預定利率每年給付固定年金。(B)傳統型年金：以固定利率計算年金金額。

2 (B)

3 (D)。第1年：甲、乙型→依年齡、預定利率、年金生命表計算。第2年後：甲型→不變，乙型→依宣告利率及預定利率調整。

4 (A)。預定附加費用率：只與計算保險費有關，與計算給付金額無關。

5 (D)。第1年：甲、乙型→依年齡、預定利率、年金生命表計算。第2年後：

甲型→不變，乙型→依宣告利率及預定利率調整。

6 (A)。宣告利率只與乙型有關。

7 (B)。性質類比：預定利率→固定利率、宣告利率→機動利率。

8 (B)。規範於「利率變動型年金示範條款」。

9 (A)。宣告利率（當時利率水準）→計算保單價值；預定附加費用率→計算公司營運費用。

10 (A)。保險公司會先扣除營運費用（即附加費用），再計算保戶的保單價值。

11 (C)。躉繳→一次繳清，即期年金；非躉繳→定期定額、或不定期不定額。

12 (C)。(C)不得為負值。

13 (C)。(C)不得為負值。

14 (B)。現行利率變動型年金計算責任準備金之預定危險發生率是以台灣壽險第二回生命表100%

15 (C)。預定附加費用率：94年前→5%～8.5%；94年後→各公司自行訂定。

16 (D)。宣告利率（當時利率水準）→計算保單價值；預定附加費用率→計算公司營運費用。

17 (D)

18 (C)。最低責任準備金：94年前→年金生命表死亡率之100%；94年後→年金生命表死亡率之90%為基礎。

19 (C)。宣告利率至多每月宣告一次，屬法規題，需用背的。

20 (D)　21 (B)

22 (A)。利率變動型年金之責任準備金：累計期間→保單價值準備金全額提存；給付期間→平衡準備制。

23 (C)

焦點觀念題組

保證年金

( ) **1** 不以被保險人為生存條件的保險？
(A)保證年金 　　　　　　　(B)終身年金
(C)遞延年金 　　　　　　　(D)即期年金。

( ) **2** 不論被保險人生存與否，保險公司保證給付年金之「總額」，稱為？
(A)不變金額 　　　　　　　(B)保證金額
(C)確定金額 　　　　　　　(D)固定金額。

( ) **3** 不論被保險人生存與否，保險公司保證給付年金之「期間」，稱為？
(A)確定期間 　　　　　　　(B)不變期間
(C)猶豫期間 　　　　　　　(D)保證期間。

( ) **4** 年金保險中，不論被險保人生存與否，保險公司保證給付期間的年金保險稱為？
(A)保證期間年金保險 　　　(B)保證金額年金保險
(C)即期年金保險 　　　　　(D)遞延年金保險。

( ) **5** 年金保險若含有「保證金額」，若被保險人身故時仍有未支領之年金金額，保險公司應將該餘額？
(A)給付其身故受益人 　　　(B)繳交國庫
(C)視為公司盈餘 　　　　　(D)分紅給其他保戶。

( ) **6** 年金保險若含有「保證期間」，該部分年金性質，係屬？
(A)生存年金 　　　　　　　(B)不確定年金
(C)確定年金 　　　　　　　(D)以上皆非。

( ) **7** 含保證給付年金保險之保證期間（或保證金額年金部分）？
(A)保險人得主動提前給付 　(B)受益人得申請貼現提前給付
(C)要保人得申請貼現提前給付 (D)不得申請提前給付。

( ) **8** 下列那一種身份可於保證期間（或保證金額）之年金商品，得申請年金貼現提前給付？
(A)保險人 　　　　　　　　(B)年金受益人
(C)法定繼承人 　　　　　　(D)要保人。

解答與解析

保證年金

1 (A)。保證年金：保證期間（若被保人身故，則給付受益人到期滿）、保證金額（若領取金額＜保障金額，會補足）。

2 (B)　**3 (D)**　**4 (A)**　**5 (A)**

6 (C)。在保證期間內，無論被保險人生存與否，均須給付年金。故保證年金即為確定年金的一種。

7 (B)。年金受益人可於保證期間（或保證金額）之年金商品，申請年金貼現提前給付。

8 (B)

Lesson 07 | 保險成交的基本功

課前導讀

本課的內容著重實務面,從接觸客戶開始,到需要準備的資料,與收取文件和交付收據等。因為具體實務,故很容易理解和吸收。

名師教學

https://reurl.cc/0zQbXl

重點 ① 確實說明契約的內容 本重點依據出題頻率區分,屬:A 頻率高

一、保險招攬流程 ★★

保險業務員	・出示「人身保險業務員登錄證」 ・請要保人閱讀「人壽保險投保人須知」
要保人	・填寫「要保書」 ・預繳第一次保險費
保險公司	・開立「送金單」憑據 ・開始核保
保險公司	核保通過,保單成立

名師提點
行銷「投資型保險商品」時,尚需出示「投資型保險商品業務員資格測驗合格證」。

二、確實說明契約的內容 ★★

(一) 業務員出示商品的**「條款樣本」**、**「人壽保險投保人須知」**及**「商品說明書」**。

(二) 業務員需說明商品種類、保障範圍、條款內容、契約撤銷、和**要保人**資料不實填寫的後果……等權利義務相關事項。

(三) 為使保戶瞭解契約的基本資訊，增列「前言」，內容包括四款：

　1. 訂立契約前提供要保人不低於三日之審閱期。

　2. 保險商品名稱（應記載給付項目與重要資訊）。

　3. 契約核准日期及文號；契約核備或備查日期及文號。

　4. 保險公司免費申訴電話、傳真、電子信箱。

小試身手

(　　)**1** 由招攬到填寫要保書這段期間與保戶接觸最多、最瞭解保戶的是？　(A)體檢醫師　(B)業務員　(C)收費員　(D)核保人員。

　答 (B)

(　　)**2** 哪些是保戶申請要保前應該提供給保戶之資料？　(1)條款樣本　(2)人壽保險投保人須知　(3)商品說明書　(4)保單紅利試算表。　(A)(2)(3)(4)　(B)(1)(2)　(C)(1)(2)(3)(4)　(D)(1)(2)(3)。

　答 (D)。要保之前需發給保戶：商品條款樣本、人壽保險投保人須知、商品說明書、保戶手冊。(4)於保單成立後附上（但無強制性）。

(　　)**3** 下列何種資料應由業務員填寫？　(A)業務員報告書　(B)告知書　(C)要保書　(D)被保險人體格檢查表。

　答 (A)。(B)被保險人填寫、(C)要保人填寫、(D)體檢醫生。

重點 **2** 要保書的填寫與說明 本重點依據出題頻率區分，屬：**A** 頻率高

一、客戶填寫要保書時，應注意：★★

注意事項	內容
1.基本資料	(1) 客戶填寫之基本資料，須與戶籍登記資料相同。 (2) 「住所欄」：居住地或戶籍地。 (3) 「收費地址欄」：可同住所欄或便於收費之地址。 (4) 「聯絡地址」：為確保可取得保險公司提供之訊息，不得填寫保險代理人、保險經紀人、銀行，或其分支機構之處所、或招攬業務員之住居所。

注意事項	內容
2.簽章	(1)「要保人」與「被保險人」之簽名，應由本人親簽，不得代簽。 (2)相關要保內容若無法親自填寫，得由家屬代寫，但須註明經過，並於完成後由要保人及被保險人親自簽章。 　　若由他人代簽，其意思表示無效，尚可能觸犯偽造文書罪。 (3)未成年之要保人，須法定代理人簽章同意。
3.告知事項	(1)職業告知上不能只寫公司職員和公司名稱，須詳述工作內容，以利評估是否從事危險工作。 (2)告知欄（被保險人的健康告知書）上，需據實寫明健康狀態和既往病症。既往病症較易被疏忽，應特別留意。

奪分密技
1.要保人違反告知義務，足以變更或減少保險公司對於風險之估計，保險公司得解除契約。
2.為避免保險公司與合作之保險代理人或保險經紀人重複對同一保戶保單進行電話、視訊或遠距訪問，徒增保戶困擾，得免就相同事項再行訪問。

二、案例 ★★

(一)**案例一：**業務員甲遊說友人乙的先生加入保險，並囑託乙代為轉告，旋即為乙的先生代筆填寫要保書。

　　→透過要保人的配偶，以為可得到本人同意，即在要保書上代本人簽名，實為不可。

(二)**案例二：**客戶丙的太太表示：「急需現金，欲辦理借款，全權委託業務員甲處理」，甲以服務為宗旨，即代筆填寫丙之保單借款請求書，向公司辦理借款。

　　→要保書、通知書或申請文件的簽名欄，業務人員絕不能代筆，亦不能讓本人以外之人（包括本人的家屬）代為簽寫。

小試身手

（　　）　填寫要保申請書應注意之事項，下列何者為非？　(A)業務人員的報告書要會見被保險人本人再做登記　(B)在告知欄上，要據實告知　(C)職業無須詳實填寫　(D)要保人、被保險人、受益人等要填寫戶籍上登記的姓名。

答 **(C)**。職業欄要填寫工作內容。

重點 ③ 保險年齡、第一次保險費相當額送金單與代收保費　本重點依據出題頻率區分，屬：**A** 頻率高

一、保險年齡的算法 ★★★

(一) 保險年齡又稱為「契約年齡」，是保險公司在計算保費時，所採用的被保險人年齡。目前的方法為「最近生日法」。

(二)「最近生日法」計算方式：

步驟 1	計算被保險人的足歲年齡。
步驟 2	·足歲年齡中未滿1年的零數<未滿6個月，則捨去不計。 ·足歲年齡中未滿1年的零數>6個月，則多加1歲。

(三) 範例

1. 若甲的投保日是民國108年4月30日，請計算民國70年3月12日出生的甲，其保險年齡為多少？

步驟一：計算甲的足歲年齡。

$$
\begin{array}{r}
108年04月30日\\
-)\quad 70年03月12日\\
\hline
38年01月18日
\end{array}
$$

步驟二：足歲年齡中未滿1年的零數為01月18日≦6個月，則捨去不計。
故甲的保險年齡為38歲。

2. 若乙的投保日是民國109年10月1日，請計算民國64年2月3日出生的乙，其保險年齡為多少？

步驟一：計算乙的足歲年齡。

$$
\begin{array}{r}
109年10月01日\\
-)\quad 64年02月03日\\
\hline
45年07月28日
\end{array}
$$

步驟二：足歲年齡中未滿1年的零數為07月28日＞6個月，則多加一歲。
故乙的保險年齡為46歲。

二、第一次保險費相當額送金單 ★★★

(一) 性質

涵義	保險公司同意承保前，收受客戶預繳的第一次保險費相當額，所開立的憑據。
注意事項	1.送金單在填寫時不可塗改，否則無效。 2.業務員收取客戶第一次保費相當額後，應儘速繳回公司，以免影響其權益。
契約成立前	由於保險公司尚未就被保險人的健康、職業等加以核保，因此保費可能會有增減，故稱為「相當額」。
契約成立後	保險契約需保險公司同意承保才成立，但成立後，契約效力溯自第一次保險費繳付當日。

名師教學

立即看私房講解

送金單

保險公司收到保費時所開立的收據。

千華數位文化

(二) 壽險業第一次保險費送金單（收據）格式

○○人壽保險股份有限公司

預收第一次保險費相當額送金單（收據）　　　　　　單位：新臺幣

填發日期：　年　月　日　　　　收款日期：　年　月　日

要保人：＿＿＿＿＿先生　　　　地址：＿＿＿＿＿＿＿＿＿＿＿＿

被保險人：＿＿＿＿＿先生　　　地址：＿＿＿＿＿＿＿＿＿＿＿＿

保險內容	保險種類	繳費方法	保險金額	保險費
主契約	壽險繳費年期	年、半年、季、月繳	萬	元
附加特約	特約	年、半年、季、月繳	萬元	元
	特約	年、半年、季、月繳	萬元	元
生效日	經本公司同意承保時，溯自預收相當於第一期保險費金額時開始，但要保人在本公司簽發保險單前先交付相當於第一期保險費而發生應予給付之保險事故時，本公司仍負保險責任。			
保險費（新臺幣）	合計　　　　　　　　　　　　　　　　　　　　　　　　　　　正			
	大　寫　　　拾　　　萬　　　千　　　百　　　拾　　　元正			
繳費內容	現金	支票內容	帳戶　號　　票據　分行	
	支票		年　月　日　　銀行　分行	

單位主管：　　　　經收人：

三、保險業授權代收保險費相關規定 ★★★

民國106年5月31日依金管會修正公布之「保險業授權代收保險費應注意事項」，辦理保險費收取之相關規定。重要規定如下：

對象	內容
有權代收保險費之人	1.有權代之人包含：保險公司授權之所屬業務員、保險代理人和其所屬業務員。 2.收費後，**應交付載明收費時間之送金單、預收保費證明或收據予保戶。** 3.**代收以現金繳納之保費，每張保單以五萬為限，以現金或支票方式繳納。** 4.親自簽收送金單後，所收取之保費應依規定盡速繳回保險公司。 5.若送金單逾期未使用者，應於規定時間內繳回保險公司。
保險公司	1.對代收保費之人有遺失或毀損送金單時，應要求其說明理由並作成書面紀錄。 2.對代收保費之人，若送金單逾期未繳回，或有遺失、毀損，且未說明理由並作成書面紀錄者，不得再發給新單據。 3.若保戶遺失或毀損繳費後收到之送金單，保險公司仍應對該保戶負責。 4.應將注意事項納入內部控制及稽核制度中。 5.**應於次月底前，抽樣選取當月送金單件數之1／100，或不低於500件，與要保人核對其繳費情況**，以避免保費遭代收之人挪用。

> **奪分密技**
> 1.支票繳納第一次保費，若遭退票，則契約不生效力。
> 2.保險業對以支票繳納保費者，應規定收取以非要保人、被保險人及受益人為發票人，且應限制發票人不得為有權代收保險費之人。

✏️ 小試身手

( )**1** 人壽保險的保險責任自什麼時候開始？
(A)保險公司收到要保申請書時
(B)保險公司同意承保且要保人交付第一期保險費時
(C)被保險人接受體檢時
(D)要保人收到保單時。

答 (B)。保險責任：即契約效力，自保險公司同意承保，簽發保單，且要保人繳交第一次保險費時開始。

(　　) **2** 人壽保險保費除於簽訂保險契約時，尚未確定者外，無論其交付方法為何，皆應於何時交付？

(A)契約生效前　　　　　　　　(B)契約生效時

(C)契約生效後　　　　　　　　(D)以上皆非。

答 (A)。簽要保書→繳完錢（拿到收據，即第一次送金單）→保險公司核保→生效日會回溯到送金單記載之日期。

(　　) **3** 下列情形，何者須於次月底前以當月開立送金單比率1%或不低於500件抽樣選取要保人，通知其繳費情形？

(A)代收現金保費

(B)非由要保人為發票人之支票

(C)非由被保險人為發票人之支票

(D)以上皆是。

答 (D)。以避免代收之人有挪用情形。

本重點依據出題頻率區分，屬：**A** 頻率高

重點 **4** 關於壽險契約與身體檢查

名師教學

立即看私房講解

一、契約選擇的程序 ★★★

人壽保險是互助共濟的制度，故在客戶投保時，一定要經過選擇。選擇程序如下：

第一次選擇 （業務員）	1.基本資料： 　(1)要保人及被保險人之基本資料。 　(2)要保人與被保險人、及被保險人與受益人的關係。 　(3)其他主管機關規定之基本資料。 2.要保人及被保險人是否符合投保的條件。 3.要保人及被保險人之投保目的及需求。 4.符合保險商品適合度政策（know your customer）。

第二次選擇 （體檢醫師）	1.體檢項目大多載明於「被保險人體格檢查書」中。 2.A欄告知書→由被保險人填寫。 3.B欄體檢書→由體檢醫師填寫。

第三次選擇 （公司核保人員）	1.依要保文件、調查資料體檢結果等，來決定「承保」、「限制承保」、或「不承保」。 2.必要時可在承保前，對被保險人實施生存調查。

二、業務員在契約選擇上應注意之事項 ★★★

招攬過程中，業務員應站在第一線，尋找出被保險人一切內、外在的危險因素，並做成報告書供保險公司參考。危險因素可分為下列三類：

危險因素	內容
1.身體上的危險	(1) 必須請被保險人據實回答所患的**既往症、現症、家族遺傳病史**等。 (2) 在免體檢的保險中，更需負起初步的選擇工作。
2.環境上的危險	**需詳細填寫被保險人的職業和工作環境。**
3.道德上的危險	為防被保險人詐取保險金，應注意： (1) **被保險人的收入、地位、及年齡是否正確？** (2) **保險金額是否過高？** (3) **受益人是否為第三者（不是其直系血親或配偶）？** 等有無違背常理的情形。

> **奪分密技**
> 「告知書」是防止被保險人道德危險之重要資料。

三、身體檢查的手續 ★★

(一) 保戶體檢一般由壽險公司體檢醫師擔任，有公司聘任的專任醫師，和外界的特約醫師兩種。

(二) 身體檢查時，業務員應注意之事項：

注意事項	內容
體檢時間的安排	1.力求配合保戶和醫師的時間，使體檢順利進行。 2.嚴守排定的時間，不使客戶不便，也勿讓醫師徒勞往返。
體檢時的注意事項	1.確認被保險人的投保金額，因保險總額高低不同，體檢內容亦會不同。 2.應請被保險人正確答覆體檢醫師的詢問。 3.應保守職務上得知的保戶身家秘密（例如：被保險人的健康狀況等），勿對無關者透露。 **4.業務員應迴避出現在體檢現場，也勿在被保險人面前，探詢體檢的結果。** 5.若投保金額甚高、過去未能承保、或有增加其他不承保的情況時，應洽請經驗較豐富的專任醫師實施體檢，以求確實。

奪分密技
要保人如已在其他保險公司購買壽險，須在要保書上註明。

小試身手

( ) **1** 人身保險是互助共濟制度，所以參加投保的人應該是？ (A)有病須要保險保障的人 (B)環境不良有遭遇意外可能的人 (C)身體健康良好的人 (D)以上皆是。

答 (C)。避免分擔不公平，及劣幣驅逐良幣的逆選擇，破壞保險市場的健全發展。

( ) **2** 依臺灣地區國民年齡別平均餘命表觀之？ (A)年齡愈大，平均餘命愈大 (B)年齡愈小，平均餘命愈小 (C)女性平均餘命大於男性 (D)男性平均餘命大於女性。

答 (C)。(A)年齡越大，平均餘命越小；(B)年齡越小，平均餘命越大。

( ) **3** 在被保險人體檢時，業務員應？ (A)力求迴避 (B)向體檢醫師探詢其體檢的內容和結果 (C)在旁協助 (D)以上皆非。

答 (A)。為避免妨害體檢的進行。

實戰演練

確實說明契約的內容

(　) **1** 下列何項非保險公司授權業務員之招攬範圍？　(A)收取續期保險費　(B)解釋保險商品內容及保險單條款　(C)說明填寫要保書注意事項　(D)轉送要保文件及保險單。

(　) **2** 下列哪些保險中途解約時，其已交付未到期之保險費應返還之？　(A)一年定期壽險、健康保險、傷害保險　(B)終身壽險、傷害保險、年金保險、團體健康保險　(C)養老保險、一年定期壽險、傷害保險、健康保險　(D)以上皆是。

(　) **3** 客戶的保單滿期時，可做哪些服務？　(A)全部皆非　(B)自己領走，以後才說　(C)介紹新的商品　(D)轉投資房地產。

(　) **4** 壽險業務員招攬時必須？　(1)親自會晤受益人　(2)親自會晤被保險人(3)取得由要、被保人親簽之文件　(4)於要保書上親自簽名，以上何者正確？　(A)(1)(2)(3)(4)　(B)(1)(2)(3)　(C)(3)(4)　(D)(2)(3)(4)。

(　) **5** 壽險業務員經手的保件必須？　(A)親自會晤受益人　(B)親自會晤保險人(C)親自會晤被保險人　(D)以上皆是。

(　) **6** 人壽保單示範條款前言明定保險公司應於訂立契約前提供要保人不低於＿＿＿＿之審閱期間，惟目前僅限於99年9月1日後訂立之傳統型個人人壽保險有其適用。　(A)3日　(B)7日　(C)10日　(D)30日。

(　) **7** 為使保戶瞭解保險契約的基本資訊，人壽保險契約增列「前言」一項，內容包括四款，下列相關敘述何者錯誤？　(A)本契約於訂立契約前已提供要保人不低於七日之審閱期間　(B)保險商品名稱（應記載給付項目與重要資訊）　(C)主管機關核准日期及文號或保險公司報主管機關核備或備查之日期及文號　(D)保險公司免費申訴電話、傳真、電子信箱。

要保書的填寫與說明

(　) **1** 要保書上書面詢問事項在日後支付保險金時十分重要，所以？　(A)只要確認是事實，有人見證簽章即可　(B)應由要保人或被保險人親筆填寫、簽章，如要保人或被保險人本人不能書寫，得由家屬代寫，但要註明經過(C)須要保人或被保險人簽章認可，否則契約不能生效　(D)一定要由要保人或保險人填寫，否則契約不能生效。

(　) **2** 為保障消費者權益並使其充分得知保險提供之訊息，下列有關要保書或保險相關文件所記載要保人及被保險人之住居所何者正確？　(A)應為客戶現居住地或戶籍地址　(B)得為保險經紀人、保險代理人之營業處所　(C)得為招攬之保險業務員之住居所　(D)以上皆是。

保險年齡的計算、第一次保險費相當額送金單與代收保費之規定

(　) **1** 下列何者非保險業授權代收保險費之人員？　(A)保險代理人　(B)保險代理人所屬業務員　(C)保險經紀人所屬業務員　(D)壽險公司授權業務員。

(　) **2** 下列敘述何者錯誤？　(A)送金單遺失或毀損時，應說明理由，並作成書面紀錄　(B)可委託他人領取送金單　(C)應核對送金單所載金額是否等於入帳金額　(D)應限制領取送金單之份數。

(　) **3** 下列敘述何者錯誤？　(A)領取送金單或收據之份數應親自簽收　(B)得委由他人代領送金單或收據　(C)應依保險業規定之期限繳回代收保險費　(D)如有延誤繳回情形，應出具報告敘明原因。

(　) **4** 以支票繳納相當於第一次保險費全部或一部份金額時，若該支票退票：　(A)保險契約效力終止　(B)保險契約不發生效力　(C)保險契約停效　(D)保險契約有效，但保險公司得催繳保費。

(　) **5** 民國39年2月1日出生之人，於民國87年7月10日投保則其保險契約年齡為？　(A)48歲　(B)49歲　(C)48歲5個月　(D)48歲6個月。

(　) **6** 民國40年2月19日出生之人，於民國87年8月20日投保，則其保險契約年齡為？　(A)46歲半　(B)47歲　(C)47歲半　(D)48歲。

(　) **7** 有權代收保險費之人代收現金或非由要保人、被保險人及受益人為發票人之支票時，保險公司應？　(A)僅現金繳納保戶於次月底通知繳費情形　(B)不做任何處理　(C)於次月底以抽樣方式隨機寄送通知　(D)保險公司應於次月底全數通知。

(　) **8** 有權代收保險費之人代收現金或非由要保人、被保險人及受益人為發票人之支票時，應於次月底前以當月開立送金單或收據比率之 ＿＿＿＿ 以簡訊、電話、電子郵件、郵寄信函或其他方式聯繫保戶，通知其繳費狀況。　(A)1%或不低於500件抽樣　(B)1%或不低於300件抽樣　(C)2%或不低於600件抽樣　(D)3%或不低於300件抽樣。

(　) **9** 有權代收保險費之人收到保戶以現金繳納當期之保險費，而用業務員自己的支票，開立非即期支票支付保險公司，則？　(A)保險公司與該支票到期

日後保單才生效　(B)業務員的行為屬挪用保費　(C)保險公司無條件接受　(D)以上皆是。

(　) **10** 有權代收保險費之人收取以現金或支票方式繳納保險費時，下列何者為是？　(A)同時交付載明收費時間之送金單、預收保費證明或收據予保戶　(B)不需給予送金單，由公司事後郵寄　(C)送金單上不需載明收費日期　(D)保戶要求時，才需交付。

(　) **11** 有權代收保險費之人收取保戶以現金或支票繳納保險費時，應同時交付何種單據給保戶？　(A)收費證明　(B)送金單　(C)收據　(D)載明收費時間之送金單。

(　) **12** 保戶以現金繳納保險費或開立支票之發票人非為要保人、被保險人及受益人，保險公司？　(A)僅現金繳納應於次月底前全數聯繫要保人，通知其繳費情況　(B)不須作任何處理　(C)應於次月底依比率選取要保人抽樣聯繫　(D)應於次月底前全數聯繫要保人。

(　) **13** 保險公司承保人員可依被保險人健康狀況做下列何者之決定？　(1)承保　(2)削減給付　(3)限制承保　(4)不承保。　(A)(1)(3)(4)　(B)(1)(4)　(C)(1)(2)(3)　(D)以上皆非。

(　) **14** 保險契約年齡計算方法為？　(A)足歲法，不足一歲部分，滿六個月即加計一歲　(B)虛歲法　(C)足歲法，但未滿一歲者不計　(D)虛歲法，但只要滿六個月即加計一歲。

(　) **15** 保險業對於以支票繳納保險費者，應訂定收取以非要保人、被保險人及受益人為發票人之支票相關內部規定，且應限制發票人不得為？　(A)有權代收保險費之人　(B)要保人　(C)被保險人　(D)受益人。

(　) **16** 要保人在繳付相當於第一期保險費的金額時，保險契約？　(A)即時成立　(B)等到保險公司同意承保時才成立　(C)於契約成立後，效力溯自應付日開始起算　(D)僅(B)、(C)為是。

(　) **17** 送金單上所載之收費時間至少需含？　(A)年月日時　(B)年月日　(C)年月　(D)不需載明。

(　) **18** 業務員在收到客戶第一次保險費相當額後，經保險公司同意承保後其保險契約之生效日為？　(A)公司同意承保當日　(B)收到保險單時　(C)溯自繳付第一次保險費相當額時　(D)業務員通知客戶時。

(　) **19** 第一次保險費相當額送金單，係指？　(A)保險公司收受保戶繳付相當於第一次保險費的支票　(B)保險公司同意承保以前，收受保戶預繳相當於第一次保險費的憑據　(C)保險公司將保戶所繳保費存入銀行生息的送金單　(D)以上皆是。

(　) **20** 被保險人的投保年齡，以足歲計算，未滿一歲的零數，超過多久則加算一歲？　(A)十一個月　(B)一個月　(C)七個月　(D)六個月。

(　) **21** 填寫第一次保險費相當額送金單時？　(A)可以塗改，塗改處加蓋印章即可　(B)絕對不可塗改，塗改則送金單無效　(C)金額不可塗改，其餘沒有關係　(D)金額及日期不可塗改，其餘沒有關係。

(　) **22** 業務員以逾期之送金單向保戶收取保險費，保險公司？　(A)有寫警語就不須負責　(B)不須負責　(C)仍應對保戶依法負責　(D)以上皆非。

(　) **23** 業務員收取客戶以現金或支票繳納之保費後，應交給客戶何種單據？　(A)繳費證明　(B)送金單　(C)收據　(D)載有收費時間之送金單。

(　) **24** 業務員領取保險業授權代收保險費之收據應妥善保管，如有遺失或毀損，應如何處理？　(A)再向保險業申請　(B)說明遺失或毀損理由並作成書面紀錄　(C)向其他業務員借收據　(D)向業務員主管索取。

(　) **25** 保險公司同意承保以前，先收受客戶所預繳的一筆金額，該金額會隨著被保險人的健康狀況、職業等核保而有增減，並非一成不變，該筆金額稱為？　(A)第一次保險費相當額　(B)保險金額　(C)續期保險費　(D)保險金。

(　) **26** 針對「保險業授權代收保險費應注意事項」之敘述，以下何者為非？　(A)99年6月1日發布　(B)由金管會所發布　(C)有權代收保險費之人收取以現金或支票方式繳納保險費時，應同時交付載明收費時間之送金單或收據於保戶　(D)領取送金單或收據之份數應親自簽收。

壽險契約的選擇、注意事項與身體檢查的手續

(　) **1** 人壽保險是互助共濟的制度，所以在客戶投保時？　(A)一定要經過選擇　(B)不必經過選擇　(C)無體檢契約可以不必選擇　(D)一定保額以上才需選擇。

(　) **2** 下列何者錯誤？　(A)投保金額不同則體檢項目不同　(B)體檢時業務員應避免做出妨礙體檢之行動　(C)業務員必要時可協助被保險人隱瞞既往症，以利核保通過　(D)業務員必須親自會晤被保險人。

(　) **3** 所謂「身體上的危險」是指 _____ 的既往症、現症及家族的遺傳疾病。　(A)被保險人　(B)受益人　(C)要保人　(D)以上三者皆是。

(　) **4** 保險公司對無體檢契約？　(A)仍然有選擇　(B)可以自由加入　(C)毫無選擇　(D)由招攬人決定。

(　) **5** 契約選擇中身體上的風險乃指被保險人所患之？　(A)既往症　(B)現症　(C)家族病史　(D)以上皆是。

(　　) **6** 拜訪企業集體彙繳保件的好處有？ (1)節省說明的時間 (2)保費由薪津中扣除 (3)提高繼續率 (4)不必經過核保。 (A)(1)(2)(3) (B)(1)(3)(4) (C)(2)(3)(4) (D)(1)(2)(3)(4)。

(　　) **7** 為了不使保戶感到不便，同時也不讓醫師徒勞往返，必須嚴守排定的？ (A)危險選擇 (B)體檢時間 (C)生存調查時間 (D)核保時間。

(　　) **8** 為避免有人藉保險謀取不法利益，業務員招攬時應留意？ (1)保單中死亡受益人指定是否為被保險人血親以外第三人 (2)要保人、被保險人無收入而投保高額保險金 (3)要保人透露近期有向多家保險公司購買保險商品 (4)被保險人近期有多筆小額理賠 (A)(1)(2)(3)(4) (B)(1)(2)(3) (C)(1)(3)(4) (D)(2)(3)(4)。

(　　) **9** 哪些是契約危險選擇時應考量之項目？ (1)要保人的收入 (2)受益人的健康狀況 (3)被保險人的職業 (4)被保險人的既往症、現症、家族的死因。 (A)(1)(3)(4) (B)(2)(3)(4) (C)(2)(4) (D)(1)(3)。

(　　) **10** 被保險人內在或外在的危險因素是指？ (A)身體上的危險、環境上的危險、道德危險 (B)身體上的危險、財務危險、意外危險 (C)身體上的危險、道德危險、財務危險 (D)以上皆是。

(　　) **11** 被保險人是否應接受體檢是根據？ (A)被保險人的性別 (B)已投保保險金額之合計額 (C)投保的期間 (D)客戶的需求而有所不同。

(　　) **12** 被保險人職業上的風險，保險公司？ (A)必須查明並估計其風險 (B)概略明白不必詳查 (C)瞭解即可 (D)不必過問以決定其承保條件。

(　　) **13** 壽險業務員在新契約上應注意之事項？ (A)受益人之指定人數 (B)被保險人所患的既往症、現症、家族的死因等 (C)要保人之身體狀況 (D)保險人之財務狀況。

(　　) **14** 壽險業務員應注意？ (A)要保人是否有遺傳疾病 (B)投保金額是否過高有道德危險之虞 (C)受益人曾否被拒保 (D)受益人對被保險人是否有保險利益。

(　　) **15** 在壽險契約選擇的程序，業務員因擔任第一次選擇，應充分瞭解要保人及被保險人之事項包含？ (1)基本資料 (2)投保目的及需求 (3)投保金額及保費支出與其實際需求是否有相當性 (4)要保人及被保險人之關係，受益人則無所謂 (A)(1)(2)(3)(4) (B)(2)(3) (C)(2)(4) (D)(1)(2)(3)。

(　　) **16** 要保人以自己為被保險人投保人壽保險，業務員對其家族應注意？ (A)是否有人患有遺傳性疾病 (B)是否有家人從事危險職業 (C)家人是否已投保 (D)以上皆需注意。

解答與解析

確實說明契約的內容

1 (A)。保險公司會派專門人員前往收取者,並同時交付收款憑證。

2 (A)。傷害保險、健康保險、一年期定期壽險:保險公司會從當期已繳保費扣除過期部分,退還未滿期的保費。

3 (C)。業務員需積極發現客戶的需求。

4 (D)。業務員需會晤:要保人、被保險人;無須會晤:保險人(即保險公司)、受益人。

5 (C)

6 (A)。契約撤銷權:適用個人二年期以上之人身保險。訂立契約「前」有3日的審閱期。保單送達「後」的翌日有10日的契約撤銷期。

7 (A)。訂立契約「前」有3日的審閱期。

要保書的填寫與說明

1 (B)。要保書的書面詢問事項在日後理賠支付時十分重要,所以填寫時的經過和結果都需有跡可查。

2 (A)。(A)才能保障消費者收到訊息。

保險年齡的計算、第一次保險費相當額送金單與代收保費之規定

1 (C)。經紀人的角色如同仲介,故不收取保險費。

2 (B)。(B)需親自領取。

3 (B)

4 (B)。(A)效力終止:終止前有效,終止後無效(前半段有效,後半段無效);(B)不生效力:自始無效。

5 (A)。87年07月10日-39年02月01日=48年05月09日。因為05月09日不足6個月,故保險年齡為48歲。

6 (D)。87年08月20日-40年02月19日=47年06月01日。06月01日超過6個月,故保險年齡為48歲。

7 (C)。抽樣方式:比率1%或不低於500件的方式抽取要保人,通知其所繳保費金額。以避免代收之人有挪用情形。

8 (A)。抽樣檢查,以避免代收之人有挪用情形。

9 (B)。收取客戶現金,換成自己的非即期支票而交給公司→挪用保費。

10 (A)。收取現金後,需同時交付送金單,以供收據證明收款事實和收款日期。

11 (D)。送金單需載明年月日時。

12 (C)。抽樣方式:比率1%或不低於500件的方式抽取要保人,通知其所繳保費金額。以避免代收之人有挪用情形。

13 (A)。(2)保險公司承保後,不得用被保險人之健康理由削減給付。

14 (A)

15 (A)。以避免代收之人有挪用情形。

16 (D)。簽要保書→繳完錢(拿到收據,即第一次送金單)→保險公司核保→生效日會回溯到送金單記載之日期。

17 (A)

18 (C)。簽要保書→繳完錢（拿到收據，即第一次送金單）→保險公司核保→生效日會回溯到送金單記載之日期。

19 (B) 20 (D)

21 (B)。送金單一切記載事項皆不得塗改，否則無效。

22 (C)。業務員代表保險公司，業務員延誤送達，保險公司仍需負責。

23 (D)。需載明年月日時。

24 (B)。未說明理由並作成書面紀錄者，保險業不得再發給新單據。

25 (A)。保險公司尚未核保，保險契約未成立，故非保險費，而為保險費相當額。

26 (A)。(A)民國99年7月1日頒布，民國106年5月31日修正。

壽險契約的選擇、注意事項與身體檢查的手續

1 (A)。避免分擔不公平，及劣幣驅逐良幣的逆選擇，破壞保險市場的健全發展。

2 (C)。(C)在被保險人體檢時，業務員應力求迴避。

3 (A)。要保人：繳交保費的人；被保險人：保險契約的標的；受益人：領取保險金的人。

4 (A)。保險公司可依被保險人的基本資料、投保目的及需求、投保金額等做出核保與否的判斷。

5 (D)。被保險人的現在與未來的身體狀況是保險公司核保與否的重要判斷條件。

6 (A)。(4)任何保險都須經過保險公司核保。

7 (B)   8 (A)

9 (A)。受益人的健康狀況與核保與否沒有關係。

10 (A)。被保險人內在或外在的危險因素：身體上的危險、環境上的危險、道德上的危險。

11 (B)。由保險公司依被保險人和要保契約類型作判斷。

12 (A)。職業等級分六類，第五、第六類為高風險，部分保險擇會受限，意外險保費會較高。超過第六類為拒保職業。

13 (B)。被保險人是保險的主要標的。

14 (B)。(A)(C)只須關注被保險人；(D)要保人對被保險人是否有保險利益。

15 (D)。(4)要保人、被保險人、受益人之間的關係須充分了解。

16 (A)。(B)(C)只須關注被保險人本人。

焦點觀念題組

告知義務

(　　) **1** 在投保告知欄（告知書）上，對於？　(A)過去病歷都不必寫　(B)健康狀況、既往症都寫出來　(C)只寫健康狀況，既往症已痊癒的不必寫　(D)以上皆非。

(　　) **2** 人生各個不同階段，有不同的生活重心，家庭經濟負擔情況也不相同，下列何者是防止被保險人道德風險之重要資料，應慎重處理？　(A)第一次保險費相當額送金單　(B)告知書　(C)體檢書　(D)保戶手冊。

(　　) **3** 訂立保險契約時，要保人對於保險公司之書面詢問，應？　(A)據實說明　(B)不予告知　(C)涉及隱私部份可不予告知　(D)招攬人員有問部份才說明。

(　　) **4** 要保人違反告知義務，足以變更或減少保險公司對於風險之估計者，保險公司得？　(A)解除契約　(B)停止契約效力　(C)終止契約　(D)以上皆非。

(　　) **5** 下列何者是防止被保險人道德危險之重要資料，應慎重處理？　(A)告知書　(B)體檢書　(C)第一次保險費相當額送金單　(D)保戶手冊。

(　　) **6** 要保人如已在其他保險公司購買壽險，則？　(A)在要保書上註明即可　(B)無須告知　(C)口頭告訴體檢醫師即可　(D)口頭告訴業務員即可。

(　　) **7** 人壽保險契約告知義務人是？　(A)要保人及受益人　(B)要保人　(C)被保險人　(D)要保人及被保險人。

(　　) **8** 訂立人身保險契約時，要保人或被保險人對於保險人的書面詢問若有故意隱匿或因過失遺漏，或為不實之說明，其隱匿、遺漏或不實之說明足以變更或減少保險人對於危險之估計者，保險人得？　(A)解除契約　(B)撤銷契約　(C)終止契約　(D)停止契約。

(　　) **9** 訂定保險契約時，當事人應本最大誠信原則，依保險法第64條規定？
(A)受益人應將重要事實告知保險人
(B)保險人應將重要事實告知要保人
(C)要保人應將重要事實告知保險人
(D)保險人應將重要事實告知受益人。

(　　) **10** 基於最大誠信原則，要保人或被保險人應將投保有關之重要事項，據實告知保險人，此告知應於何時為之？　(A)保險事故發生時　(B)保險契約生效後　(C)申領保險金時　(D)訂立保險契約時。

契約選擇

(　) **1** 壽險公司契約選擇程序為？
(A)業務員選擇、核保人員選擇、體檢醫師選擇
(B)業務員選擇、體檢醫師選擇、核保人員選擇
(C)業務員選擇、身調人員選擇、核保人員選擇
(D)業務員選擇、核保人員選擇、身調人員選擇。

(　) **2** 保險公司核保時，業務員所提供的各種報告書，都是相當重要的資料，這是屬於？
(A)第一次選擇　　　　　　　　(B)第二次選擇
(C)第三次選擇　　　　　　　　(D)第四次選擇。

(　) **3** 人壽保險契約之危險選擇程序中，保險公司承保部門決定承保與否的核保過程乃是？　(A)第一次選擇　(B)第二次選擇　(C)第三次選擇　(D)第四次選擇。

(　) **4** 下列何人可以決定是否承保？　(A)核保人員　(B)體檢醫師　(C)業務人員　(D)精算人員。

(　) **5** 下列何種情況，業務員應洽經驗較豐富公司之專任醫師或特約醫師擔任體檢工作？
(A)被保險人過去有增加其他條件仍不能承保的紀錄
(B)被保險人投保的保險金額相當高
(C)被保險人過去有未能承保的紀錄
(D)以上皆是。

(　) **6** 具體而詳細的詢問被保險人的職業及工作內容，是 _____ 的職責。
(A)保險業務員　(B)公司稽核人員　(C)體檢醫師　(D)公司核保人員。

(　) **7** 業務員於招攬保險時須注意被保險人之？　(1)身體狀況　(2)職業及工作內容　(3)收入及地位　(4)家族病史　(A)(1)(3)(4)　(B)(1)(2)(3)(4)　(C)(1)(2)(3)　(D)(1)(2)。

解答與解析

告知義務

1 **(B)**。告知義務：要保人及被保險人應誠實告知，否則保險公司得解除契約。（最大誠信原則）

2 **(B)**　3 **(A)**　4 **(A)**　5 **(A)**　6 **(A)**　7 **(D)**　8 **(A)**　9 **(C)**

10 **(D)**

契約選擇

1 **(B)**。契約選擇：第一次→業務員；第二次→體檢醫師；第三次→核保人員。

2 **(A)**　3 **(C)**　4 **(A)**　5 **(D)**　6 **(A)**　7 **(B)**

Lesson 08 | 如何做好保險行銷

課前導讀

本課主要在討論業務員行銷時應有的心態，和執行上面臨的問題，大部分的內容都非常輕鬆易懂，建議快速瀏覽，以練習考題為主。

```
                          千華數位文化

   電話銷售      網路買保險

       電視購物        面售保險

              保險公司             名師教學
              保險經紀公司
              保險代理公司
                                 https://reurl.cc/zyoGrN
```

重點 ① 壽險行銷通路簡介　本重點依據出題頻率區分，屬：**A** 頻率高

一、壽險行銷通路的現況 ★★

(一) 金融控股公司法（簡稱「金控法」）的通過，金控公司得運用旗下子公司的客戶資源，進行各種金融商品的銷售，此稱為「整合行銷」（又稱「交叉行銷」）。

(二) 整合行銷除了是保險業務員的銷售利器，還可透過「客戶關係管理系統」了解消費偏好，進行需求導向的行銷，並為客戶提供完整售後服務。

> **奪分密技**
> 透過整合行銷，讓保戶可以：
> 1.滿足未來各項財務需求。
> 2.完整的金融服務。
> 3.各項金融商品整合。

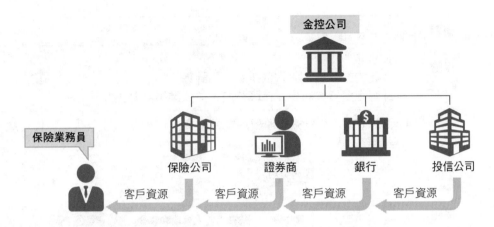

二、壽險行銷通路 ★★

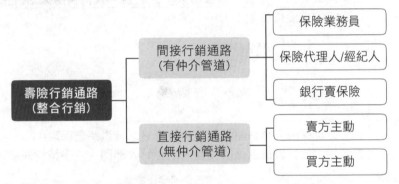

三、壽險行銷通路的介紹 ★★

(一) 間接行銷通路

也稱為「仲介行銷通路」，即顧客透過仲介通路，間接與保險公司接觸。仲介行銷人員與客戶可面對面的溝通。

種類	特性
保險業務員	1.含義：為保險業從事保險招攬之人。 (1) 廣義的保險業務員： ・保險業　・保險代理人　・保險經紀人　・兼營保險業務之銀行　➡　保險業務員　➡　客戶 (2) 狹義的保險業務員： 單一保險公司　➡　保險業務員　➡　客戶

種類	特性
保險 業務員	2.分為2種： (1) 簽約業務員：收入依業績比例計算。 (2) 固定薪資業務員：保障待遇，並依業績計算獎金。
保險 代理人 ／ 經紀人	1.保險代理人：根據代理契約或授權書，向保險人收取費用，代理經營業務之人。 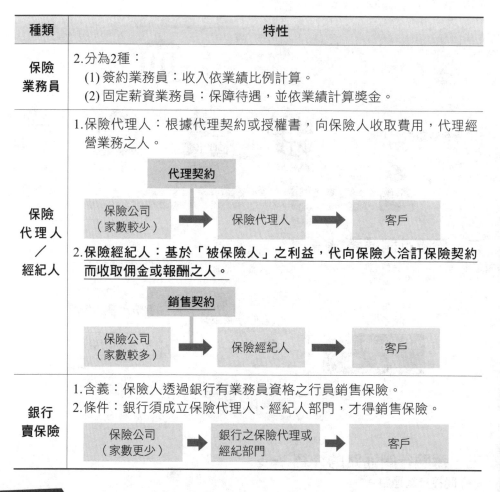 2.保險經紀人：基於「被保險人」之利益，代向保險人洽訂保險契約而收取佣金或報酬之人。
銀行 賣保險	1.含義：保險人透過銀行有業務員資格之行員銷售保險。 2.條件：銀行須成立保險代理人、經紀人部門，才得銷售保險。

知識補給站

近年三大通路保費情況

資料來源：壽險公會

(二) 直接行銷通路

保險公司直接銷售，不透過仲介管道。

種類	特性
賣方主動 （保險公司）	主動出擊的行銷方式，包括： 1.郵寄。 2.電話行銷。 3.職域或關係企業行銷：到相關職場銷售保險。 4.架設網路平台。
買方主動 （客戶主動）	客戶主動詢問，包括： 1.語音電話，例如：透過0800免付費電話。 2.網路查詢，例如：消費者主動上網比價。 3.櫃台行銷，例如：保險公司機場櫃台銷售旅平險。 4.電視行銷，例如：透過有線電視台行銷。

小試身手

(　　) **1** 行銷通路之年度保費收入市占率排名為何？　(A)壽險業務員＞銀行保險＞傳統經紀人／代理人　(B)銀行保險＞壽險業務員＞傳統經紀人／代理人　(C)傳統經紀人／代理人＞壽險業務員＞銀行保險　(D)以上皆非。

答 (B)。銀行壽險約占5成，壽險公司約4成，保經保代約1成。

(　　) **2** 由於資訊的發展，目前由顧客主動購買人身保險的方式有？　(A)透過0800免付費電話　(B)網路投保　(C)保險公司以郵寄方式銷售　(D)僅選項(A)、(B)為是。

答 (D)。賣方主動：郵寄、電話行銷。買方主動：語音電話（0800免付費電話）、網路、櫃台行銷、電視行銷。(C)郵寄為賣方主動。

(　　) **3** 依保戶的利益代為從事保險契約之接洽，危險承受契約之簽訂等活動之個人、合夥公司或法人稱為？　(A)業務員　(B)保險代理人　(C)保險公司　(D)保險經紀人。

答 (D)。依保戶的利益→保險經紀人（依保戶需求，銷售不同壽險公司的保險商品）。

本重點依據出題頻率區分，屬：**A** 頻率高

重點 ② 壽險行銷工作的基本觀念

一、行銷壽險的意義和目的 ★★

(一) **行銷壽險的意義**：透過壽險，協助客戶獲得生活上的保障，進而達成幸福的人生。

(二) 行銷壽險的目的

1. 壽險行銷工作是尋找客戶，依其需要，設計「良質保單」，給予最大的保障。

2. 「良質保單」的必要條件：
   (1) **適切的需要。**
   (2) **足夠的保額。**
   (3) **適當的保費。**

> **名師提點**
> 1. 行銷人壽保險給顧客時，應先考慮顧客的「需要程度」。
> 2. 行銷壽險時，必須顧及客戶的：
>   (1) 經濟能力。
>   (2) 需要的保障額度。
>   (3) 社會地位。
>   (4) 家庭背景。

二、壽險行銷工作的特性 ★★

壽險行銷工作的特性

1.商品是無形的

(1)保險是無形的，無法由感官吸引客戶，故必須透過行銷。
(2)保險無樣品可試，故須由業務員逐項解釋商品的效能。
(3)無法立即享用，唯有得到理賠、急需時的保單借款或滿期給付，才能領會，故須業務員積極替客戶說明。

2.需要豐富的知識

(1)保險是一種契約，牽涉到法規、財務、投資、健康及遺產等問題。
(2)壽險業務員除壽險專業知識外，還需不斷充實自己，才有能力跟不同的人展開銷售工作。

3.意義崇高

(1)**業務員須明瞭人身保險的觀念**，保險是在客戶最需要時，提供金錢幫助，非常實際且有意義。
(2)因為常能幫助客戶在遭受不幸時渡過難關，因此是一種崇高的職業。

4.工作自由

壽險行銷工作是一種自由的工作。壽險業務員可依照個人的計劃，隨時自由調整安排的工作時間、地點。

5.收入在我

(1)據美國保險公司統計，拜訪10個客戶，可成功行銷1件。
(2)壽險業務員的收入，全由工作付出決定。

小試身手

(　　) **1** 一般人未能主動購買人身保險最主要的原因是？　(A)收入提高，不再需要保險保障生活　(B)保險乃無形的商品，一般人感覺不到急切的需要 (C)平均壽險提高，壽險的重要性減低　(D)以上三者皆是。

答 **(B)**。(A)(C)皆使人對保險有更主動的需求。

(　　) **2** 人壽保險的行銷，是要將最適當的商品行銷給最需要的客戶，所謂良質保單係指保單符合？　(1)適切需要　(2)足額保障　(3)保費適當　(4)高額佣金。　(A)(2)(3)(4)　(B)(1)(3)(4)　(C)(1)(2)(3)(4)　(D)(1)(2)(3)。

答 **(D)**。將最適當的商品行銷給最需要的客戶→(1)(2)(3)。

(　　) **3** 壽險業務員應扮演何種角色？　(A)保戶家庭幸福保障的經濟顧問　(B)保戶與保險公司之間的橋樑　(C)保戶的理財規劃顧問　(D)以上皆是。

答 **(D)**

本重點依據出題頻率區分，屬：**A** 頻率高

重點 **3** 家庭財務安全規劃與人身保險

一、生命週期與家庭收支 ★★★

(一) **生命週期**：又稱為「生活週期」，為人從出生、成長、工作、結婚、育兒、養老、死亡的整個人生旅程。

(二) **生命週期與家庭收支**

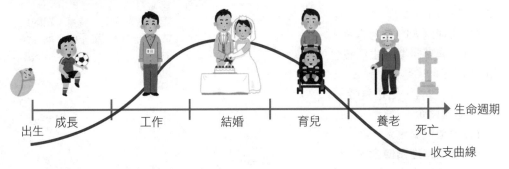

1. **結婚後，夫妻收入逐年增加，同時支出也跟著增加。**
2. **子女獨立前，教育費與購置住宅的雙重開支，是家庭責任最重的時期。**
3. 子女獨立後，夫妻也將面臨退休，與二～三十年的晚年生活。

二、生活規劃書 ★★

名師教學

立即看私房講解

(一) 生活規劃項目

步驟一　家庭生命週期表	步驟二　生活規劃書
將家中成員依年齡列表，以瞭解子女何時上小學、國中、高中、大學，何時結婚，丈夫和妻子何時退休，以利訂目標。	利用家庭生命週期表，估列將來的經濟需要與所需費用，做計劃性的準備，即完成「生活規劃書」。

(二) 一個家庭有五項不可或缺的經濟項目。

1. 遺族生活資金
   (1) 家庭的生活資金。
   (2) 配偶的養老資金。
2. 晚年生活資金
   (1) 夫婦兩人的養老資金。
   (2) 配偶寡居期的生活資金。
3. 購屋資金。
4. 子女的教育、結婚資金。
5. 應急預備金
   (1) **醫療預備金。**
   (2) **喪亡處理預備金。**
   (3) **借款償還金。**
   (4) 臨時預備金：一般為每月的生活費用的三個基數。

   「應急預備金」為上述四者的合併，即：
   應急預備金＝醫療預備金＋喪亡處理預備金＋借款償還金＋臨時預備金。

> **奪分密技**
> ‧夫婦共同生活的養老期間，以退休時，丈夫的平均餘命計算。
> ‧妻子寡居的生活資金，期間以丈夫死亡時，妻子的平均餘命計算。

> **奪分密技**
> 臨時預備金＝每月生活費×3。

三、保險計劃書與設計招攬 ★★★

(一) **保險計劃書**：向客戶說明保險是幫助客戶解決
　家庭經濟問題最有效的方式。應具備下列的
　內容：

　1. 保險名稱及特色。
　2. 簡單的問候文章。
　3. 給付範圍及金額。
　4. 契約內容。

(二) **設計招攬**：設計招攬應包括4個步驟：

Step1	Step2	Step3	Step4
情報的蒐集及整理	編製生活規劃書	編製保險計劃書	保障規劃之建議與說明

小試身手

(　) **1** 一般家庭的應急預備金不包括？
　(A)醫療預備金　(B)緊急預備金
　(C)喪亡處理預備金　(D)子女教育金。

　答 (D)。應急預備金＝醫療預備金＋喪亡處理預備金＋借款償還金＋
　臨時預備金（生活費×3個月）

(　) **2** 妻子寡居期間的生活資金，計算期間係以？
　(A)子女結婚時，妻子的平均餘命計算
　(A)子女就業時，妻子的平均餘命計算
　(C)退休時，妻子的平均餘命計算
　(D)丈夫死亡時，妻子的平均餘命計算。

　答 (D)。妻子寡居期間計算法：丈夫死亡時，妻子的平均餘命計算。

(　) **3** 下列哪項經濟準備不是身為一家之主不可或缺的？
　(A)子女教育、結婚費用
　(B)安享晚年所需的費用
　(C)休閒旅遊的費用
　(D)一家之主不幸去世時，遺族所需要的生活資金。

　答 (C)。不可或缺→故沒有休閒旅遊的費用。

重點 ④ 行銷活動　　本重點依據出題頻率區分，屬：**A** 頻率高

一、準保戶的開拓 ★★

選擇值得 拜訪的對象	→	篩選後得到 「**準保戶**」	→	行銷後購買 成為「**保戶**」

奪分密技
每日擬定計畫時注意：
1. 養成規律生活習慣。
2. 當天訪問對象應集中。
3. 檢討當天活動，並計畫翌日活動。

二、準保戶的選擇標準 ★★

具備以下四個特性：

1.身體健康的人	2.需要保險的人
準保戶	
3.付得起保險費的人	4.便於拜訪的人

名師提點
一般的規劃，保險的保障額度約為年收入的10倍。

三、準保戶的來源 ★★

(一) 直接關係
1. 過去工作關係的人。
2. 學校關係的人。
3. 有買賣關係的人。
4. 興趣同好關係的人。
5. 住宅關係的人。
6. 公共、宗教活動關係的人。
7. 親屬或姻親關係的人。

名師提點
壽險行銷工作最重要的是尋覓準保戶。

(二) 間接關係
1. 透過直接關係的人，或現有保戶，介紹他們的直接關係人。
2. 準保戶的來源是無窮無盡的。

(三) 企業團體的開拓
1. 訪問企業團體，可一次和許多準保戶見面，非常經濟可行。
2. 企業團體集體投保，保費可由薪津中代扣。承保條件較優厚，契約繼續率也高，值得積極開拓。

(四) 業務推介人的建置
1. 應選擇對保險有相當認識、信用良好、交際廣泛、活動力強的人，作為我們的業務推介人。

2. 要業務推介人介紹客戶，須先以滿意的服務贏得信任。

3. 上述取得之客戶資料，需注意個人資料保護法之規定。

4. 須建立「**準保戶卡**」，記錄蒐集到的客戶資料，便於後續的推銷訪問。

> **奪分密技**
> 已著手招攬或計劃中之準保戶檔案，應歸類於「現役檔案」中。

小試身手

(　　) **1** 一個成功的業務員，必須經常不斷地增加新的客戶，以？　(A)增加客戶應該請公司協助　(B)增加客戶應該從拜訪更多的人開始　(C)增加客戶應該從擴大宣傳開始　(D)以上皆非。

　答 (B)

(　　) **2** 為便於隨時將客戶的拜訪及搜集到的重要資料予以填記，有利於推銷訪問，故要建立？　(A)有效客戶卡　(B)投保客戶卡　(C)保戶卡　(D)準保戶卡。

　答 (D)。準保戶：經過選擇，認為值得拜訪行銷的人。準保戶卡→建立準保戶檔案。

(　　) **3** 為順利推展增加新的準客戶，以自己一人力量太有限，因此需要？　(A)教育訓練師　(B)電話行銷人員　(C)業務推介人　(D)業務主任來介紹更多準客戶。

　答 (C)。開發新客戶最好的方法，就是請現有客戶幫你做推薦。

重點 5　行銷的過程　　本重點依據出題頻率區分，屬：**A** 頻率高

名師教學

立即看私房講解

一、保險行銷過程圖 ★★

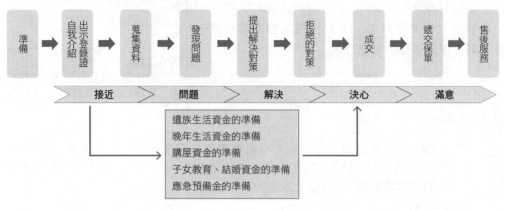

準備 → 自我介紹 出示登錄證 → 蒐集資料 → 發現問題 → 提出解決對策 → 拒絕的對策 → 成交 → 遞交保單 → 售後服務

接近 ＞ 問題 ＞ 解決 ＞ 決心 ＞ 滿意

遺族生活資金的準備
晚年生活資金的準備
購屋資金的準備
子女教育、結婚資金的準備
應急預備金的準備

二、行銷過程的介紹 ★★★

第1階段	準備	1.擬訂訪問計畫。 2.準備所需資料。 3.蒐集客戶情報。 4.預備面談話術。
第2階段	自我介紹， 出示登錄證	1.介紹自己，並出示業務員登錄證和名片。 2.注意服裝儀表。 3.**不可勉強行銷，以消除客戶警戒。**
第3階段	蒐集資料	1.尋找話題。 2.建立共同感。
第4階段	發現問題	透過「問答法」，最容易了解客戶問題。
第5階段	提出解決對策	1.提示保險是解決經濟問題的好方法。 2.出示商品，並說明內容及功用。 3.提出具體保險計畫。

奪分密技
行銷心法：先行銷「自己」→再行銷「商品的效用」→最後行銷「商品本身」。

名師提點
壽險行銷的成功條件是
1.專業的知識和信心。
2.積極的開拓客戶。
3.**切實地計劃、實行、檢討。**

第6階段	拒絕的對策	先接納客戶的拒絕。 1.探索拒絕的因素。 2.設身處地的理解客戶的拒絕。 3.預先準備處理拒絕的話術。	**名師提點** 顧客會拒絕，通常是因為業務員沒有做好選擇、說明與適當的建議。
第7階段	成交	1.訴諸客戶感情。 2.以抗拒最輕的話題來促成。 3.有機會就應反覆促成。 4.若客戶決定，應即填寫要保書，並收取第一次保費。	
第8階段	遞交保單	遞交保單時，需再附上名片，方便客戶之後的服務需求。	
第9階段	售後服務	1.售後服務從「遞交保單」後即開始。 2.售後服務在行銷中極為重要，將於下一節詳述。	**奪分密技** 保險公司簽發的保單可為：紙本保單、或由網路投保所簽發的電子保單。

小試身手

(　)**1** 壽險行銷成功的條件是？　(A)要有專業的知識和信心　(B)積極的開拓客戶　(C)行銷的活動切實地做到計劃、實行、檢討　(D)以上皆是。

答 (D)

(　)**2** 人身保險行銷過程中，在第一階段「準備」的部分，下列何者正確？(1)擬訂訪問計畫　(2)準備訪問時所需資料　(3)蒐集客戶的情報　(4)準備面談話術。　(A)(1)(2)(3)(4)　(B)(1)(2)　(C)(1)(3)(4)　(D)(1)(2)(3)。

答 (A)。訪問計畫→訪問資料→客戶情報→面談話術。

(　)**3** 人壽保險行銷過程依序為？　(1)解決　(2)問題　(3)決心　(4)滿意　(5)接近。　(A)(2)(1)(5)(3)(4)　(B)(2)(5)(1)(3)(4)　(C)(5)(2)(1)(4)(3)　(D)(5)(2)(1)(3)(4)。

答 (D)。接近→問題→解決→決心→滿意。

重點 ⑥ 人身保險的售後服務 本重點依據出題頻率區分，屬：B 頻率中

一、售後服務的目的和重要性 ★★

(一) **售後服務的目的**：即提供客戶「生活保障」和「永久適當的保障」。

(二) **售後服務的重要性**：缺乏售後服務會造成：

　1. 保戶喪失對業務員和壽險的信心。

　2. 易造成保戶斷繳保費，使壽險契約失效。

　3. 失去保戶介紹新客戶的機會。

> **奪分密技**
> 替客戶申請理賠，可將理賠原因作為其它案子的推動力。

二、售後服務的功能與方法 ★★

(一) **售後服務的功能**

　1. 保戶方面

　　(1) 保戶經濟狀況轉好時：可建議保戶增加保額，以增加保障。

　　(2) 保戶經濟狀況轉差時：可運用保費的自動墊繳、保單的質押借款、減額繳清、展期定期保險等方式，協助保戶度過經濟難關。

　2. 業務員方面

　　(1) 良好的售後服務使客戶安心，有助提高契約繼續率和自己的收入。

　　(2) 適當的聯繫可瞭解保戶的狀況，能適時地建議保戶增加保額。

　　(3) 新業績常來自保戶介紹新客戶，良好的服務可開啟良性的循環。

(二) **售後服務的方法**

　1. **親自訪問**。　　2. 書信、電子郵件問候。　　3. 電話通訊。

✏ 小試身手

(　　) **1** 人壽保險大都是長期契約，客戶需要長期繳付保險費，因此我們應？ (A)和客戶保持適當的距離　(B)做好售後服務　(C)從此一去不回頭，再找新客戶　(D)以上皆是。

　　答 (B)。舊客戶或由其推薦的其他客戶常是新成交的最大來源。

(　　) **2** 我們行銷人身保險的目的，不但要使客戶獲得「生活保障」，更要？ (A)作為晉升的本錢　(B)做更多的業積　(C)賺更多的錢　(D)使客戶永遠獲得適當的保障。

　　答 (D)

(　　) **3** 壽險業務員最重要的責任是？　(A)收取保費　(B)賣保險　(C)持續的售後服務維繫保險　(D)以上皆非。

　　答 (C)

實戰演練

壽險行銷通路簡介

( ) **1** 由於資訊科技的發達，目前保險公司運用網路資源為每一位業務員提供一套完整的管理系統，使業務員能經由該系統的各項功能進行最完善的服務，這套系統為 _____ 系統。　(A)核保審查　(B)客戶關係管理　(C)保戶服務　(D)理賠調查。

( ) **2** 近年來銀行保險業務有蓬勃發展的現象，銀行為爭取保險的業務其方式為？
(A)在銀行設立之櫃台即可招攬業務
(B)只要與保險公司簽約就可以直接由銀行櫃檯販售
(C)須成立銀行保險經紀人／保險代理人，始可從事保險招攬
(D)以上皆是。

( ) **3** 保險代理人及保險經紀人之規定下列何者正確？　(A)得從事未經主管機關核准之外國保險業經營或介紹保險商品　(B)未繳交保證金或投保責任保險得執行業務　(C)得為未經主管機關核准之保險業經營或介紹保險商品　(D)應有固定業務處所，並設立獨立帳簿記載業務收支。

( ) **4** 保險經紀人係基於被保險人之利益，代向保險公司洽訂保險契約而向何者收取佣金之人？　(A)承保的保險業　(B)要保人　(C)被保險人　(D)保險人及被保險人。

( ) **5** 透過客戶關係管理系統，可以提升 _____ ，達到交叉行銷的目的。
(A)核保審查　(B)各項金融理財服務　(C)風險管理　(D)生存調查之效率。

( ) **6** 透過整合行銷，保戶可以獨得那些好處？　(A)滿足未來各項財務需求　(B)完整的金融服務　(C)各項金融商品整合　(D)以上皆是。

( ) **7** 就保險業務而言，以下哪種通路不是間接行銷通路？　(A)保險業務員　(B)經紀人／代理人　(C)銀行　(D)網路。

( ) **8** 經由媒體徵求後，再定期舉辦甄選考試，對合格人員給予一定期間專業化訓練後再任用之增員方式屬於？　(A)半直接增員　(B)直接增員　(C)混合增員　(D)間接增員。

( ) **9** 壽險行銷通路若分為仲介行銷及直接行銷，下列何者係屬直接行銷通路？
(1)郵寄行銷　(2)電話行銷　(3)職域或關係企業行銷　(4)架設網路平台行銷。　(A)(1)(2)　(B)(1)(2)(4)　(C)(1)(2)(3)(4)　(D)(2)(3)。

(　) **10** 藉由客戶關係管理系統之運用收集彙整，了解消費偏好，進而針對客戶不同之生命週期規劃，係屬 ＿＿＿＿ 導向。　(A)行銷　(B)消費　(C)產品　(D)需求。

(　) **11** 在金控公司旗下，保險公司及保險業務員運用客戶關係管理系統，為客戶做最好的最完整的銷售及售後服務之方式稱為？　(A)產品行銷　(B)通路行銷　(C)消費行銷　(D)整合行銷。

壽險行銷工作的基本觀念

(　) **1** 人身保險是種無形的商品，客戶要完全領會到保險的好處，常常是在？　(A)有急需而得到保險單借款時　(A)滿期給付保險金時　(C)發生了賠償事實時　(D)以上皆是。

(　) **2** 下列敘述何者正確？　(A)只要想買壽險，我們可以把商品售予任何人　(B)壽險業務員的報酬自己不可以決定，完全依公司的規定辦理　(C)業務員的工作時間、地點，可以依照個人的計劃隨時自由調整，既自由又方便　(D)從事壽險行銷工作只有辛苦的一面。

(　) **3** 行銷壽險最重大的意義是？　(A)滿足自己物質生活需要　(B)協助客戶獲得幸福生活的保障　(C)為自己賺取更多的佣金　(D)協助主管達成規定業績。

(　) **4** 當你在行銷壽險時你必須顧及？　(A)客戶的經濟能力　(A)客戶需要保障的額度　(C)客戶的社會地位　(D)以上三者都須兼顧。

(　) **5** 每個家庭對人壽保險的需求不盡相同，一個成功的壽險業務員必須做到？　(1)了解客戶的需要　(2)讓客戶體會到他自己的需要　(3)只求獲取最多的佣金　(4)提供具體的保險計畫滿足客戶的需要。　(A)(1)(2)(4)　(B)(1)(2)(3)(4)　(C)(1)(2)(3)　(D)(1)(3)(4)。

(　) **6** 從事壽險業務的工作人員，必須認識清楚的觀念是？　(A)人身保險是什麼　(B)家人是否會反對　(C)是否有固定薪資　(D)佣金多少。

(　) **7** 當你要行銷「人壽保險」給顧客時，應先考慮顧客的？　(A)需要程度　(B)收入程度　(C)健康程度　(D)教育程度。

(　) **8** 壽險的行銷工作，為何是件意義崇高的工作？　(A)行銷報酬是其他行業所不及，而且不受限制　(B)可以幫助人們順利追求幸福的人生　(C)工作自由，可自由調整安排自己的工作時間、地點　(D)因為它可以建立個人寬擴的人際關系。

(　) **9** 壽險業務員必須向客戶逐項解釋商品的效能，目的在於？　(A)向客戶表示壽險不是那麼簡單的東西　(B)幫助客戶找出最適合他需要的保單　(C)不斷拜訪客戶使他無法拒絕　(D)以上皆是。

(　) **10** 壽險業務員在行銷商品時應該考慮？　(A)行銷佣金或津貼較多的險種以提高收入　(B)行銷保額高，保費多的商品以爭取業績　(C)深入瞭解客戶的需要，提供對顧客最有利最合適的保險計畫　(D)配合公司的營業方針拓展利潤。

(　) **11** 壽險業務員為了爭取業績？　(A)誇大宣傳以吸引客戶投保　(A)將其他公司的不同保險辦法拿來驗證本公司保險契約的優越性　(C)可以說服保戶終止其他公司的有效契約，改保自己行銷的新契約　(D)以上行為均應禁止。

(　) **12** 壽險行銷工作的特性，除了商品無法碰觸外，其他還有哪些？　(1)收入在我　(2)工作自由　(3)意義崇高　(4)需要豐富的知識。　(A)(1)(3)(4)　(B)(2)(3)(4)　(C)(3)(4)　(D)(1)(2)(3)(4)。

家庭財務安全規劃與人身保險

(　) **1** 人的一生有：出生－成長－結婚－育兒－養老－死亡的過程，我們將此人生旅程稱為？　(A)生命週期　(A)生活規則　(C)生命循環　(D)生命系統。

(　) **2** 夫婦二人共同生活的養老期間，係以何種方式計算？　(A)以退休時，丈夫的平均餘命計算　(B)以退休時，妻子的平均餘命計算　(C)以丈夫死亡時，妻子的平均餘命計算　(D)以妻子死亡時，丈夫的平均餘命計算。

(　) **3** 由於壽命的不斷延長，替客戶安排保險時，應考慮的保險項目為？　(1)醫療費用　(2)配偶的安葬費用　(3)遺族的生活費用　(4)老年的生活費用。　(A)(1)(2)(3)(4)　(B)(1)(2)(4)　(C)(1)(2)(3)　(D)(1)(3)(4)。

(　) **4** 在生活規畫中項目中有5項經濟準備是任何一個家庭不可或缺，有關「應急預備金」項目中應準備 _____ 的生活費。　(A)4個月　(B)6個月　(C)2個月　(D)3個月。

(　) **5** 自結婚開始，家庭經濟會隨著丈夫的收入逐年增加，同時支出也會跟著？　(A)不變　(A)減少　(C)增加　(D)以上皆非。

(　) **6** 每個人的必要保障金額，常因人生各種階段的需要而變化，特別是在 _____ ，正是精力充沛工作意願最高昂、家庭責任最重的期間。　(A)養育子女期間　(B)老年期間　(C)結婚期間　(D)以上皆非。

(　) **7** 為編製最能適合客戶的保險計畫書，須依照下列何者？　(1)客戶的年齡　(2)客戶需求的內容　(3)客戶擔負家庭責任的期間　(4)客戶的繳費能力。　(A)(2)(4)　(B)(2)(3)(4)　(C)(3)(4)　(D)(1)(2)(3)(4)。

(　) **8** 國民所得普遍提高的今日，大家都以站在保障生活的更高觀點來利用人身保險，所以今後招攬人身保險的重點放在如何為顧客提供？　(A)對業務員最有利的商品　(B)賺更多錢　(C)生活的保障　(D)業務員比較好行銷的產品。

(　) **9** 晚年的生活資金，除夫婦兩人的養老資金外，尚包括？　(A)子女的創業資金　(B)子女的結婚資金　(C)妻子寡居期間的生活資金　(D)以上皆是。

(　) **10** 生活規劃項目中「應急預備金」應包含下列哪些項目？　(1)醫療預備金　(2)喪亡處理預備金　(3)借款償還金　(4)臨時預備金。　(A)(1)(2)(3)　(B)(1)(2)(3)(4)　(C)(1)(3)(4)　(D)(2)(3)(4)。

(　) **11** 臨時預備金是預備幾個月的生活費？　(A)2個月　(B)3個月　(C)6個月　(D)1年。

行銷活動

(　) **1** 下列準保戶的來源，何者與業務員有間接關係？　(A)音樂同好　(B)子女的同學　(C)過去的鄰居　(D)舊保戶的親屬。

(　) **2** 已著手招攬或計劃之準備的準保戶檔案應歸類於何項？　(A)保戶檔案　(B)預備檔案　(C)不要歸類　(D)現役檔案。

(　) **3** 為提升業務員的經營格局，讓業務員個人的服務能力更廣闊，下列哪種方式的運用最可以讓業務員達到客戶關係管理的好處？　(A)各種資訊E化的運用　(B)過去工作關係人的介紹　(C)保戶資料卡的建立　(D)親友推薦名單的整理。

(　) **4** 從事壽險行銷工作最重要的是？　(A)要懂得如何尋覓準保戶　(B)要有相當的社會地位和影響力　(C)要有良好的社會關係　(D)以上皆是。

(　) **5** 準保戶卡的建立？　(A)可以使客戶了解保險內容　(B)可以了解客戶的資產　(C)可以了解客戶的動向　(D)可使行銷工作更具經濟效果。

(　) **6** 經由業務員緣故介紹其親戚朋友，或對保險稍有認識和興趣之保戶加以訓練，使其成為保險業務員之增員方式屬於？　(A)直接增員　(B)間接增員　(C)混和增員　(D)以上皆是。

(　) **7** 經過我們選擇認為值得拜訪行銷的人，可稱之為？　(A)準保戶　(B)要保人　(C)投保人　(D)保戶。

(　　) **8** 壽險行銷人員對於行銷的對象？　(A)必須加以選擇　(B)由公司指定行銷對象　(C)無須選擇　(D)隨各人的作業方式而定。

(　　) **9** 蒐集準保戶資料，不包括？　(A)過去的違法紀錄　(B)嗜好　(C)家屬姓名、年齡　(D)職業、地位。

(　　)**10** 需要保險的人，如果沒有交付保險費的能力？　(A)視行銷員的行銷技巧而定　(B)他是我們行銷的對象　(C)他不是我們行銷的對象　(D)以上皆是。

(　　)**11** 擬定每天的活動計畫應該注意？　(A)規定每日的活動時間，養成有規律的生活習慣　(B)一天訪問的對象應盡量集中　(C)每天安排一定的時間檢討當天活動，計畫翌日的活動　(D)以上皆是。

行銷的過程

(　　) **1** 人身保險行銷過程中的最後階段是？　(A)培養親密感　(B)售後服務　(C)提示解決對策　(D)成交。

(　　) **2** 目前人身保險業所簽發的保單為？　(A)僅提供紙本保單　(B)可利用網路投保來簽發電子保單　(C)不限紙本保單　(D)僅選項(B)、(C)為真。

(　　) **3** 在行銷說明時，提供給客戶的保障，應以？　(A)不一定，依客戶與自己的關係而定　(B)自己業績為考慮要件　(C)客戶的利益與需要為要件　(D)佣金的多寡為考慮要件。

(　　) **4** 行銷過程中，哪一種方法最容易使客戶領悟問題？　(A)重複記憶法　(B)問答法　(C)專家指導法　(D)比擬法。

(　　) **5** 我們常說行銷人壽保險，首先應該？　(A)行銷商品　(B)比較退佣高低　(C)行銷商品的效用　(D)行銷自己。

(　　) **6** 每天從事行銷活動之前，詳細地擬定訪問計畫，是花時間又麻煩的事，因此？　(A)為了爭取時間增加訪問對象，可以不必計畫　(B)擬不擬計畫沒有關係，其效果也不一定有差別　(C)獲得的效率提高，足以彌補計畫時花費的時間　(D)不必擬訪問計畫，隨機緣訪問最好。

(　　) **7** 契約生效後，應該告訴客戶那些權益？　(A)如何換新的保險　(B)職業、地址有變更時，不必通知保險公司　(C)符合理賠條件，可以請我們服務　(D)以上皆非。

(　　) **8** 客戶對壽險業務員難免會產生抗拒心理而無形中變成拒絕，為了消除客戶的警戒心，所以應該？　(A)告訴客戶沒有勉強行銷的意思　(B)找人陪同拜訪　(C)透過介紹者給予客戶適當的壓力　(D)全部皆是。

(　) 9 拜訪客戶作自我介紹時，把握原則中下列何者為非？　(A)使客戶產生壓力　(B)消除客戶的警戒心　(C)最佳自我介紹　(D)建立最好的第一印象。

(　) 10 從事行銷訪問的服裝儀容？　(A)要標新立異，以吸引客人注意　(B)隨便一些，可以讓客戶認同　(C)要刻意修飾，誇張自己的優點　(D)整齊清潔，爭取客人的好感與信賴。

(　) 11 顧客拒絕購買人壽保險的原因，通常是我們沒有做好？　(A)選擇、說明與充分的交誼　(B)選擇、說明與適當的建議　(C)選擇、拜託與適當的人情關係　(D)以上皆是。

(　) 12 解決客戶的經濟問題，最有保障且理想的方法是？　(A)投資公司　(B)民間互助會　(C)人壽保險　(D)借貸。

人身保險的售後服務

(　) 1 下列何者「不是」提高繼續率的方法？　(A)增加保戶對我們商品的瞭解及信心　(B)招攬後避不見面　(C)增加客戶對我們公司的瞭解及信心　(D)誠懇的售後服務。

(　) 2 代替客戶申請理賠，應具備什麼態度？　(A)可從中獲取利潤　(B)不想代辦，請客戶自己跑　(C)可將理賠原因做為其他案子的推動力　(D)以上皆非。

(　) 3 客戶對保單發生疑難的時候，為了表示我們熱誠的服務，所採取的最佳服務方式為？　(A)親自拜訪解釋　(B)用書信回答　(C)打電話解釋　(D)讓客戶失去信心，保單失效。

(　) 4 要成為優秀業務員的條件？　(A)投保後最好不要聯絡　(B)將舊保單全部解約改成新的　(C)以售後服務做為擴展業務的橋樑　(D)商品、條款簡略說明。

(　) 5 要與保戶維持良好的關係，最主要的基礎是？　(A)有親戚關係　(B)經常送禮　(C)有服務的誠意與能力　(D)以上皆非。

(　) 6 做售後服務時，應採用何種方式？　(A)去家中和他聊到三更半夜　(B)適當的時間，誠懇的態度　(C)在客戶公司走動　(D)每天都拜訪。

(　) 7 售後服務的方式為？　(A)親自拜訪　(B)電話通訊　(C)書信問候　(D)以上均可，視不同時機運用。

解答與解析

壽險行銷通路簡介

1 (B)。業務員能經由該系統的各項功能進行最完善的服務→客戶關係管理。

2 (C)。銀行為壽險重要的銷售管道，金管會要求其成立銀行保險經紀人、代理人，須另設保險櫃台銷售保險。

3 (D)。(A)(B)(C)皆須符合規定方得經營。

4 (A)。因為保險經紀人代保險公司銷售保險商品，故保險公司需支付其佣金。

5 (B)。透過客戶關係管理系統，可以提升各項金融理財服務達到交叉行銷的目的。

6 (D)

7 (D)。(1)直接行銷（不透過仲介）：賣方主動、買方主動。(2)間接行銷（透過仲介）：保險業務員、保險代理人、經紀人、銀行。

8 (B)。經由媒體徵求→直接增員。

9 (C)。直接行銷（不透過仲介）：賣方主動、買方主動。間接行銷（透過仲介）：保險業務員、保險代理人、經紀人、銀行。

10 (D)。進而針對客戶不同之生命週期規劃→需求導向。

11 (D)。整合行銷：也稱交叉行銷，金控集團屬水平整合行銷。

壽險行銷工作的基本觀念

1 (D)　**2 (C)**

3 (B)。最重大的意義→協助客戶獲得，幸福生活的保障。

4 (D)。必須顧及→能顧及越全面越好。

5 (A)。(3)只求獲取最多的佣金→不是「只求」。

6 (A)。(B)(C)(D)不是觀念。

7 (A)

8 (B)。意義崇高→可以幫助人們，順利追求幸福的人生。

9 (B)

10 (C)。(C)以客戶的需求為出發點。

11 (D)　**12 (D)**

家庭財務安全規劃與人身保險

1 (A)

2 (A)。(A)二人的養老資金＝每月生活費×0.7×12個月×退休時丈夫的平均餘命。(C)妻子寡居期間計算法，(D)丈夫寡居期間計算法。

3 (D)。壽命不斷延長→因此配偶的安葬費用不在擔心的範圍。

4 (D)。應急預備金＝醫療預備金＋喪亡處理預備金＋借款償還金＋臨時預備金（生活費×3個月）

5 (C)。支出與收入成正比。

6 (A)。(A)養育子女期間經濟負擔最大。

7 (D)

8 (C)。保障生活的更高觀點來利用人身保險→(C)生活的保障。

9 (C)。妻子寡居期間計算法：丈夫死亡時，妻子的平均餘命計算。

10 (B)。應急預備金＝醫療預備金＋喪亡處理預備金＋借款償還金＋臨時預備金（生活費×3個月）

11 (B)。臨時預備金＝目前每個月的生活費×3個月。

行銷活動

1 **(D)**。舊客戶或由其推薦的其他客戶常是新成交的最大來源。(A)(B)(C)與業務員是直接關係。

2 **(D)**。準保戶卡→準保戶檔案→現役檔案→預備檔案→保戶檔案。

3 **(A)**。達到客戶關係管理的好處→各種資訊E化的運用。

4 **(A)**。行銷工作最重要的是→要懂得如何尋覓準保戶。

5 **(D)** 6 **(B)** 7 **(A)**

8 **(A)**。準保戶：經過選擇，認為值得拜訪行銷的人。

9 **(A)**。保險不排斥有前科之人。

10 **(C)**。準保戶的條件：身體健康、需要保險、付得起保費、便於拜訪。

11 **(D)**

行銷的過程

1 **(B)**

2 **(D)**。保險業利用網路投保及簽發的保單不限於紙本保單，也可用電子保單來發送。

3 **(C)**

4 **(B)**。使客戶領悟問題→問答法。

5 **(D)**。自己→效用→商品。

6 **(C)**。事前準備充足有助提高成功率。

7 **(C)** 8 **(A)** 9 **(A)** 10 **(D)** 11 **(B)**

12 **(C)**。解決經濟問題：儲蓄、股票、投資、互助會等，但只有保險能兼顧保障。

人身保險的售後服務

1 **(B)**。舊客戶或由其推薦的其他客戶常是新成交的最大來源。

2 **(C)**。人壽保險大都是長期契約，因此我們應做好售後服務。

3 **(A)**。為了表示我們熱誠的服務→(A)親自拜訪解釋。

4 **(C)**。舊客戶或由其推薦的其他客戶常是新成交的最大來源。

5 **(C)** 6 **(B)**

7 **(D)**。售後服務的方式為：親自拜訪、書信電子郵件問候、電話通訊等。

焦點觀念題組

生活／保險規劃書

( )　**1** 一般人壽保險設計招攬的步驟為？
(1)情報的蒐集及整理　　　　　(2)編製生活規劃書
(3)編製保險規劃書　　　　　　(4)保障規劃之建議與說明。
(A)(1)(2)(3)(4)　　　　　　　(B)(2)(3)(4)(1)
(C)(3)(4)(2)(1)　　　　　　　(D)(1)(4)(3)(2)。

( )　**2** 下列何者可以讓客戶徹底瞭解必需準備的金錢，並提供適當的具體準備
方式？
(A)家庭計劃　　　　　　　　　(B)保險計劃書
(C)生活設計書　　　　　　　　(D)保險契約書。

( )　**3** 利用生命週期表，考慮家庭將來的經濟需要，配合其時間，做有計畫的準
備方式，一般稱為？
(A)養老準備　　　　　　　　　(B)人生規劃
(C)生活規劃　　　　　　　　　(D)前程設計。

( )　**4** 下列何者是向顧客說明壽險公司提供的保障內容，用來解決家庭經濟問題
的最有效方式？
(A)生活規劃書　　　　　　　　(B)家庭計劃書
(C)保險契約書　　　　　　　　(D)保險計劃書。

( )　**5** 編製生活規劃書的目的在幫助客戶？
(A)準備他所需要的預備金
(B)瞭解他所需要的費用
(C)趁早準備他所需要的費用
(D)如何利用人壽保險來準備他所需要的各項費用。

解答與解析

生活／保險規劃書

1 (A)。生活規劃書→用於了解需求；保險規劃書→用於解決問題。

2 (C)。生活規劃書：讓客戶瞭解必要準備的金錢，以提早準備，以免經濟陷入絕境。

3 (C)

4 (D)。保險規劃書：目的在於如何利用保險來準備所需的各種費用。

5 (B)。(A)(C)(D)為保險計劃書。

Lesson 09 | 人身保險契約

課前導讀

本課正式進入到保險法規，開始要接觸關於法律的概念和名詞。我們力求圖文並重，讓你可以從拗口的法律敘述中解脫，輕鬆愉快的理解法律概念。

保單條款

重點 合約是否記載清楚

四要件 人身保險契約成立的原理原則

六大基本原則 當事人與關係人各是誰需要負擔的責任跟義務

名師教學

https://reurl.cc/oDpo1l

重點 ① 保險契約的成立要件 本重點依據出題頻率區分，屬：B 頻率中

保險契約的成立要件，有四點：★★

(一) **雙方當事人具有行為能力**

```
出生        7歲                18歲
  無行為能力      限制行為能力        完全行為能力
```

| 未成年人，由法定代理人代為意思表示。 | 未成年人，意思表示應得到法定代理人允許。 | 成年人，能獨立為有效法律行為的能力。 |

(二) **意思表示一致**：民法第153條規定，當事人互相表示意思一致者，無論其為明示或默示，契約即為成立。

(三) **支付對價**：雙方約定，「要保人」交付保險費予「保險人」，「保險人」於「被保險人」在契約年限內發生保險事故或約定情況時，支付一定金額之保險契約。

(四) **合法、不違反公序良俗**：民法第71、72條規定，法律行為違反強制或禁止之規定，或有悖於公共秩序或善良風俗者，無效。

（保險公司）保險人　　要保人　　保險費　　保險合約

知識補給站

1. 人身保險契約可為自己及他人利益，一般契約大都為自己利益。
2. 保險法規定，若契約條款顯有不公平情事者，則該部分條款之無效。

小試身手

(　) **1** 下列何者不是保險契約之成立要件？　(A)受益人與被保險人間須有保險利益　(B)意思表示一致　(C)要保人須具有行為能力　(D)支付對價。

答 **(A)**。成立要件：契約之雙方具有行為能力、意思表示一致、支付對價、合法且不違反公序良俗。(A)是原則，非要件。

(　) **2** 以限制行為能力人為要保人訂立保險契約，下列何者為其保險契約生效方式？　(1)經法定代理人事前允許　(2)該要保人於限制原因消滅後自己承認　(3)亦可經法定代理人事後承認　(4)縱使經法定代理人事後承認，保險契約亦未能生效。　(A)(1)(2)(4)　(B)(1)(2)(3)　(C)(1)(2)　(D)(1)(2)(3)(4)。

答 **(B)**。(4)經法定代理人事後承認，保險契約生效。

(　) **3** 人身保險契約的訂定與一般契約性質之不同點在於？　(A)均為他人利益　(B)均為自己利益　(C)人身保險契約可為自己及他人利益，一般契約大都為自己利益　(D)人身保險契約係為自己的利益，一般契約則為他人利益訂立。

答 **(C)**。人身保險契約→可為自己及他人利益；一般契約→多為自己利益。

本重點依據出題頻率區分，屬：**A**頻率高

重點 ② 人身保險契約中的相關之人

一、人身保險契約的當事人與關係人 ★★

契約由「保險人」及「要保人」意思表示一致而成立，是契約當事人。人身保險尚有為他人的利益而訂立，故還有「受益人」和「被保險人」兩種契約關係人。

(一) 當事人與關係人

1. 契約當事人：保險人、要保人。
2. 契約關係人：受益人、被保險人。

(二) 範例

林媽媽（要保人）替林爸爸（被保險人）向大大保險公司（保險人）投保意外險，契約載明：若林爸爸（被保險人）意外身故，則兒子林小明（受益人）可領到100萬元保險理賠金。

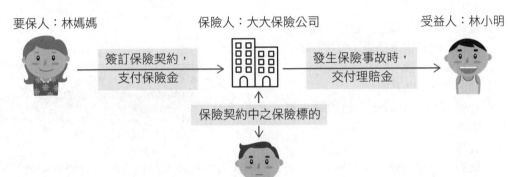

要保人：林媽媽　　　　　保險人：大大保險公司　　　　　受益人：林小明

簽訂保險契約，支付保險金　→　發生保險事故時，交付理賠金　→

保險契約中之保險標的

被保險人：林爸爸

二、保險人 ★★★

(一) 定義：經營保險事業之法人。

(二) 組織：以「股份有限公司」或「合作社」為限。

(三) 權利：契約成立時，有保險費之請求權。

(四) 義務：事故發生時，依約負保險金之給付責任。

(五) 資本額：最低實收資本額為20億元。

(六) 主管機關：金管會。

> 知識補給站

1. 合作社預定社員人數≧500人。
2. 保險契約由保險公司決定，要保人無修改權利，基於衡平原則：
   (1)契約內容須主管機關核准。
   (2)有疑義時，作有利被保險人之解釋。
   (3)要保人有契約撤銷權。

三、要保人 ★★★

(一) 定義：向保險人訂約，並交付保險費之人。

(二) 資格

1. 可以是**自然人**（個人投保），或**法人**（團體投保）。

2. **無行為能力、無意識中、或精神錯亂中者，訂立之契約無效。**

3. **限制行為能力人，經法定代理人允許，方得訂立契約。**

4. 保險契約得委由他人代理訂立，但應載明意旨。

> **奪分密技**
> 「限制行為能力人」訂定保險契約之生效方式：
> 1. 限制原因消滅後自己承認。
> 2. 經法定代理人事前允許，或事後追認。

(三) 權利：契約的指定、變更、處分權。

1. 受益人的指定及變更（須被保險人書面同意）。

2. 申請保單貸款。

3. 設定保費自動墊繳。

4. 行使契約「撤銷權」和「終止權」，並領回解約金。

> **名師提點**
> 保單借款、撤銷權、終止權於下一堂課有完整說明。

(四) 義務

1. 依約交付保險費。（民國109年起，保險人員需確認保戶繳交保費的資金來源。若保戶於投保前3個月內，由同一銀行或保險公司貸款或保單借款者，保險公司不得承保。）

2. 負有「告知」義務：投保時，向業務員說明被保險人的情況。

3. 負有「通知」義務：

   (1) 承保後，狀況有異動之通知。

   (2) 知悉保險事故，應於法定或約定期間內通知保險公司。

四、被保險人 ★★★

(一) 定義：契約中以其生命或身體作為保險標的，故只能是自然人。

(二) 資格：要保人以他人為被保險人，須對其有保險利益。

> **名師提點**
> 「保險利益」於本課重點3有完整說明。

被保險人 ← 保險利益 — 要保人 — 保險契約 → 保險人

保險利益：
要保人對被保險人有經濟上的利害關係。
例如：子女對父母、債權人對債務人，有保險利益。

(三) 「未滿15歲」之未成年人之保險給付

滿15歲

未滿15歲前死亡：
1.限額給付61.5萬元的「喪葬費用」。
2.返還保險費
　(1)壽險及傷害險
　　→加計利息返還所繳保險費。
　(2)投資型保險
　　→返還專設帳簿之帳戶價值。

滿15歲後死亡：
依約給付死亡保險金。

> **名師提點**
> 保險法第107條：喪葬費用金額為遺產稅法喪葬費扣除額之半數。即→喪葬費扣除額123萬÷2＝61.5萬。

(四) 心智障礙之人的保險給付：死亡時，限額給付61.5萬元的「喪葬費用」，其餘部分無效，保險人須無息退還已繳保費。

> **名師提點**
> 心智障礙指精神障礙、或心智缺陷，致不能辨識其行為，或欠缺依其辨識而行為之能力者。

全部死亡給付　○　喪葬費用給付，最多61.5萬

　　　　　　　×　其餘死亡給付部分，無效

五、受益人 ★★★

(一) **定義**：保險事故發生後，有權獲得保險金給付的人。受益人沒有人數限制。

(二) **資格**
　1. 可為自然人、或法人。
　2. 可為胎兒，但以非死產者為限。

> **奪分密技**
> 受益人請求保險金時，**以生存者為限**。

(三) **產生方式**：有三種。
　1. 約定：方式有二種，於保險契約上載明：
　　(1) 受益人的姓名，和跟被保險人的關係。
　　(2) 約定受益人的選擇方法
　　　→訂約時人選未確定，保險事故發生時可確定。（例如：約定受益人為現任配偶）
　2. 指定
　　(1) 不載明於契約中，要保人以其他方式（例：遺囑）指定人選。
　　(2) 遺產問題（依死亡先後討論）：
　　　A. 受益人（早歿），被保險人（晚歿）→保險金為被保險人之遺產。
　　　B. 被保險人（早歿），受益人（晚歿）→保險金為受益人之遺產。
　　　C. 死亡保險未指定受益人→保險金為被保險人之遺產。

3. 法定：保險法第45條規定：受益人有疑義時，推定要保人為自己之利益而訂定。即法律推定以要保人為受益人。

(四) **變更**

1. 做法

```
要保人        被保險人        最後須通知
有變更權  ➡   有同意權   ➡  「保險人」
```

2. 時間點：於訂立契約時，或保險事故發生前，得指定或變更受益人。

3. 必要文件

(1) 保單。

(2) 變更申請書。

(3) 被保險人書面同意書。

> **名師提點**
> 1. 以避免道德危險，並貫徹要保人使受益人受益之初衷。
> 2. 受益人指定後，要保人除聲明放棄處分權外，仍得以契約或遺囑處分之。

(五) **轉讓**：受益人不得轉讓受益權。但有下列條件者例外：

1. 要保人同意，如有被保險人，須有其書面承認。

2. 保單載明允許轉讓。

(六) **喪失**：受益人故意傷害被保險人者，喪失其受益權。

1. 若有其他受益人，則按原比例分配剩餘受益權。

2. 若無其他受益人，則保險金為被保險人之遺產。

(七) **分類**：受益人因保險給付之不同，可分為以下5類。

受益人依給付不同分類	說明
1. 滿期受益人	在生存險或生死合險中，得受領滿期給付之人。
2. 身故受益人	被保險人身故時，得受領身故保險金之人。
3. 失能或醫療給付之受益人	被保險人身體遭受殘疾或必須就醫時之保險給付，**受益人以被保險人本人為限，且不得事後變更**。
4. 年金保險受益人	(1) 被保險人生存時：被保險人本人，不得指定變更。 (2) 被保險人死亡後：為指定之年金身故受益人。
5. 紅利受益人	由要保人為其受益人。

知識補給站

1. 團體保險之死亡受益人的指定及變更：以被保險人之家屬或其法定繼承人為限。

2. 受益人對被保險人之故意：

(1) 故意致殘廢，保險公司應給付被保險人殘廢保險金。

(2) 故意致死，尚有其他受益人，其他受益人得申領全部保險金。

(3) 故意未致死，該受益人喪失受益權。

小試身手

(　　) **1** 人身保險契約的當事人是？　(A)保險人及受益人　(B)被保險人及受益人　(C)要保人及保險人　(D)保險人及被保險人。

　　答 (C)。當事人：要保人、保險人。關係人：被保險人、受益人。

(　　) **2** 下列有關受益人產生之敘述何者為是？　(A)無人數的限制　(B)受益人有疑義時，推定要保人為自己之利益而訂立　(C)可為約定、指定、法定　(D)以上皆是。

　　答 (D)。(B)法律推定以要保人為受益人。

(　　) **3** 下列有關保險人之規定，何者為非？　(A)目前國內之保險公司均為股份有限公司　(B)非保險業不得兼營保險或類似保險之業務　(C)保險法之規定，保險業之組織以股份有限公司或合作社為限　(D)人身保險人可為法人或自然人。

　　答 (D)。(D)只能為法人（社團法人）。

重點 ③ 保險契約的基本原則 本重點依據出題頻率區分，屬：**A** 頻率高

一、保險的六大原則 ★★

(一) 六大原則

　1. 保險利益原則。　　　　2. 最大誠信原則。　　　　3. 主力近因原則。
　4. 損害填補原則。　　　　5. 分攤原則。　　　　　　6. 保險代位原則。

(二) 原則適用性

　1. 損害填補原則、分攤原則：**部份適用於人身保險。**
　2. 保險代位原則：**不適用於人身保險。**

二、保險利益原則 ★★★

名師教學

立即看私房講解

保險利益原則

重要 **必考**

要保人對於被保險人必須存在保險利益，而非被保險人對於受益人。

(一) **意義**：或稱「可保利益」，指「要保人」對於「被保險人」之生命或身體因具有利害關係，而可享有之合法經濟利益。

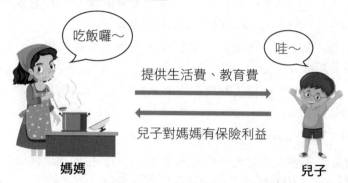

(二) **對象**：對以下之人，要保人有保險利益。（保險法第16條）

對象	解說
1.本人或其家屬。	民法：以永久共同生活為目的同居一家者為家屬。 (1) 同居一家共同生活的親屬，視為家屬。 (2) 同居一家共同生活的非親屬，也視為家屬。
2.生活費或教育費所仰給之人	例如： (1) 子女對父母有保險利益。 (2) 雙薪家庭的夫妻之間，互有保險利益。
3.債務人	債權人僅能對債務人所欠金額有保險利益。
4.為本人管理財產或利益之人	例如： (1) 雇主對其雇員有保險利益。 (2) 事業合夥人之間，互有保險利益。

(三) **目的**
1. 避免賭博行為：要保人以無關之人的生命為標的簽訂保險契約，若此人死亡則得到理賠；若沒死，則損失保險費，與賭博無異。
2. 防止道德危險。

隨便找個人的生命賭一把

三、最大誠信原則 ★★

(一) **意義**：簽約時，要保人或被保險人應將跟被保險人相關的重要事實告訴保險人。

(二) **法條**：保險法第64條規定，要保人對保險人之**書面詢問**，應據實說明。若隱匿、遺漏、或不實，足以改變對危險之估計，保險人得解除契約，即使危險發生後亦同。

奪分密技
條文雖未明訂被保險人為告知義務人，但依現行見解，仍應負告知義務。

四、主力近因原因 ★★

(一) **意義**：導致被保險人死傷的**「最主要」或「最有效」的原因**，而非「最直接」或「最接近」的原因。

若原因有數個，且之間存在因果關係，則最先發生且造成後續連串事故的原因，即為「主力近因」。如下圖的「原因1」。

> **奪分密技**
> 主力近因類似民法的相當因果關係，法院判決通常也採用此原則。

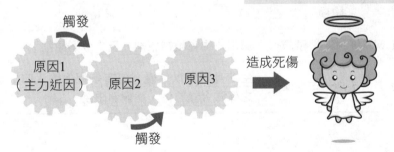

(二) **案例**

1. 被保險人開車時因哮喘病發，在路中央突然煞車而遭後車撞擊導致身亡。哮喘引發車禍，車禍再造成死亡，故主力近因是哮喘，而非車禍意外，因此意外險不予理賠。

2. 被保險人因頭暈而將車子緩靠路邊後休息，而後遭後車撞擊導致身亡。頭暈停靠路邊不會觸發車禍，死亡乃因後車不注意造成，故主力近因是車禍，意外險需理賠。

五、損害填補原則 ★★

(一) **意義**：被保險人因保險事故遭受之損失，獲得之賠償應恰好能恢復至事故發生前的情況。

(二) 適用性

險種	適用性
1.**財產保險**	**大多適用此原則。**
2.實支實付之健康險	以醫療時的實際費用支出給付，適用此原則
3.人身保險	**生命身體難以估價，故僅能按約定之保額來給付。**

六、分攤原則 ★★★

(一) **意義**：也稱「攤派原則」，指不同保險人之間，對同一保險事故，共同分攤理賠金額。
被保險人有多張保單可理賠（複保險），**保險人之間**應共同分攤，才不使被保險人有不當獲利。

> **名師提點**
> 由「損害填補原則」延伸而來。

> **奪分密技**
> 要保人對同一保險利益、同一保險事故與數家保險公司分別訂立保險契約稱為「複保險」。

(二) **適用性**

險種	適用性
1.實支實付之健康險	**適用「損害填補原則」及「分攤原則」。**
2.人壽保險、年金保險	**生命身體難以估價，若有多個保險人時，皆需依約定之保險金額給付，總額無限制。**

七、保險代位原則 ★★★

(一) 意義
 1. 又稱「代位求償」，或「權利代位」。
 2. 指保險人給付保險賠償金後，代位被保險人，對加害第三人行使請求賠償。

> **奪分密技**
> 請求的賠償金額 ≦ 給付的理賠金額

(二) **雙重獲利之避免**：被保險人若同時向保險人和加害第三人申請賠償便有雙重獲利之可能，違反「損害填補原則」，故以「代位求償」讓加害者負最終之責。

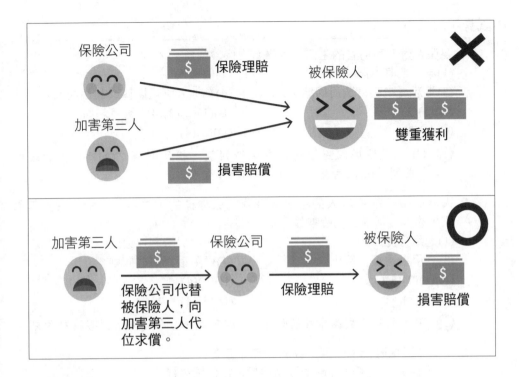

(三) 適用性

1. **財產保險：大多適用。**

2. 人身保險：保險法第103條規定，**人壽保險之保險人，不得代位行使對於第三人之請求權。** 健康保險、傷害保險、年金保險亦同。

知識補給站

六大原則之保險適用性

原則	人身保險	財產保險
1.保險利益原則	適用	適用
2.最大誠信原則	適用	適用
3.主力近因原則	適用	適用
4.損害賠償原則	僅適用：實支實付型健康保險	適用
5.風險分攤原則	僅適用：實支實付型健康保險	適用
6.保險代位原則	不適用	適用

小試身手

( ) **1** 要保人對下列何者的生命或身體有「保險利益」？
(1)本人或其家屬 　　　　(2)債權人
(3)生活費或教育費所仰給之人 (4)為他人管理財產或利益之人。
(A)(1)(2) 　　　　　　　　(B)(1)(2)(3)(4)
(C)(1)(3) 　　　　　　　　(D)(3)(4)。

　答 (C)。(2)債權人對債務人有保險利益，相反則無；(4)為他人管理財產或利益之人對要保人才有保險利益。

( ) **2** 人壽保險契約是以人的生命或身體為保險標的，很難用金錢去估計其價值，故人壽保險適用那些原則？
(1)適用分攤原則 　　　　　(2)適用保險利益原則
(3)適用損害填補原則 　　　(4)適用最大誠信原則。
(A)(1)(2)(3)(4) 　　　　　　(B)(2)(4)
(C)(2)(3)(4) 　　　　　　　(D)(3)(4)。

　答 (B)。因無法對生命身體估價，所以不適用分攤原則、損害填補原則。

( ) **3** 下列有關保險代位原則之敘述，何者正確？
(A)人身保險與產物保險依法均得代位行使請求權
(B)人壽保險不得代位行使請求權
(C)指事故發生時，由保險人代位行使被保險人對第三人之請求權
(D)以上皆是。

　答 (B)。(A)適用財產保險，不適用人身保險；(C)事故發生後，需在保險人給付賠償金後才可以代位行使。

實戰演練

保險契約成立的要件

(　) **1** 下列何者不是限制行為能力人訂定保險契約之生效方式？　(A)於限制原因消滅後自己承認　(B)經其法定代理人事後承認　(C)經其法定代理人事前允許　(D)經受益人同意。

(　) **2** 下列何者為保險契約的成立要件？　(1)訂立契約之雙方當事人必須具有行為能力　(2)意思表示一致　(3)支付對價　(4)合法、不違反公序良俗。(A)(1)(2)　(B)(1)(2)(3)　(C)(1)(2)(4)　(D)(1)(2)(3)(4)。

(　) **3** 依民法第153條第1項之規定，當事人互相表示意思一致者，無論其為何，契約即為成立？　(A)明示　(B)默示　(C)明示或默示　(D)書面或口頭。

(　) **4** 依民法規定，下列敘述何者有錯？　(A)未滿七歲之未成年人，無行為能力　(B)滿七歲以上之未成年人，有限制行為能力　(C)未成年人已結婚者，有行為能力　(D)滿二十歲為成年。

(　) **5** 保險法第54-1條規定，若契約的部分條款顯有不公平的情事者，則該契約？　(A)自始無效　(B)可以撤銷　(C)該部分條款之約定無效　(D)該部分條款之約定有效。

(　) **6** 保險契約成立的第一個要件？　(A)雙方當事人必須具有行為能力　(B)意思表示一致　(C)支付對價　(D)合法、不違反公序良俗。

(　) **7** 當事人雙方互為對價關係的給付契約，稱為？　(A)有償契約　(B)無償契約　(C)附合契約　(D)諾成契約。

(　) **8** 關於行為能力之敘述，何者為非？　(A)未成年人不具有完全行為能力　(B)滿7歲之未成年人為限制行為能力人　(C)未成年人已結婚者，仍為限制行為能力人　(D)無行為能力人，須由法定代理人代為意思表示。

(　) **9** 要保人交付於保險人做為其負擔危險責任對價的金錢稱為？　(A)保險費　(B)理賠金　(C)解約金　(D)保險金。

人身保險契約中的相關之人

(　) **1** 要保人訂立契約須？　(A)只要有限制行為能力　(B)不須具有行為能力　(C)具有行為能力　(D)以上皆是。

( ) **2** 無行為能力的人所訂立的保險契約？ (A)無效 (B)經受益人同意者有效 (C)有效 (D)經被保險人同意者有效。

( ) **3** 人壽保險保險費的性質是？甲、應由要保人交付；乙、可以分期交付；丙、其利害關係人亦可代為交付；丁、可以訴訟請求？ (A)甲乙丙 (B)甲丙丁 (C)乙丙丁 (D)甲乙丙丁。

( ) **4** 以未滿15歲之未成年人所訂立何種保險契約，死亡給付於被保險人滿15歲之日起發生效力？ (A)人壽保險 (B)年金保險 (C)健康保險 (D)產物保險。

( ) **5** 以精神障礙或其他心智缺陷，致不能辨識其行為或欠缺依其辨識而行為之能力者為被保險人，除喪葬費用之給付外，其餘死亡給付部分無效，其喪葬費用保險金額不得超過？ (A)200萬元 (B)無限制 (C)遺贈稅法喪葬費扣除額1／2，即61.5萬元 (D)遺贈稅法身心障礙特別扣除額。

( ) **6** 非無行為能力的人在「無意識或精神錯亂中」所訂立的保險契約？ (A)有效 (B)經被保險人同意者有效 (C)無效 (D)視情況而定。

( ) **7** 人身保險契約之內容原則上均由何人所決定？ (A)保險人 (B)要保人 (C)受益人 (D)被保險人。

( ) **8** 人身保險契約為當事人約定，一方交付保險費於他方，他方對於被保險人在規定期限內發生保險事故時，支付一定金額之契約，其中受益人之「他方」係指？ (A)保險人 (B)要保人 (C)被保險人 (D)受益人。

( ) **9** 人壽保險之受益人，依保險法第110條之規定？ (A)僅得指定一人 (B)僅得指定數人 (C)得指定一人或數人 (D)僅得指定自然人。

( ) **10** 人壽保險受益人之受益權如欲轉讓他人須具備何種條件之一？ (A)經保險人同意 (B)經要保人同意，如另有被保險人，尚須經其書面承認 (C)經要保人同意，如另有被保險人，無須經其書面承認 (D)保險契約不須轉戴明允許轉讓。

( ) **11** 人壽保險受益人就是在保險事故發生後，有權獲得保險金給付之人，受益人之人數？ (A)沒有限制 (B)最多一人 (C)最多三人 (D)若人數太多，則由法院裁定。

( ) **12** 人壽保險契約之內容均由保險公司一方面所決定，要保人並無討價的餘地，基於衡平之原則，有何補救之措施？ (A)契約條款之內容須經主管機關之核准 (B)當契約條款有疑義時，應作有利於被保險人一方之解釋 (C)要保人可行使契約撤銷權 (D)以上皆是。

(　　) **13** 人壽保險契約的「關係人」是？　(1)要保人　(2)保險人　(3)被保險人　(4)受益人　(A)(1)(2)　(B)(2)(3)　(C)(1)(3)　(D)(3)(4)。

(　　) **14** 人壽保險契約的要保人不可以是？　(A)法人　(B)精神錯亂者　(C)限制行為能力人，但經法定代理人同意　(D)自然人。

(　　) **15** 人壽保險契約除記載保險金額、保險事故之種類等外，並應載明？　(A)招攬人與被保險人之關係　(B)保險人與受益人之關係　(C)受益人與被保險人之關係　(D)要保人與受益人間之關係。

(　　) **16** 下列有關受益人產生之敘述何者為非？　(A)與被保險人間須有保險利益存在　(B)受益人有疑義時，推定要保人為自己之利益而訂立　(C)可分為約定、指定、法定　(D)以上皆非。

(　　) **17** 下列何者「不得」為保險契約的受益人？　(A)法人　(B)胎兒，但以將來非死產為限　(C)自然人　(D)以上皆非。

(　　) **18** 下列敘述何者正確？　(A)保險契約有效期間是要保人與保險公司約定，交付保險費的期間　(B)受益人是指保險事故發生時身體遭受損害，而享有賠償請求權之人　(C)受益人是指經要保人指定，享有保險金請求權的人　(D)團體保險契約之死亡受益人由要保人指定。

(　　) **19** 下列敘述何者正確？　(A)被保險人、要保人為保險契約的關係人　(B)被保險人、保險人為保險契約的關係人　(C)被保險人、保險人為保險契約的當事人　(D)要保人、保險人為保險契約的當事人。

(　　) **20** 下列敘述何者為正確？　(A)人身保險契約之當事人，一般係指保險公司與被保險人　(B)以未滿14歲之未成年人、心神喪失或精神耗弱之人為被保險人，除喪葬費用之給付外，其餘死亡給付部分仍有效　(C)要保人無行為能力者所訂立的保險契約經法定代理人承認後仍為有效　(D)人身保險的被保險人是以其生命、身體為保險之標的。

(　　) **21** 下列敘述何者為非？
(A)以精神障礙之人為被保險人，不得投保含有死亡給付之人壽保險契約，否則契約無效
(B)以未滿15歲之未成年人所訂立之人壽保險及傷害保險契約，死亡給付於其滿15歲之日始生效力
(C)以精神障礙之人為被保險人，其簡易人壽保險之保險金額亦受主管機關規定之喪葬費用額度限制
(D)以精神障礙之人為被保險人，其喪葬費用不得超過遺產稅喪葬費用扣除額之一半。

( ) **22** 下列敘述何者為是？ (1)要保書是要保人申請投保時所填寫的書面文件，除務必親自填寫及簽名，並據實告知及聲明 (2)要保人檢附保險單即可申請各種保險單內容的變更及更正或是保單借款 (3)完整的保險契約通常包含了保險單、要保書及其他約定書等必備的文件 (4)依據保險法規定，要保人是負有交付保險費義務之人。 (A)(1)(3)(4) (B)(1)(2)(4) (C)(2)(3)(4) (D)(1)(2)(3)。

( ) **23** 未滿15歲之未成年人所訂立之人壽保險及傷害保險契約，其死亡給付為？ (A)保額 (B)加計利息退還所繳保費 (C)保費 (D)保單價值準備金。

( ) **24** 年金保險契約約定有被保險人死亡後給付保險金者，該保險金之受益人應為？ (1)不限於請求保險金額時生存者 (2)以請求保險金額時生存者為限 (3)指定後要保人除聲明放棄處分權者，仍得以契約或遺囑處分之 (4)經指定後，要保人即不得以契約或遺囑處分之。 (A)(1)(4) (B)(1)(3) (C)(2)(4) (D)(2)(3)。

( ) **25** 有關人身保險受益人的敘述何者正確？ (A)以自然人為主 (B)有一定人數規定 (C)約定情況發生時，有權獲得保險金 (D)受益人經指定後不可以變更。

( ) **26** 有關人身保險被保險人之敘述何者正確？ (A)不可以他人身體為保險標的訂立保險契約 (B)被保險人可以為法人 (C)債權人可以債務人為被保險人投保 (D)要保人與被保險人間不須有保險利益。

( ) **27** 死亡保險契約，要保人所指定之受益人如在被保險人死亡後才身故，且保險公司尚未給付保險金時，則保險金應作為？ (A)被保險人之遺產 (B)要保人之遺產 (C)歸屬國庫 (D)受益人之遺產。

( ) **28** 依保險法第45條規定，受益人有疑義時，推定 _____，而訂立。 (A)要保人為自己之利益 (B)被保險人為自己之利益 (C)要保人為被保險人之利益 (D)要保人為受益人之繼承者利益。

( ) **29** 依保險法第135-3條規定，年金保險之受益人在被保險人生存時為？ (A)保險人 (B)受益人 (C)被保險人 (D)要保人。

( ) **30** 依保險法規定，人身保險合作社之預定社員人數不得低於？ (A)800 (B)1000 (C)500 (D)100人。

( ) **31** 依據保險法之規定，受益人於請求保險金時，應以 _____ 為準。 (A)成年者 (B)生存者 (C)有保險利益者 (D)以上皆是。

( ) **32** 受益人的產生方式？ (A)約定 (B)指定 (C)法定 (D)以上皆是。

(　) **33** 受益人經要保人指定後，要保人對其保險利益，何者為是？　(1)不得變更 (2)得變更，但不得聲明放棄處分權　(3)得聲明放棄處分　(4)未聲明放棄處分權者，保險事故發生前仍得以契約或遺囑處分之。　(A)(2)(3)　(B)(3)(4) (C)(1)　(D)(1)(3)。

(　) **34** 保險公司接到要保人申請保險單借款，應於 _____ 貸給可借之金額。 (A)半年內　(B)3個月內　(C)2個月內　(D)1個月內。

(　) **35** 保險法第107條規定，未成年人投保含死亡保險金之傳統人壽保險契約， 於達到法定投保年齡「前」身故者，保險公司應？　(A)返還帳戶價值 (B)得加計利息退還所繳保險費　(C)返還保單價值準備金　(D)依約給付保 險金。

(　) **36** 保險金如作為被保險人之遺產時，有權領取該保險金者（受益人）為？ (A)國庫　(B)要保人　(C)被保險人雇主　(D)被保險人之法定繼承人。

(　) **37** 保險金受領人為數人時，其受益之分配應詳載於保險單，如其數額尚未確 定者，應依民法規定？　(A)墊交保費之受益人可獨得　(B)平均分受其權 利　(C)隨便分配　(D)先往領取者可多分配。

(　) **38** 關於保險契約，下列何者為是？　(A)不適用民法有關代理之規定　(B)得由 代理人訂立且不須載明代訂之意旨　(C)不得由代理人代訂　(D)得由代理 人訂立，但應載明代訂之意旨。

(　) **39** 保險契約有疑義時，應作有利於何人的解釋為準？　(A)被保險人　(B)受益 人　(C)保險人　(D)以上皆非。

(　) **40** 按照我國保險法規定，死亡保險契約沒有指定受益人時，其保險金額如何 處理？　(A)歸屬國庫　(B)作為被保險人遺產　(C)歸屬要保人　(D)作為要 保人遺產。

(　) **41** 某甲以本人為被保險人投保人壽保險，指定受益人為「某妻乙」，嗣後 某甲離婚後再娶「某丙」，則保險事故發生時之受益人為？　(A)某乙 (B)某丙　(C)乙丙均分　(D)國庫。

(　) **42** 若眾多受益人中，有一人為維持保險契約效力而代為繳付保險費，則該名 受益人？ (A)不因而取得保險契約所生之全部權利，必須與其他受益人依規定分配 (B)可單獨取得保險契約所生之全部權利 (C)可分配較多保險金額 (D)以上皆非。

( ) **43** 若被保險人投保人壽保險或傷害保險，而於未滿十五足歲前因故意或不法原因致死者：
(A)保險公司僅需無息退還所繳保險費予要保人或應得之人，不負給付身故保險金之責
(B)保險公司僅需加計利息退還所繳保險費予要保人或應得之人，不負給付身故保險金之責
(C)保險公司不負給付責任，亦無須退還所有已繳之保險費
(D)保險公司不負給付責任，但需支付應付之喪葬費。

( ) **44** 要保人的資格？ (A)只能是法人 (B)只能是自然人 (C)可以是自然人或法人 (D)無明文規定。

( ) **45** 要保人破產時，保險契約約定有受益人者，該保險仍為_____，之利益而存在。 (A)要保人 (B)受益人 (C)被保險人 (D)保險人。

( ) **46** 訂約時，要保人或被保險人已知保險事故已發生者，其契約？ (A)有效 (B)無效 (C)得終止 (D)得解約。

( ) **47** 負有交付保險費義務之人是？ (A)要保人 (B)受益人 (C)保險人 (D)被保險人。

( ) **48** 旅行平安險之殘廢保險金應由何人具領？ (A)被保險人本人 (B)指定受益人 (C)要保人 (D)被保險人的繼承人。

( ) **49** 從保險制度上言，人身保險人是指？ (A)經營人身保險事業的人 (B)投保人身保險的人 (C)招攬保險的人 (D)管理人身保險事業之主管官署。

( ) **50** 被保險人在要保書上受益人欄填寫配偶及配偶之姓名，亦聲明放棄處分權，事後離婚，而在保險事故發生前業已另行結婚，則其保險金應由誰申領？ (A)不一定，以經濟能力較差者為受益人 (B)現在之妻 (C)前妻及現在之妻均可 (D)離婚之前妻。

( ) **51** 張國強的父親曾於生前投保人身壽險貳佰萬元，並以張國強為受益人，但張國強一直到父親因疾病死亡後三年，始知有權利申領其父之理賠金，此時保險公司？ (A)張國強須證明確係不知其父投保事實才延遲申請，保險公司則應如額給付 (B)仍應如額給付 (C)得拒絕給其理賠金 (D)以上皆非。

( ) **52** 殘廢或醫療給付之受益人為？ (A)要保人 (B)保險人 (C)被保險人本人 (D)指定之身故受益人。

( ) **53** 團體保險殘廢保險金的受益人為？ (A)要保人 (B)被保險人之指定 (C)被保險人本人 (D)被保險員工之家屬。

( ) 54 對於要保人的敘述，何者錯誤？ (A)要保人是保險契約之關係人 (B)要保人可以為自然人或法人 (C)要保人須具有行為能力 (D)要保人對被保險人須具有保險利益。

( ) 55 依據保險法規定，要保人是指向保險公司申請訂立保險契約，並負有交付保險費義務之人；要保人的權利義務包含？ (1)投保時填寫要保書，並善盡告知義務 (2)交付保險費 (3)撤銷保險契約之權利 (4)知悉保險事故發生後，於法定或契約約定通知期間內通知保險公司，下列何者為是？ (A)(2)(3)(4) (B)(1)(2)(3)(4) (C)(1)(2)(3) (D)(1)(2)(4)。

( ) 56 保險契約有使要保人、受益人或被保險人拋棄或限制其依保險法所享權利之情事，依訂約時情形顯失公平者，該部分之約定？ (A)視當事人雙方協定其效力 (B)有效 (C)無效 (D)由要保人決定是否有效。

( ) 57 針對未滿15歲之被保險人投保人壽保險之死亡給付，哪一項描述正確？ (A)其年齡算法以保險年齡計算 (B)未滿15歲之被保險人投保人壽保險之死亡給付不得超過遺產稅喪葬費扣除額61.5萬 (C)滿15歲之日起，投保人壽保險之死亡給付發生效力 (D)以上皆是。

( ) 58 對於被保險人的敘述，何者錯誤？ (A)以精神障礙或其他心智缺陷，致不能辨識其行為或欠缺依其辨識而行為之能力者為被保險人，除規定之喪葬費用之給付外，其餘死亡給付無效 (B)訂立年金保險契約須經被保險人書面承認 (C)被保險人也可以為要保人 (D)以未滿15歲未成年人所訂立之人壽保險及傷害保險契約，死亡給付於被保險人滿15歲之日起發生效力。

( ) 59 依據主管機關規定，下列何種保險不在保險法第107條喪葬費用保險金額上限計算範圍內？ (A)終身保險 (B)簡易人壽保險 (C)年金保險 (D)傷害保險。

( ) 60 保險法107條規定，未成年人投保含死亡保險金之投資型壽險，達法定投保年齡前身故，保險公司？ (A)得加計利息退還所繳保險費 (B)應依約給付保險金 (C)應返還專設帳簿之帳戶價值 (D)應返解約金。

保險契約的基本原則

( ) 1 要保人對同一保險利益、同一保險事故與數家保險公司分別訂立數個保險契約稱為？ (A)合保 (B)再保險 (C)複保險 (D)分保。

( ) 2 保險法第16條有關保險利益之敘述，何者錯誤？ (A)要保人對為其自己管理財產或利益之人有保險利益 (B)要保人對自己有保險利益 (C)債務人對債權人有保險利益 (D)要保人對其家屬有保險利益。

( ) **3** 保險契約係為最大誠信下所訂定之契約,故業務員在 ＿＿＿＿＿ 須達到一定水準以上的要求,以免因其不誠實之行為,致保戶蒙受損失。 (A)品德操守上 (B)行銷技巧上 (C)專業技術上 (D)以上皆是。

( ) **4** (1)年金保險 (2)實支實付型的健康險商品 (3)人壽保險 (4)日額型的健康保險,以上何者適用分攤原則? (A)(1)(2) (B)(2)(4) (C)(1)(2)(3)(4) (D)(2)。

( ) **5** 下列何者不適用於人身保險? (A)主力近因 (B)保險利益 (C)最大誠信 (D)保險代位原則。

( ) **6** 下列何者屬保險契約所適用之六大原則? (1)保險利益原則 (2)最大誠信原則 (3)保守原則 (4)主力近因原則。 (A)(1)(2)(3)(4) (B)(1)(2)(4) (C)(1)(2)(3) (D)(1)(2)。

( ) **7** 下列敘述何者正確? (A)財產保險不適用保險代位 (B)保險代位又稱為權利代位 (C)因為人身無價,故人身保險適用代位原則 (D)要保人可代位行使被保險人對於第三人之損失賠償請求權。

( ) **8** 下列敘述何者錯誤? (A)因為人身無價,故人身保險不適用代位原則 (B)保險人於賠償後,須經被保險人同意,始得代位行使對於第三人損失賠償請求權 (C)財產保險適用保險代位原則 (D)保險代位又稱權利代位。

( ) **9** 下列對保險代位原則之敘述,何者為是? (1)人身保險完全適用 (2)須被保險人因保險事故發生對第三人有賠償請求權 (3)目的在防止被保險人獲致不當利益 (4)以上皆是。 (A)(1)(2) (B)(1)(2)(3)(4) (C)(2)(3) (D)(1)(3)(4)。

( )**10** 分攤原則其主要目的是? (A)確定保險人賠償責任 (B)使要保人不致不當得利 (C)使被保險人不致不當得利 (D)以上皆非。

( )**11** 甲以其公司委託某乙經營,則? (A)某甲對某乙具有保險利益 (B)某乙對某甲具有保險利益 (C)二者互有保險利益 (D)以上皆是。

( )**12** 甲提供生活費或教育費給乙,則? (A)甲與乙互無保險利益 (B)乙對甲有保險利益 (C)甲與乙互有保險利益 (D)甲對乙有保險利益。

( )**13** 有關保險代位原則之敘述何者錯誤? (A)須被保險人因保險事故發生對第三人有損失賠償請求權 (B)僅適用於人身保險 (C)其主要目的在防止被保險人因保險事故的發生而獲利 (D)一般適用於財產保險。

( )**14** 有關實支實付型的健康保險,下列何者正確? (1)適用損害填補原則 (2)住院相關醫療費用都理賠 (3)全民健康保險已給付項目不給付 (4)適用保險代位原則。 (A)(1)(2) (B)(1)(3) (C)(3)(4) (D)(1)(2)(3)(4)。

( ) **15** 何謂主力近因原則？
(A)是指導致被保險人死亡或受傷的最主要或最有效的原因
(B)類似民法中的相當因果原則
(C)導致保險事故發生的主要近因為保單上所保的危險，則保險人自應負責
(D)以上皆是。

( ) **16** 我國之保險法規定，「要保人對於保險人之詢問」，須據實告知，保險人對要保人之詢問係採？ (A)口頭詢問 (B)電話詢問 (C)書面詢問 (D)以上皆可。

( ) **17** 投保傷害保險之被保險人，因猝發心臟病失足自樓梯摔下而死亡，依據主力近因原則，保險公司？ (A)應給付死亡保險金 (B)應給付半數保險金 (C)不須給付保險金 (D)視法院裁定結果而決定。

( ) **18** 依保險法第17條規定，保險利益須存在於？ (A)被保險人與受益人間 (B)要保人與受益人間 (C)要保人與被保險人之間 (D)要保人與保險人間。

( ) **19** 要保人對下列何者之生命或身體，無保險利益？ (A)債權人 (B)債務人 (C)為本人管理財產或利益之人 (D)生活費或教育費所仰給之人。

( ) **20** 所謂「分攤原則」，也稱為攤派原則，係指 ＿＿＿＿ 之間，在保險事故發生後，對於理賠金額的分攤。 (A)保險人與保險人 (B)保險人與要保人 (C)保險人與被保險人 (D)要保人與要保人。

( ) **21** 法律上規定保險契約須有保險利益存在之目的？ (A)保障要保人的安全 (B)防止道德危險的發生 (C)確認損失的金額 (D)以上皆是。

( ) **22** 保險公司在給付理賠金額後，可在賠償給被保險人之額度內，直接向加害的第三人要求賠償，係根據？ (A)保險利益原則 (B)損害填補原則 (C)保險代位原則 (D)分攤原則。

( ) **23** 保險代位原則是為了預防誰不當得利？ (A)要保人 (B)被保險人 (C)保險人 (D)受益人。

( ) **24** 按照我國保險法令規定，要保人對於下列何者之生命或身體沒有保險利益？ (A)為本人管理財產之人 (B)本人 (C)家屬 (D)朋友。

( ) **25** 某甲向建商某乙購買住宅一棟，並向銀行某丙辦理房屋貸款，則何者對某甲之生命或身體具有保險利益？ (1)某乙 (2)某甲 (3)某丙 (4)以上皆是。 (A)(4) (B)(2)(3) (C)(1)(3) (D)(3)(4)。

( ) **26** 某甲因心臟病突發跌倒，頭部撞擊路面大石頭後又閃躲不及被車撞身亡，則何者為其身故的「主力近因」？ (A)心臟病發作 (B)車禍 (C)頭部撞到大石頭 (D)以上皆是。

（　）**27** 某甲於95年12月1日以自己為被保險人投保人壽保險，但他曾患有肝硬化症住院治療，未於投保持告知；嗣某甲於97年12月3日因肝癌死亡，則保險公司？
(A)不一定理賠，視其他條件而定
(B)應予解約
(C)應予理賠
(D)如未在知悉一個月內解約則應予理賠。

（　）**28** 某甲為支付其子某乙之學費向B銀行貸款，請問下列何者對某甲不具有保險利益？　(A)某甲　(B)B銀行　(C)某乙　(D)某甲投保的保險公司。

（　）**29** 某甲積欠某乙新臺幣三百萬元，請問下列敘述何者正確？
(A)某乙訂立保險契約時保險金額不須經某甲同意
(B)僅某乙得作為保險契約之受益人
(C)某乙對某甲有保險利益
(D)以上皆是。

（　）**30** 要保人或被保險人對於保險標的無保險利益者，保險契約？　(A)無效　(B)失其效力　(C)有效　(D)以上皆非。

（　）**31** 要保人對於被保險人之生命或身體因具有利害關係而享有合法的經濟利益，是指？　(A)預期利益　(B)投保利益　(C)衍生利益　(D)保險利益。

（　）**32** 張三以自己為要保人，對下列何者之生命或身體無保險利益？　(1)借錢給張三的李四　(2)張三本人　(3)欠張三錢的王老五。　(A)(1)　(B)(1)(3)　(C)(1)(2)(3)　(D)(2)(3)。

（　）**33** 對於損害填補原則之敘述何者正確？　(1)防止被保險人不當得利　(2)需保險人有二張以上保險單才可能發生　(3)僅適用於人身保險。　(A)(1)(2)　(B)(1)　(C)(2)(3)　(D)(1)(2)(3)。

（　）**34** 保險利益存在之目的？
(A)同時可避免賭博行為的發生，及防止道德危險的發生
(B)僅可避免賭博行為的發生，無法防止道德危險的發生
(C)僅可防止道德危險的發生，無法避免賭博行為的發生
(D)以上皆非。

解答與解析

保險契約成立的要件

1 (D)。(D)錯，因容易產道德危機。

2 (D)。成立要件：契約之雙方具有行為能力、意思表示一致、支付對價、合法且不違反公序良俗。

3 (C)

4 (D)。(D)民法成年為18歲。

5 (C)。若契約的部分條款顯不公平，該部分條款之約定無效。

6 (A)。成立要件：契約之雙方具有行為能力、意思表示一致、支付對價、合法且不違反公序良俗。

7 (A)。有償契約：當事人互為對價關係的給付之契約。保險契約是有償契約。

8 (C)。(C)滿18歲者：有完全行為能力，無須法定代理人。

9 (A)。要保人給保險人：保險費；保險人給要保人：理賠金、解約金、保險金。

人身保險契約中的相關之人

1 (C)。成立要件：契約之雙方具有行為能力、意思表示一致、支付對價、合法且不違反公序良俗。

2 (A)

3 (A)。訴訟請求交付保費：壽險、年金險→不得；傷害險→得。

4 (A)。(A)僅適用壽險、傷害險。生存險、健康險、年金險不受影響。

5 (C)。(C)遺贈稅法關遺產稅喪葬費扣除額1/2→目前限額：61.5萬元。

6 (C)。契約不成立，自始無效。

7 (A)。保險人即承保的保險公司。

8 (A)。保險人支付理賠金給受益人。

9 (C)。受益人無人數限制。

10 (B)。受益權轉讓需要保人、被保險人書面同意。

11 (A)

12 (D)。保險法第54條：如有疑義，以作有利於被保險人之解釋為原則。

13 (D)。當事人：要保人、保險人。關係人：被保險人、受益人。

14 (B)。(B)無行為能力。

15 (C)。人壽保險契約：除記載保險金額、保險事故種類，並應載明受益人與被保險人之關係。

16 (A)。要保人須對被保險人有保險利益。

17 (D)

18 (C)。(A)繳費期間；(B)被保險人身體受害;(D)以被保險人家屬或法定繼承人為限。

19 (D)。當事人：要保人、保險人。關係人：被保險人、受益人。

20 (D)。(A)保險公司與要保人；(B)心神喪失或精神耗弱之人，除喪葬費用之給付外，其餘死亡給付無效。(C)無效。

21 (A)。(A)並非契約無效，而是超過喪葬費用部分的死亡給付無效。

22 (A)。(2)需準備：保險單、變更申請書、被保險人書面同意書。

23 (B)。被保險人滿15歲前死亡者，保險人得加計利息退還所繳保險費。

24 (D)。(1)以於請求保險金額時生存者為限；(4)要保人對其保險利益，仍得以契約或遺囑處分之。

25 (C)。(A)可為自然人或法人；(B)人數不限；(D)要保人對其保險利益，仍得以契約或遺囑處分之。

26 (C)。(A)有保險利益即可以；(B)只能是自然人；(D)需有保險利益。

27 **(D)**。死亡契約中，被保險人先死亡，受益人取得保險金，死亡後即成為其遺產。

28 **(A)**

29 **(C)**。保險法第135-3條：受益人於被保險人生存期間為被保險人本人。

30 **(C)**。預定社員人數：財產保險合作社→不得少於300人、人身保險合作社→不得少於500人。

31 **(B)**。保險法第110條規定，指定之受益人，以於請求保險金額時生存者為限。（不能指定已死之人為受益人）

32 **(D)**

33 **(B)**。(1)得變更；(2)得變更、或聲明放棄。

34 **(D)**。解約和保單借款都是1個月內要給付。

35 **(B)**。被保險人滿15歲前死亡者，保險人得加計利息退還所繳保險費。

36 **(D)**。遺產→法定繼承人。

37 **(B)**。有分配比例→依分配比例；無分配比例→平均分配。

38 **(D)**。(A)適用民法；(B)需載明旨意；(C)可以。

39 **(A)**。保險法第54條：如有疑義，以作有利於被保險人之解釋為原則。

40 **(B)**

41 **(A)**。以要保人指定之受益人為保險事故發生時之受益人。

42 **(A)**。但得主張依民法無因管理之規定，要求先攤還其先墊付之保險費。

43 **(B)**。被保險人滿15歲前死亡者，保險人得加計利息退還所繳保險費。

44 **(C)**

45 **(B)**。受益人是保險契約中的利益享有者。

46 **(B)**。保險法第51條：保險契約訂立時，保險標的之危險已發生或已消滅者，其契約無效。

47 **(A)**

48 **(A)**。殘廢或醫療給付之受益人為被保險人本人。

49 **(A)**。保險人即承保的保險公司。

50 **(D)**。此項指定已指出受益人之姓名（配偶之姓名），故保險事故發生時之受益人為離婚之前妻。

51 **(A)**。(A)受益人得知獲得保險金請求日起2年內不行使而失效。若自知悉起未超過2年，保險公司仍須給付。

52 **(C)**

53 **(C)**。團體保險的受益人：殘廢或醫療給付→被保險人本人；身故保險金→被保險人之家屬。

54 **(A)**。當事人：要保人、保險人。關係人：被保險人、受益人。故(A)當事人。

55 **(B)**

56 **(C)**。若契約的部分條款顯不公平，該部分條款之約定無效。

57 **(C)**。(A)以民法年齡計算；(B)加計利息退還所繳保險費。

58 **(B)**。(B)未經保險人承認：死亡險→無效、年金險→有效。

59 **(C)**。在保險法第107條喪葬費用保險金額上限計算範圍內的保險：終身保險、簡易人壽保險、傷害保險。

60 **(C)**。投資型保險→返還帳戶；一般人壽→用加計利息退還。

保險契約的基本原則

1 **(C)**。適用不當得利禁止原則。

2 **(C)**。債權人對債務人有保險利益，反之則無。

3 **(A)**。誠信→品德操守。

4 **(D)**。分攤原則：當被保險人有多張保單，保險公司間共同分攤總額，因生命難估價，故僅適用能計算總額的實支實付健康險。

5 **(D)**。(D)僅適用財產保險，不適用人身保險。

6 **(B)**。六大原則：保險利益原則、最大誠信原則、主力近因原則、損害填補原則、分攤原則、保險代位原則。

7 **(B)**。(A)產險適用，人身保險不適用；(C)生命無價，不適用代位原則；(D)保險人在給付賠償金後，才能行使代位權。

8 **(B)**。(B)賠償後，無須被保險人同意，即可行使代位權。

9 **(C)**。(1)生命身體難估價，故人身保險不適用代位原則。

10 **(C)**。避免被保險人有多張保單而得到重複理賠，多家保險公司只須共同分攤賠償總額即可。

11 **(A)**。因乙的存在對甲有好處（利益），故甲對乙有保險利益。

12 **(B)**。因甲的存在對甲有好處（利益），故乙對甲有保險利益。

13 **(B)**。(B)僅適用於財產保險。

14 **(B)**。(2)最高額度內，依醫療費用（收據）理賠。(4)補全民健保理賠後的差額，而非全額給付後再跟全民健保求償。

15 **(D)**

16 **(C)**。以備存查。

17 **(C)**。主力近因為心臟病，而非意外傷害。

18 **(C)**。要保人須對被保險人有保險利益。

19 **(A)**。債權人對債務人有保險利益，相反則無。

20 **(A)**。分攤原則：當被保險人有多張保單，保險公司間共同分攤總額。

21 **(B)**。保險利益的存在是為保護被保險人，降低道德危險，若無保險利益，可能會為獲得保險金，故意造成保險事故。

22 **(C)**。代位原則：保險公司先理賠，再向肇事者求償。

23 **(B)**。避免被保險人雙重獲利，也就是既得到保險公司的理賠，又得到肇事者的賠償。

24 **(D)**。本人對為本人管理財產之人、本人對本人、本人對家屬都有保險利益。

25 **(B)**。(2)自己對自己有保險利益；(3)甲向丙貸款，丙（債權人）對甲（債務人）有保險利益。

26 **(A)**。致死的源頭是心臟病發。

27 **(C)**。保險公司解除契約權：知解除原因→1個月內不行使而消滅；或訂約後→經二年不行使而消滅。本題已超過2年。

28 **(D)**。(D)保險公司對甲沒有保險利益，甲對保險公司以保險利益。

29 **(C)**。乙對甲有保險利益，但為甲購買保險，仍須得到甲的書面同意，且受益人可以不是乙。

30 **(B)**。無效→自始無效；失效→之前有效，之後無效。

31 **(D)**

32 **(A)**。張三欠李四錢，故是李四對張三有保險利益。（債權人對債務人有保險利益，相反則無）

33 **(B)**。(3)生命身體難以估價，故不適用損害填補原則。

34 **(A)**。避免賭博行為：避免隨便替無關之人買保險。避免道德危機：因有保險利益，較不易故意對被保險人造成理賠事故。

焦點觀念題組

受益人的變更

( ) **1** 何者非要保人之權利？
(A)變更醫療保險金之受益人
(B)申請保單借款、聲明續期保險費自動墊繳
(C)行使契約撤銷權
(D)申請契約復效、終止契約。

( ) **2** 依據保險法規定，要保人是指向保險公司申請訂立保險契約，並負有交付保險費義務之人；要保人的權利包含？ (1)指定包含殘廢及醫療保險金在內之受益人 (2)行使契約撤銷權 (3)申請契約變更 (4)申請保險單借款、聲明續期保險費自動墊繳。 (A)(1)(2)(3)(4) (B)(1)(2)(3) (C)(2)(3)(4) (D)(1)(2)(4)。

( ) **3** 下列何者為非？ (A)受益人之指定應明確，並可指定分配比例 (B)受益人變更須由要保人書面申請並經被保險人同意 (C)年金保險的受益人為被保險人本人 (D)殘廢保險金的受益人可由要保人變更。

( ) **4** 要保人申請變更受益人時，應將下列哪些文件送往保險公司「批註」？
(1)變更申請書 (2)被保險人同意書 (3)送金單 (4)保險單。 (A)(1)(3)
(B)(1)(2)(3)(4) (C)(1)(2)(4) (D)(3)(4)。

( ) **5** 受益人變更，保險公司應？ (A)除書面審核外，亦須實地調查 (B)僅就書面審核即可 (C)實地調查變更情形 (D)以上皆非。

( ) **6** 有關受益人變更，下列敘述何者正確？ (A)無須經要保人書面同意 (B)須由被保險人行使 (C)不須將保單送保險公司批註 (D)須通知保險公司。

( ) **7** 受益人經指定後？ (A)要保人之繼承人得變更受益人 (B)不得再變更受益人 (C)保險事故發生後得變更受益人 (D)保險事故發生前，經被保險人同意者，得變更受益人。

( ) **8** 受益人之說明，下列何者為是？
(A)要保人指定之受益人，以於請求保險金額時仍生存者為限
(B)受益人之變更屬於被保險人之權利
(C)受益人先於被保險人死亡，要保人不可另行指定受益人
(D)受益人之權利為繼承權。

解答與解析

▌受益人的變更

1 (A)。殘廢保險、醫療保險、年金保險（生前）之受益人為被保險人本人，無法指定或變更。

2 (C)　3 (D)

4 (C)。(2)送金單是收費員給要保人的繳費證明。

5 (B)。人壽保險單示範條款第25條：變更受益人時，要保人檢具申請書及被保險人的同意書，公司應予批註。

6 (D)　7 (D)

8 (A)。(B)要保人；(C)可；(D)受益權。

Lesson 10 | 人身保險契約條款

課前導讀

本課針對各種不同保險契約,在民法、保險法和其他相關法規的規定,做系統性的介紹,讓艱澀難懂的法條能輕易的被理解。

保險契約條款的規定

- 人壽保險的保單條款
- 傷害保險的保單條款
- 住院醫療保險的保單條款
- 傳統年金與利率變動型年金的保單條款

名師教學

https://reurl.cc/md7j3Y

本重點依據出題頻率區分,屬:**A** 頻率高

重點 ① 人壽保險契約的條款規定

一、保險契約的構成要素 ★★★

(一) 保險契約是約定當事人間權利義務的文件,以民法、保險法和其他相關法令為依據。

(二) 包括:「**保險單條款**」、「**附著之要保書**」、「**批註事項**」及「**其它約定書**」。

(三) 契約須載明:

  1. 當事人之姓名與住所。

  2. 確定受益人的方法。

  3. 保險金額。

  4. 保險事故種類。

  5. 受益人與被保險人之關係。

二、保險責任開始日 ★★

(一) 要保人應於契約生效前,交付第一期保險費相當額。

(二) 保險責任開始日:**保險人同意承保,契約生效後,回溯自預收第一期保險費相**
當額之日開始。

三、保險費的繳納 ★★★

(一) **繳納方式**

1. 年繳、半年繳、季繳、月繳,或躉繳(一次繳清)。

2. 由要保人或其他利害關係人交付。

3. 逾期未繳,經催告後,須於保險人營業處所交付,但保險人**不得以訴訟方法**請
求交付。

(二) **遲繳的寬限期間**

1. 年繳、半年繳:保費催告到達日之翌日零時起算30日內。

2. 季繳、月繳:不為催告,應繳日之翌日零時起算30日內。
寬限期內,若被保險人發生保險事故,保險公司仍**應負給付之責**,但可扣除欠繳
保費。

(三) **欠繳的處理**

1. 年繳、半年繳

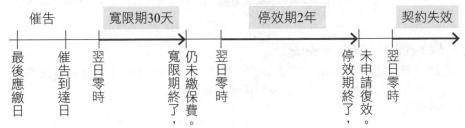

2. 季繳、月繳

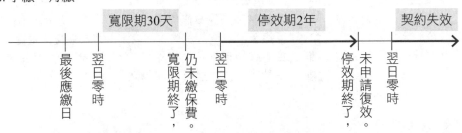

四、保險的復效 ★★★

(一) **意義**：解除保單「停效」的原因，使保單恢復原有的效力。

(二) **申請方式**

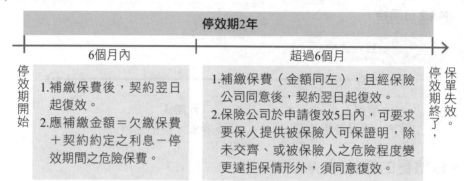

停效期2年	
6個月內	超過6個月
停效期開始 1.補繳保費後，契約翌日起復效。 2.應補繳金額＝欠繳保費＋契約約定之利息－停效期間之危險保費。	1.補繳保費（金額同左），且經保險公司同意後，契約翌日起復效。 2.保險公司於申請復效5日內，可要求要保人提供被保險人可保證明，除未交齊、或被保險人之危險程度變更達拒保情形外，須同意復效。 停效期終了，保單失效。

註：民國109年起，保單復效期限前3個月，壽險公司應主動通知保戶，提醒其申請復效的權利，但僅是「服務」目的，非屬法定義務。

名師教學

立即看私房講解

五、保險費的墊繳 ★★★

(一) **目的**：避免因保費遲繳，導致契約停效，故讓保險公司能以該**保單之價值準備金**，替要保人墊繳保費，以使契約繼續有效。

(二) **辦理方式**

要保人的申請	向保險人申請	可墊繳之金額	保險人墊繳	自動墊繳的行使
1.簽約時：以要保書或約定之方式。 2.寬限期終了前：以書面方式。		1.契約當時的保單價值準備金。 2.如有保單借款，為扣除借款本息後之餘額。		1.時機：超過寬限期，仍未繳交保險費。 2.結果：使保單繼續有效。

(三) **墊繳利息**：利息以保險公司公告利率計算，但需≦該保單之保單借款利率。

(四) **停止時機**

　1. 主動停止：要保人於次一墊繳日前，以書面通知保險公司停止自動墊繳。

　2. 被動停止：該保單價值準備金不足墊繳一日之保費時，則停止自動墊繳。

六、保險契約的停效、失效與無效 ★★★

(一) **停效**

　1. 原因：以保單價值準備金墊繳保費時，當其餘額不足以墊繳一日保費，且經催告到達後**30日**內仍未繳交，則保險的**效力停止**。

　2. 效力：保險效力停止，保險人不負保險給付義務。惟契約未失效，停效原因解除後，即恢復效力。

(二) **失效**

　1. 原因

　　(1) 保險法第17條：要保人或被保險人對保險標的無保險利益，契約失其效力。

　　(2) 超過寬限期未交付保費致契約停效，**停效後2年內**未復效，契約失其效力。

　2. 效力：原有效契約，因特定原因的發生，使契約從原因發生的時點起，失去效力。

(三) **無效**

　1. 原因

　　(1) 約定無效：目前壽險契約條款中，沒有關於無效的條款。

　　(2) 法定無效

　　　A. 契約訂立時，被保險人之約定危險已發生。

　　　B. 要保人訂立死亡保險契約時，未經**被保險人**書面同意和約定保險金額。

　　　C. 被保險人年齡不實，超過保險公司所定可接受之保險年齡。

　　　D. 要保人故意不為**複保險**之通知，或意圖不當得利而為複保險。

　　　E. 以心智障礙者為被保險人，投保人壽保險或傷害保險，除喪葬費用給付外，其餘死亡給付無效。

2. 效力：違反法律上的規定，使契約自始無效力。

保險公司不負給付責任		保險公司不負給付責任	
開始		契約無效	契約到期

七、保險契約的撤銷、解除與終止 ★★★

(一) 撤銷

1.適用性	兩年期以上之人壽保險。
2.行使人	要保人之權利，無論保單有無體檢，均有撤銷權。
3.方式	收到保險單之翌日起<u>10日</u>內，親自、書面或其他約定方式，和保險單一同以掛號寄出，向保險人撤銷契約。
4.效力	(1) 自要保人意思表示到達的隔日生效，該契約自始無效。 (2) 保險人應無息退還已收之保險費。 (3) 撤銷生效前，視為未撤銷，保險人仍負保險責任；撤銷生效後，保險人不負保險責任。

(二) 解除

1.適用性	所有人壽保險。
2.行使人	保險人。
3.方式	(1) 基於誠信原則，要保人和被保險人對要保書之書面詢問，應據實填寫，並親自簽名或蓋章。 (2) 違反告知義務，除非要保人能證明保險事故與未告知事項，兩者之間無因果關係，否則無論保險事故發生與否，保險人均得解除契約。 (3) 行使時間限制：得知有解除原因後<u>1個月內</u>，或自契約開始日起<u>2年內</u>，不行使則消滅。
4.效力	(1) 一經解除，契約自始無效。 (2) 保險人無須返還已收之保險費。

(三) **終止**

1.**適用性**	所有人壽保險。
2.**行使人**	「保險人」和「要保人」均有終止權。
3.**方式**	有「人為終止」與「法定終止」二種。 (1) 人為終止：又分為「要保人終止」、和「保險人終止」。 　　A.要保人終止 　　　a.要保人原則上可隨時終止契約，即俗稱「解約」。 　　　b.保險法119條：終止契約時，若保費付足1年以上，保險人應 　　　　在1個月內償付解約金（**金額≧保單價值準備金的**3/4）。 　　　c.當時契約若無積存保單價值準備金，終止時則無解約金。 　　B.保險人之終止 　　　a.保險人不具隨意終止契約之權利。 　　　b.保險法116條：保險公司得終止逾**2年**停效期未復效之壽險 　　　　契約。終止時，若保費付足一年以上，保險人應返還積存之 　　　　保單價值準備金。 　　　c.保險法117條：不附生存條件之死亡保險契約、或契約訂定 　　　　若干年後給付保險金或年金者，契約終止時，若保費付足兩 　　　　年以上，保險人僅能減少給付金額，不得終止契約。 (2) 法定終止：保險人宣告破產當日，契約終止。（但實務上極難發 　　生。）
4.**效力**	(1) 契約的效力中途終止。 (2) 契約從終止日之後才消滅，終止日之前，效力仍在。故終止前發 　　生的保險事故，保險公司仍負給付之責。

(四) **撤銷、解除與終止之比較**

1.撤銷、解除的效力：溯及既往，自始無效。

2.終止的效力：效力維持到終止的那一刻。

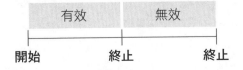

八、保險內容的變更 ★★★

要保人對內容的變更，分為：有「權利」變更和有「義務」變更2種。

(一) 有「權利」變更：有權利隨時對契約內容作變更。

	作法	規定
1.減少保險金額	減少部份視為終止契約，未減去部份則繼續有效。	減少後之保額≧保險公司之最低承保金額。變更後仍需繳交有效部分之保險費。
2.變更為減額繳清保險	將保單累積之價值準備金，以一次繳清的方式，將原保險變更為保險種類和保險期間不變，但保險金額減少的保險。	減少後之保額≧保險公司之最低承保金額。變更後不必再繳交保險費。
3.變更為展期定期保險	保單累積之價值準備金，以一次繳清方式，使展延之保障期間、保險金額或其他保險條件有所扣減。	將保單送交保險公司批註後，始生效力，變更後不必再繳交保險費。
4.受益人之變更	要保人指定受益人後，除聲明放棄處分權外，在保險事故發生前，仍得以契約或遺囑處分之。	變更時，須將保險單＋申請書＋被保險人同意書，送達保險公司批註，始生效力。

(二) 有「義務」變更：有義務通知其地址之變更。

　1. 要保人地址若不作書面通知，保險公司以契約所載最後居住地所發送之通知，視為已送達。

　2. 保險業若辦理電子商務，則得以書面或其他約定方式作通知。

九、保險金的申請與保單借款 ★★★

(一) 申請的流程

保險事故發生

要保人

1.要保人或被保險人需在知悉事故後五日內，通知保險人。

　目的：使保險人能儘速為必要之調查，以確保投保大眾的權益。

2.超過通報期限，除非有下列例外情形者，否則應對保險人因此所受之損失，負賠償責任。

3.例外情形：

　(1)為他方所知者。

　　保險人也知道這件保險事故。

　(2)依通常注意為他方所應知，或無法諉為不知者。

　　一般會注意到的事情，無法推託說不知道。

　(3)一方對於他方經聲明不必通知者。

　　保險人事先聲明不需要保人通知的事項。

保險人

1.保險公司應於收齊所需文件後，十五日內給付。

2.逾期應按年利一分（年利率10%），加計利息給付。

受益人

1.受益人須在請求給付之日起二年內行使之，超過時效則不得再請求。

2.超過請求期限，若能提出非因疏忽而不知情的證明，請求權時效可自知情之日起算。

(二) 申請的時間序列

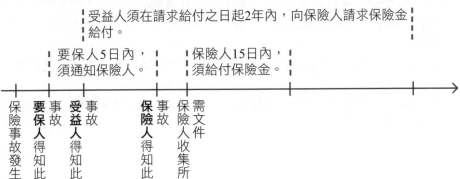

(三) 保險單借款

1. 要保人繳交保費達到有保單價值準備金時，得在此**保單價值準備金**範圍內，向壽險公司申請保單借款，保險公司應在保單借款申請後1個月內貸給可借金額。

2. 到期未償還的借款本息＞保單價值準備金時，保險契約效力即停止。保險人需於效力停止前30日以書面通知要保人。

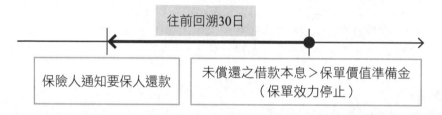

3. 保單借款本息＞保單價值準備金而停效者，要保人得部分清償欠本息後復效，但其未償餘額≦保險單借款可借金額之上限。

十、保險年齡錯誤處理 ★★★

(一) 事故前

1. 真實年齡＞保險公司規定投保之最高年齡：契約自始**無效**，保險公司無息退還保費。
2. 投保年齡錯誤，導致保費多繳：保險公司無息退還溢繳部份之保費。
3. 投保年齡錯誤，導致少繳保費：要保人應補足差額，或按比例減少保額。

(二) 事故後

1. 保費短繳，但錯誤不可歸責於保險人：按「實繳保費／應繳保費」之比例，降低保險金給付。
2. 保費溢繳，但錯誤不可歸責於要保人：按「實繳保費／應繳保費」之比例，提高保險金給付。

小試身手

(C) **1** 原本有效之契約基於某種特定事由之發生，而自事由發生時起失去效力之情形，謂之？　(A)契約解除　(B)契約停效　(C)契約失效　(D)契約無效。

答 (C)。停效：之前有效、之後無效，可復效；失效：之前有效、之後無效，不可復效；無效：自始無效。

(A) **2** 人壽保險契約須載明以下哪些事項？　(1)當事人之姓名與住所　(2)確定受益人的方法　(3)請求保險金額之保險事故及時期　(4)保險金額與保險費。(A)(1)(2)(3)(4)　(B)(1)(3)(4)　(C)(1)(4)　(D)(1)(2)(4)。

答 (A)

(A) **3** 下列有關保費自動墊繳，何者錯誤？　(A)自動墊繳的保險費自寬限期間終了日開始計息　(B)保單價值準備金餘額不足墊繳1日之保險費且經催告後逾30日仍未繳交者，保單效力即行停止　(C)要保人未付保險費利息已於1年以上經催告仍未償付者，保險公司得將利息滾入墊繳保險再生利息　(D)墊繳之本息應由保險公司出具憑證。

答 (A)。(A)自催告到達翌日起30日內為寬限期間，自寬限期間終了翌日（第31日）開始計息。

本重點依據出題頻率區分，屬：**A** 頻率高

重點 ❷　傷害保險契約的條款規定

一、何謂傷害保險契約 ★★★

(一) 傷害保險的定義

保險法131條：被保險人遭受意外傷害事故及其所致失能或死亡時，負給付保險金額之責。

(二) 意外傷害事故：指非由疾病引起的外來突發事故。有三要件：

要件	內容	例子
1.非本意的	被保險人未預料到和非故意的事故。	(1) 被意外倒下的櫃子壓傷。 (2) 失足落水。
2.外來原因造成的	由被保險人身體外部的原因造成的事故。	(1) 遭酒駕之人撞傷。 (2) 登山中遭遇電擊。
3.突然發生的	在極短時間內發生，來不及預防的事故。	(1) 921大地震。 (2) 路上遭搶匪刺傷。

(三) 種類

二、意外傷害保險與人壽保險的契約條款之比較 ★★

	人壽保險	意外傷害保險
1.承保事故不同	死亡。	因意外所致死亡、失能為限。
2.保險期間不同	(1) 長期為原則，短期為例外。 (2) 短期以**1年期**為準。 例如：團體1年期定期人壽險。	以1年或短於1年為原則。
3.契約生效不同	保險人同意承保後，回溯至要保人交付第一期保險費之日開始。	保單上所載之生效日開始。
4.給付內容不同	死亡、失能。	死亡、失能、醫療。
5.危險估計不同	依性別、年齡、健康。	職業類別。

三、意外傷害保險之保險金給付 ★★★

(一) 保險金的給付種類

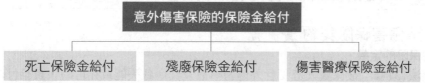

(二) 死亡保險金給付

1. 被保險人死亡日與意外事故發生日，間隔須在<u>180天內</u>，否則保險公司難以認定之相有無因果關係。
2. 被保險人死亡日與意外事故發生日，間隔超過<u>180天者</u>，若受益人能證明被保險人死亡與該意外事故有因果關係，則保險公司仍應負給付之責。

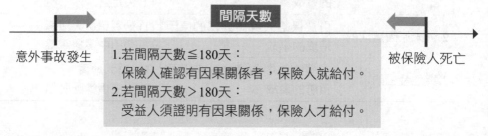

(三) 失能保險金給付

1. 因「不同意外」傷害事故申領**失能保險金**時，
   累計給付金額最高以保險金額為限。

（意外一）　　（意外二）
失能保險金　　失能保險金

$+$ ≦ 投保之保險金額

例如：大寶投保500萬傷害險，因意外左眼失明，獲得300萬失能保險金，後因其
　　　他意外事故，造成右腳失能，則大寶最多僅能再領200萬的保險理賠。

2. 因「同一意外」傷害事故，導致**失能後身故**，總給付金額最高以保險金額為限。

（同一意外）　　（同一意外）
失能保險金　　　身故保險金

$+$ ≦ 投保之保險金額

例如：二寶投保800萬傷害險，後因發生車禍，導致肝臟破裂，因而領取保險金500
　　　萬元，兩個禮拜後因同一事故不幸身故，則最多可再領300萬之保險理賠。

3. 因「不同意外」傷害事故，分別造成**失能和身故**時，受益人得分別申領保險金。

（意外一）　　　　　　　　　　（意外二）
失能保險金　　　　　　　　　　身故保險金

 ≦ 投保之保險金額 ， ≦ 投保之保險金額

例如：三寶投保1200萬傷害保險，因意外領取過700萬的失能保險金，之後若因
　　　另一意外事故導致死亡，則其受益人可領取1,200萬身故保險金。

(二) 傷害醫療保險金的給付

1. 實支實付型

(1) 自意外事故發生日起180天內，在保險金額內，給付超過社會保險補助部分之
　　實際醫療費用（即健保中自我負擔的部分）。

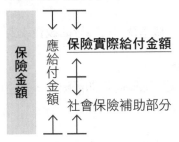

(2) 同一次傷害的給付總額≦保單所載之「每次實支實付傷害醫療保險金限額」。

2. 日額給付型：自意外事故發生日起<u>180天</u>內，依實際住院日數，給付保單所載之「傷害醫療保險金日額」。每次傷害給付日數≦90天。

四、除外責任及不保事項 ★★★

(一) 除外責任
1. 意義：保險公司不負保險給付之責任。
2. 項目
  (1) 要保人行為：故意致被保險人於死者。
  (2) 被保險人行為：
    A. 於契約有效期間前2年內，故意自殺或自成失能者。
    B. 因犯罪處死、拒捕或越獄致死或失能者。
    C. 因飲酒後駕車，酒測超過法令規定致死殘者。
  (3) 受益人行為：故意致被保險人於死者，但其他受益人仍得申請全部之保險金。
  (4) 戰爭（不論宣戰與否）、內亂及其他類似武裝變亂。
  (5) 因原子或核子能裝置所引超的爆炸、灼熱、輻射或汙染。
(二) 不保事項：被保險人從事下列活動期間，致成死亡、失能或傷害時，除契約另有約定外，保險人不負保險給付之責任。
  1. 被保險人從事角力、摔跤、柔道、空手道、跆拳道、馬術、拳擊、特技表演等的競賽或表演期間。
  2. 被保險人從事汽車、機車及自行車等的競賽或表演期間。

五、危險估計 ★★
(一) 被保險人有職業變更，應即時告知保險人。
(二) 職業或職務變更，使危險等級增加。

```
                    ┌─ 危險發生前,要保人已告知:
                    │  保險人按差額增收未滿期保費,若要保人不同意,得終
屬仍可承保之危險 ───┤  止契約。
                    │
                    └─ 危險發生前,要保人未告知:
                       危險發生後,保險人按原保費與應收保費之比例,負給
                       付責任。

                    ┌─ 危險發生前,要保人已告知:
                    │  保險人於接到通知後,須終止契約,並按日退還未滿期
屬拒絕承保之危險 ───┤  保險費。
                    │
                    └─ 危險發生前,要保人未告知:
                       危險發生後,保險人不負給付保險金之責。
```

六、旅行平安保險 ★★★

(一) **定義**:承保事故與一般傷害保險相同。被保險人於保單有效期間內,因意外傷害
事故,導致殘廢或死亡時,保險人依約給付保險金額。

(二) **與傷害保險不同之處**

1. 旅行平安險之保險期間較短。

2. 保險期間可因故延長。但需符合下列條件:

　(1) 被保險人為乘客身分。

　(2) 搭乘有載客執照之交通工具。

　(3) 預定抵達時刻在契約的保險期間內。

　(4) 因故延遲抵達非被保險人所能控制。

　自動延長期限至被保險人終止乘客身分為止,但延長不得超過24小時。

小試身手

(　　) **1** 下列敘述何者為非?　(A)定期死亡險的繳費期間是要保人與保險公司約定交
付保險費的期間,一般而言「繳費期間」和「保險期間」不同　(B)保險金是
保險事故發生時,保險公司依照保險契約約定給付的金額　(C)保險金額是保
險公司同意承保的金額　(D)保險費是保險公司依據保險金額,保險費率及繳
費方式等因素所計算出要保人每期應交付保險公司的金額。

　　答 (A)。(A)繳費期間≦保險期間。但一般而言,繳費期間＝保險期間。

(　　) **2** 依個人傷害保險示範條款規定，附加日額給付醫療保險金之傷害保險，其每次傷害給付日數不得超過？　(A)150日　(B)60日　(C)90日　(D)120日。

答 (C)。日額給付醫療險：給付日額不超過90天。

(　　) **3** 要保人或受益人謀害被保險人未致死僅致殘廢，則保險公司？
(A)酌給慰問金　　　　　　　　(B)給付一般殘廢保險金
(C)給付殘廢保險金二分之一　　(D)不必給付保險金。

答 (B)。受益人故意導致被保險人於死或雖未致死，依法喪失請求保險金的權利，身故保險金歸入被保險人遺產；若僅致完全失能，則給付完全失能保險金。

本重點依據出題頻率區分，屬：**A** 頻率高

重點 **3** 住院醫療保險契約的條款規定

一、住院醫療保險的型態 ★★★

(一) 費用型態

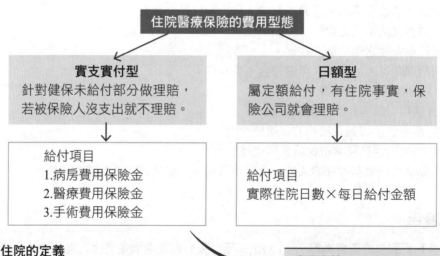

```
              住院醫療保險的費用型態

  實支實付型                         日額型
針對健保未給付部分做理賠，        屬定額給付，有住院事實，保
若被保險人沒支出就不理賠。        險公司就會理賠。

給付項目                          給付項目
1.病房費用保險金                  實際住院日數×每日給付金額
2.醫療費用保險金
3.手術費用保險金
```

(二) 住院的定義

1. 被保險人須符合以下四要件：
   (1) 因疾病或傷害。
   (2) 經醫師診斷必須入住醫院。
   (3) 正式辦理住院手續。

奪分密技
住院醫療費用保險單示範條款（實支實付型）第6條規定，住院醫療費用保險金給付費用項目包括：病房差額、膳食費、護理費、診察費、指示用藥、輸血、掛號、救護車、超過全民健保之醫療費等。

(4) 確實在醫院接受診療。

2. 目前住院型態尚有「日間留院」型式。而「日
間留院」可否申請住院理賠尚無定論，判斷上
應視個案契約而定。

> **名師提點**
> 日間留院：
> 非全日（24小時）住院，僅白天在
> 醫院接受治療，夜間及假日返家。

二、住院次數計算 ★★

(一) **契約有效期間內**：因同一疾病傷害，或因此引起之併發症，於出院後<u>14日</u>內，於
同一醫院再次住院時，視為同一次住院。

(二) **契約有效期間後**：若契約期間屆滿後出院，保險公司就再住院部份，不予給付保
險金。

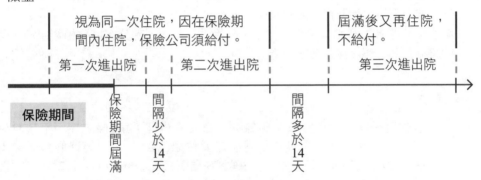

三、契約有效期間及保證續保 ★★

(一) **有效期間**：住院醫療保險之保險期間以一年為原則。

(二) **保證續保**

1. 保險期間屆滿後，可由續付保費之方式，使契約逐年有效，保險公司不得拒絕續
保，此即保證續保。

2. 續保時，保險公司可依主管機關核准之費率及被保險人年齡，重新計算保險費，
但不得因被保險人身體狀況調整保費。

四、受益人及保險金的申領 ★★

(一) 住院醫療費用保險之受益人限<u>被保險人本人</u>，不得指定或變更成其他人。

(二) 若被保險人身故，則以被保險人之法定繼承人為受益人。

五、醫療費用未經全民健康保險給付之處理方式 ★★

(一) **原因**

1. 部份醫療機構非全民健保之特約院所。

2. 病患基於特殊原因，未以全民健保對象身分就醫。

(二) 處理方式

1. 就上述原因，全額理賠對保險公司並不公平，故保險公司得按實際支出費用之一定比例作為理賠。

2. 給付比率需≧65%，但以條款約定之限額為限。

六、除外責任 ★★★

包含以下三類：

(一) 一般通用原則：與壽險及傷害險相同之除外責任。例如：被保險人之故意、犯罪等行為。

(二) 基於險種特性：例如：被保險人施用毒品、美容手術、外科整形、外觀天生畸形、非以直接診治為目的之健康檢查。

(三) 與生孕相關者：例如：懷孕、流產、分娩、不孕症、部分與懷孕相關疾病、部分因醫療行為必要之流產及剖腹產。

小試身手

(　　) **1** 依住院醫療費用保險單示範條款（實支實付型）第2條規定，不論給付內容是否包含日間留院，「住院」之要件應包含？　(1)經醫師診斷必須住院　(2)正式辦理住院手續　(3)確實在醫院接受診療　(4)全日24小時住院治療。　(A)(1)(3)　(B)(1)(2)　(C)(1)(2)(3)　(D)(1)(2)(3)(4)。

答 (C)。住院：被保險人經醫師診必須入院，正式辦理住院手續並確實在醫院接受診療。(D)住院包含部分日間留院。

(　　) **2** 日額型住院醫療費用保險，對於被保險人已獲得全民健康保險給付的部分，保險公司可否理賠？　(A)只要有住院的事實，保險公司就會依條款規定給付保險金　(B)不予給付保險金　(C)依照個案處理　(D)示範條款當中未有明確規定。

答 (A)。全民健保已給付：日額型住院醫療險→仍理賠；實支實付型住院醫療費險→不理賠。

(　　) **3** 依據住院醫療費用保險單示範條款規定，被保險人出院後幾日內於同一醫院再次住院時，視為一次住院辦理？　(A)30　(B)15　(C)10　(D)14日。

答 (D)。因同一傷病，或引起之併發症，出院後14日內於同一醫院再次住院，視為一次住院辦理。

(　　) **4** 健康保險被保險人因 _____ 所致之事故，可向保險公司請求給付保險金。(A)自殺　(B)自食農藥　(C)美容手術失敗　(D)疾病。

答 (D)。健康保險：當被保險人疾病、分娩及其所致失能或死亡時，負給付保險金額之責。

(　) **5** 實支實付型住院醫療費用保險，對於被保險人已獲得全民健康保險給付的部分，保險公司可否理賠？ 　(A)仍應理賠 　(B)不予給付保險金 　(C)依照個案處理 　(D)示範條款當中未有明確規定。

🈯 **(B)**。全民健保已給付：日額型住院醫療險→仍理賠；實支實付型住院醫療費險→不理賠。

本重點依據出題頻率區分，屬：**A** 頻率高

重點 ④ 傳統型年金保險契約的條款規定

一、即期年金保險與遞延年金保險 ★★★

險種	保費的繳交	年金的給付
即期年金保險	一次繳交所有的保險費，即躉繳。	躉繳保費使契約生效後，保險公司即開始分期給付年金。
遞延年金保險	分期繳交保險費。	1. 需經過一定期間或達一定年齡後，才開始分期給付年金。 2. 保費欠繳時，不適用寬限停效之規定，保險人僅能減少年金給付。

二、不同事故的年金保險給付規定 ★★★

(一) **失蹤**

1. 年金累積期間

(1) 法院宣告死亡：以法院宣告確定死亡之日為準，除「確定年金」有未支領餘額外，不再給付年金。

(2) 日後發現生還者：要保人可返還保險公司所退之保費，並償付未繳保費及利息，使契約有效。

> **名師提點**
> 確定年金是指年金給付不以被保險人之生存為條件，而是保證給付一定期間或一定金額。

2. 年金給付期間

(1) 法院宣告死亡：以宣告之日為準，返還已繳保費或保單價值準備金。

(2) 日後發現生還者：繼續給付年金，並補足期間未付之年金。

(二) **契約變更**

1. 年金累積期間：得終止契約、貸款、減少保險金額、減額繳清。

2. 年金給付期間：不得終止契約、貸款、減少保險金額、減額繳清。

三、年金給付的申請 ★★

	受益人	受益人的變更	申領年金的條件
被保險人生存時	被保險人本人	不得指定他人或變更。	被保險人每年第一次申領年金時，均應提出證明生存之文件。
被保險人身故後	契約載明之身故受益人	要保人得在被保險人同意下，變更身故受益人。	被保險人身故，未支領之年金餘額由其受益人申領，需檢附： 1.保單或其謄本。 2.被保險人死亡證明書。 3.被保險人除戶戶籍謄本。 4.受益人之身份證明。

小試身手

(　　) 保險公司於年金開始日用以計算年金金額之利率稱為？　(A)預定利率　(B)牌告利率　(C)指定利率　(D)浮動利率。

答 (A)。出自：「利率變動型年金保險單示範條款」甲型第2條第6項、乙型第2條第5項。

本重點依據出題頻率區分，屬：**A** 頻率高

重點 5　利率變動型年金保險契約的條款規定

一、年金保單價值準備金的通知與計算 ★★

(一) 保單價值準備金的通知：於年金給付開始日之每一保單年度末，保險公司應依約定方式，通知要保人當年之年金保單價值準備金。

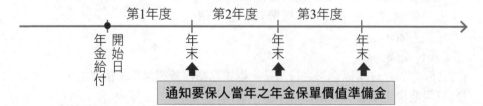

(二) 保單價值準備金的計算：保單價值準備金依下列順序計算金額。

　1. 第1保單年度

　　(1) 第1年保價金＝已繳保費－附加費用。

　　(2) 最後淨額加計按宣告利率以「單利法」計算之金額。

2. 第2保單年度

(1) 第2年保價金＝年初保價金＋當年度已繳保費－附加費用。

(2) 最後淨額加計按宣告利率以「單利法」計算之金額。

二、年金給付日的選擇與變更 ★★

(一) 年金給付日的選擇

1. 要保人投保時，可選擇特定保單週年日後之特定日為給付開始日。

2. 要保人不選擇時，保險公司以被保險人年齡達約定保單週年日為給付開始日。

(二) 年金給付日的變更：要保人得於給付開始日前（通常為<u>1個月</u>），以書面或其他約定方式通知保險公司變更給付開使日。

小試身手

( )　保險公司設計之利率變動型年金乙型，可含有何種保證？　(A)保證期間 (B)保證金額　(C)保證利率　(D)以上皆是。

答 (A)。甲型：可含有保證期間、保證金額給付；乙型：僅可含有保證期間給付。

實戰演練

人壽保險契約的條款規定

( ) **1** 下列何者為保險契約構成部份？甲、附著之要保書；乙、批註書；丙、其他約定書；丁、保單條款 (A)甲乙丙丁 (B)甲丙丁 (C)甲乙丁 (D)甲丁。

( ) **2** 在寬限期間內，被保險人發生保險事故時，保險公司？ (A)應負部份保險責任 (B)要等收到應繳保險費後，始負保險責任 (C)不必負保險責任 (D)應負給付保險金的責任，但應扣除所欠繳的保險費。

( ) **3** 保險契約繳費累積達有保單價值準備金時，要保人如需錢使用得向壽險公司？ (A)辦理延長保險 (B)辦理繳清保險 (C)申請補助 (D)申請保險單借款。

( ) **4** 「契約之解除」與「契約之終止」，對契約效力而言，下列敘述何者正確？ (1)終止為契約效力自始不存在 (2)解除為契約效力自始不存在 (3)終止為契約效力自終止之日起消滅 (4)解除為契約效力自解除之日起不存在。 (A)(1)(2) (B)(2)(3) (C)(1)(4) (D)以上皆非。

( ) **5** 「展期定期保險」的展延期間不得超過？ (A)10年 (B)原契約滿期日 (C)5年 (D)7年。

( ) **6** Y先生於去年5月1日向甲保險公司繳費投保，次日接受體檢，保險公司於5月5日承保，但Y先生不幸於5月4日車禍身亡，依約保險公司？ (A)理賠 (B)不一定理賠 (C)可與被保險人遺族私下協調 (D)可不理賠。

( ) **7** 人身保險之保險費逾期未交付者，保險人得予催告，保險費經催告後須於_____ 交付之。 (A)法院公證處 (B)被保險人居所 (C)保險人營業處所 (D)要保人居所。

( ) **8** 人身保險契約是約定契約當事人間權利義務的文件，其條款是以下列何者法令為依據？ (1)保險法 (2)民法 (3)其他相關法令 (A)僅(1) (B)僅(1)(2) (C)僅(1)(3) (D)(1)(2)(3)皆是。

( ) **9** 人為終止，可分為保險人之終止與？ (A)要保人之終止 (B)受益人之終止 (C)代理人之終止 (D)個人之終止。

( ) **10** 人壽保險保險事故發生前，要保人得變更受益人，但須經何人之書面承認者始生效力？ (A)受益人 (B)保險人 (C)被保險人 (D)要保人。

( ) **11** 人壽保險保險費是？ (A)得以訴訟方法請求交付 (B)不得以訴訟方法請求交付 (C)視收費員的意思而定 (D)視保戶的意思怎樣而定。

( ) **12** 人壽保險契約辦理復效時，保險契約自要保人清償停效時的保險費及其他費用後，自 _____ 起恢復效力。 (A)翌日上午零時 (B)翌日中午十二時 (C)當日上午零時 (D)清償所有費用時

( ) **13** 人壽保險單示範條款約定，保險契約因保險單借款本息逾保單價值準備金而停效者，要保人於復效時？ (A)均須經保險公司同意始得復效 (B)須清償全部欠繳保險單借款本息始得復效 (C)於停效後6個月內之復效申請始得部分清償後復效 (D)得部分清償欠繳保險單借款本息後復效，其未償餘額並不得逾保險單借款約定可借金額之上限。

( ) **14** 下列有關人壽保險保險費之敘述何者為非？ (A)可以訴訟請求交付 (B)應由要保人交付 (C)可以分期交付 (D)其他利害關係人亦可代為交付。

( ) **15** 下列有關保險法第105條規定之敘述何者為非？ (A)被保險人依本條所為之同意得隨時撤銷 (B)由第三人訂立之死亡保險契約，須經被保險人書面同意並約定保險金額，否則契約無效 (C)被保險人依本條行使撤銷權時，視為要保人終止契約 (D)被保險人依本條為撤銷時，逕行在保單上更改，即生效力。

( ) **16** 債權人未經債務人書面承認而逕為債務人訂立之死亡保險契約？ (A)無效 (B)視情形而定 (C)停效 (D)有效。

( ) **17** 下列有關保險法第116條復效規定之敘述何者為非？ (A)停效後超過6個月之復效，如被保險人之危險程度有重大變更之情形者，保險人得拒絕其復效 (B)保險契約約定復效之期限，自停止效力之日起不得低於2年 (C)停效後超過6個月之復效，於保險人同意，並經要保人繳清欠繳保險費、約定之利息及其他費用後，翌日上午零時起開始恢復其效力 (D)停效後6個月內之復效於要保人繳清欠繳保險費、約定之利息及其他費用後，翌日上午零時起開始恢復其效力。

( ) **18** 下列何者不是保險人依保險法第64條解除契約之要件？ (A)要保人故意隱匿或因過失遺漏，或為不實之說明 (B)須足以變更或減少保險人對於危險之估計 (C)要保人之不實告知，須在契約訂立時 (D)要保人之不實告知，須在保險事故發生時。

( ) **19** 下列何者正確？ (1)要保人得在「契約停效日起」二年之內申請復效 (2)人壽保險之保險費到期未交付，且經催告到達後逾30日仍不交付時，保險人即可終止保險契約 (3)保險人是保險契約之當事人，但並不具有隨意終止契約的權利 (4)要保人違反告知義務，保險人得行使解除契約

權，但自契約開始日起經過一年不行使而告消滅 (A)(1)(2)(3) (B)(1)(3) (C)(1)(2)(3)(4) (D)(2)(3)。

( ) 20 下列何者為人壽保險契約之除外責任？ (A)被保險人從事競賽活動所致事故 (B)要保人故意致被保險人於死 (C)被保險人因麻醉酗酒所致事故 (D)被保險人心神喪失所致事故。

( ) 21 下列何者為人壽保險單示範條款規定之除外責任？ (A)要保人故意致被保險人於死 (B)內亂 (C)戰爭 (D)原子或核子裝置所引起之爆炸。

( ) 22 下列何者為非？甲、要保人違反告知義務，保險人得行使解除契約權但自契約開始日起經過二年內不行使而消滅；乙、保險人是保險契約之當事人，且保險人具有隨意終止契約之權利；丙、訂保險契約時，要保人、被保險人已知保險事故發生者，其契約停止；丁、保險人之解除權，自保險人知有解除原因後一個月內，或自契約開始日起，經過兩年不行使而告消滅。 (A)甲丙 (B)乙丙 (A)甲乙丙 (D)甲乙丙丁。

( ) 23 下列何者為非？ (A)有體檢件之要保人方得主張行使契約撤銷權 (B)契約撤銷生效前，若發生保險事故者，則視為未撤銷，保險人仍應負保險責任 (C)保險業招攬人員從事保險招攬業務，應向要保人詳為告知有關契約撤銷權之規定 (D)契約撤銷生效，保險人應無息退還要保人所繳保險費。

( ) 24 下列何者為非？ (1)保險人是保險契約之當事人，擁有可以隨意終止契約的權利 (2)要保人非為保險契約之當事人，不可以隨時終止契約 (3)要保人繳費累積達有保單價值準備金而終止契約時，保險公司應於接到通知後二個月內償付解約金 (4)要保人違反告知義務保險人得行使解除契約權，但自契約開始日起，經過三年不行使而消滅。 (A)(2)(3) (B)(1)(2)(3)(4) (C)(1)(3) (D)(1)(2)(3)。

( ) 25 下列何者為是？ (1)人壽保險之保險費可以訴訟方法請求交付 (2)利害關係人得代要保人交付保險費 (3)受益人經指定後，要保人對其保險利益喪失處分權 (4)受益人得於部分條件下將其利益轉讓他人。 (A)(2)(4) (B)(2)(3)(4) (C)(1)(2)(3)(4) (D)(2)。

( ) 26 下列何者為是？ (1)人為終止可分為保險人之終止、要保人之終止 (2)契約之無效可分為約定無效、法定無效 (3)保險人為保險契約之當事人，但並不有隨意終止契約的權利 (4)要保人為保險契約當事人，原則上可以隨時終止契約。 (A)(1)(2)(3) (B)(1)(3) (C)(1)(2)(3)(4) (D)(2)(3)。

( ) 27 下列敘述何者正確？ (A)保險契約有效期間是要保人與保險公司約定，交付保險費的期間 (B)受益人是指保險事故發生時身體遭受損害，享有

賠償請求權之人　(C)受益人是指經要保人指定，享有保險金請求權的人 (D)以上皆是。

(　) 28 下列敘述何者錯誤？　(A)受益人應在知悉保險事故發生後，於法定或契約約定之期間內通知保險公司，並檢具所需文件申請保險金　(B)受益人是指經要保人指定，或要保人與被保險人約定享有保險金請求權的人　(C)要保人得任意終止保險契約　(D)依據現行保險示範條款的規定，各項殘廢保險金的受益人原則上為被保險人本人，但在事故發生前仍可變更。

(　) 29 下列關於「保險人之終止」的敘述，何者為是？　(A)一般人壽保險契約，保險契約終止時，保險費已付足二年以上，如有保單價值準備金者，保險人應返還其保單價值準備金　(B)終身死亡保險契約如保險費已付足二年以上而有不交付時，於所定之復效期限屆滿後，保險人僅得減少保險金額或年金　(C)遞延年金如保險費已付足二年以上而有不交付時，於所定之復效期限屆滿後，保險人僅得減少保險金額或年金　(D)以上皆是。

(　) 30 下列關於「違反通知義務之法律效果」之敘述，何者為是？　(A)要保人或被保險人遇有保險人應負保險責任之事故發生，不於規定限期內為通知者，對於保險人因此所受之損失應負賠償責任　(B)要保人或被保險人遇有增加危險之情形，不於規定限期內為通知者，對於保險人因此所受之損失應負賠償責任　(C)當事人之一方對於他方應通知之事項而怠於通知者，除不可抗力之事故外，不問是否故意，他方得據為解除保險契約之原因 (D)以上皆是。

(　) 31 下列關於保費墊繳的相關作業敘述何者錯誤？　(A)要保人未付利息已逾1年以上經催告仍未償付者保險公司得將利息滾入墊繳保險費再計利息 (B)自動墊繳之保險費自寬限期間終了日開始計息　(C)墊繳之本息應由保險公司出具憑證　(D)保單價值準備金餘額不足墊繳且經催告後逾30日仍未繳交者，保單效力即行停止。

(　) 32 王先生替王太太投保人壽保險金額為二百萬元，經過保險公司核保王太太的身體狀況為次標準體E級，保險公司決定削減四十萬保額後承保，即承保金額為一百六十萬元，請問保險公司應以多少錢的保額計收保險費？ (A)二百萬元　(B)一百六十萬元　(C)一百萬元　(D)四十萬元。

(　) 33 以下何者為非？　(A)依保險法規定要保人終止契約（解約）時其解約金額不得低於要保人應得之保單價值準備金之四分之三　(B)保險契約之無效有基於法律規定者，謂之法定無效　(C)被保險人年齡不實，而其「真實年齡」較壽險公司保險費率所載最高年齡為大者，保險契約則解約　(D)要保人以他人為被保險人投保死亡保險而未徵得被保險人之同意時，任何人可主張該契約無效。

( ) **34** 以下何者為是？
(A)要保人以他人為被保險人投保死亡保險而未徵得被保險人之同意時，僅要保人得主張撤銷該契約
(B)被保險人年齡不實，而其「真實年齡」較壽險公司保險費率所載最高年齡為大者，可補繳保險費使契約繼續有效
(C)保險契約在保險費於寬限期內未交付，致使保險契約效力停止，謂之停效
(D)被保險人於投保後二年內自殺身故者，保險人負給付保險金之責任。

( ) **35** 有關復效之規定，以下何者為非？ (A)保險契約申請恢復效力之期限，自停止效力之日起，不得低於2年 (B)要保人得在停效日起6個月內清償保險費，契約約定之利息及其他費用後，翌日上午零時起恢復效力 (C)要保人於停效日起6個月後申請復效者，被保險人之危險程度有重大變更者，保險人得拒絕其恢復效力 (D)要保人得在停效日起6個月後，在保險公司同意下，清償保險費，契約約定之利息及其他費用後，翌日上午零時起恢復效力。

( ) **36** 申請復效時？ (A)提出申請書及被保險人經體檢合格即可 (B)提出申請書即可 (C)提出申請書及被保險人健康聲明書即可 (D)提出申請書並須經保險公司之同意，並繳清欠繳的保險費扣除停效期間的危險保費後，契約始能恢復效力。

( ) **37** 申請復效時，要保人可以在保險契約停止效力6個月內清償欠繳保險費扣除停效期間的 _____ 後之餘額及保險契約約定之利息後，翌日上午零時起開始恢復其效力。 (A)危險保險費 (B)儲蓄保險費 (C)純保險費 (D)附加保險費。

( ) **38** 同月2日接受體檢，保險公司於同月5日，始予同意承保，知某甲於承保前一日意外死亡，試問該保險公司應？ (A)不一定理賠，視個案而定 (B)不理賠 (C)理賠 (D)強制被保險人之遺族私下和解。

( ) **39** 因投保年齡的錯誤，導致短繳保險費，且在發生保險事故後發覺，則下列何者正確？ (A)保險公司仍給付原約定之保險金額 (B)保險公司得按原繳保費與應繳保險費的比例計算保險金額，不得請求補足差額 (C)以上皆是 (D)以上皆非。

( ) **40** 因被保險人年齡不實，保險公司得採取何種方式處理？ (A)所付之保險費少於應付數額者，要求補足短繳部份之保險費 (B)不管真實年齡，依違反告知馬上解約 (C)主張契約無效 (D)所付之保險費餘額者，若係因保險人之錯誤時，應將其餘額部分無息返還。

（　）**41** 保險人之解除權，自保險人知有解除原因後多久內，不行使而告消滅？
(A)半個月　(B)一個月　(C)二個月　(D)三個月。

（　）**42** 在寬限期間內，被保險人發生保險事故之敘述何者為非？　(A)保險人應
負給付保險金責任　(B)所欠繳之保費利息無須追繳，可自保險金中扣除
(C)所欠繳之保費由保險金中扣除　(D)保險人免負給付保險金責任。

（　）**43** 如真實投保年齡較保險公司保險費率表最高年齡為大者，所簽訂的保險
契約？　(1)有效　(2)無效　(3)已繳的保險費無息退還給要保人(4)已
繳保險費，加計利息退還給要保人。　(A)(1)(3)　(B)(1)(4)　(C)(2)(3)
(D)(2)(4)。

（　）**44** 有自動墊繳的保險契約，給付保險金時？　(A)應扣還墊繳保費　(B)應扣還
墊繳保費本息　(C)應扣還墊繳保費之利息　(D)無需扣還墊繳保費。

（　）**45** 有關「繳費期間」之陳述何者不正確？　(1)繳費期間的長短由主管機關規
定　(2)要保人不得約定交付保險費的期間　(3)繳費期間和保險期間一定
相同　(4)於繳費期間屆滿後，保險契約及終止。　(A)(1)(3)　(B)(1)(2)(3)
(C)(1)(2)　(D)(1)(2)(3)(4)。

（　）**46** 有關人壽保險單示範條款保險費自動墊繳之規定，下列何者為非？　(A)每
次墊繳保險費的本息，應由保險公司出具憑證交予要保人　(B)保單價值準
備金不足墊繳一日之保險費時，自翌日起契約效力停止　(C)自動墊繳係以
墊繳當時之保單價值準備金扣除借款本息後之餘額辦理　(D)自動墊繳經約
定後仍可再變更。

（　）**47** 有關人壽保險單示範條款保險費自動墊繳之規定，下列何者為非？　(A)要
保人自應償付利息之日起未付利息已逾一年以上且經催告仍未償付者，保險
公司得將利息滾墊繳保險費再行計息　(B)自動墊繳係以墊繳當時之保單價
值準備金扣除借款本息後之餘額辦理　(C)自動墊繳經約定後仍可再行變更
(D)保單價值準備金不足墊繳一日之保險費時，自翌日起契約效力停止。

（　）**48** 有關年齡錯誤之處理方式，下列敘述何者錯誤？　(A)真實投保年齡較壽險
公司保險費率表所載最高年齡為大者，契約無效，其已繳保費無息退還要
保人　(B)因投保年齡錯誤致短繳保費者，應補足其差額　(C)因投保年齡
錯誤致短繳保費者，契約無效　(D)因投保年齡錯誤致溢繳保費者，且其錯
誤非可歸責於壽險公司者，壽險公司無息退還溢繳部分的保險費。

（　）**49** 有關自動墊繳之條件，下列敘述何者為錯誤？　(A)不須先扣除其借款本
息　(B)保單須積存達有保單價值準備金　(C)須要保人於要保書上有聲明
(D)如有保單借款者須先扣除其借款本息。

( ) **50** 有關保險契約復效之陳述何者正確？ (1)其保險費之計算重新約定 (2)可維持原保險單歷年繳費的保單價值準備金 (3)較重新投保更為有利。 (A)(1)(2)(3) (B)(1)(2) (C)(1)(3) (D)(2)(3)。

( ) **51** 有關契約復效，下列敘述何者正確？ (A)停效期間屆滿，保險效力即行終止 (B)要保人得在契約停效日起六個月內申請復效 (C)經保險公司同意並清償所積欠之保費後，自當日上午零時起恢復 (D)以上皆是。

( ) **52** 自保險事故發生，保險金申請的權利，受益人需於 _____ 內請求保險金，超過時效後即不得再申請。 (A)五年 (B)三年 (C)二年 (D)一年。

( ) **53** 自動墊繳保險費的利息，自 _____ 起算。 (A)寬限期限終了翌日 (B)寬限期間終了日 (C)寬限期間起始日 (D)以上皆非。

( ) **54** 那些申請事項需以書面申請，並以檢具保險單送往保險公司批註？甲、減少保險金額；乙、減額繳清保險；丙、展期定期保險；丁、變更受益人。 (A)甲乙丙丁 (B)乙丙丁 (C)甲乙丙 (D)甲丁。

( ) **55** 依「保險法」規定，要保人、被保險人或受益人，遇有保險人應負保險責任之事故發生，除本法另有規定，或契約另有訂定外，應於知悉後幾日內通知保險人？ (A)五日 (B)十日 (C)十五日 (D)二十日。

( ) **56** 依我國保險法第59條規定，保險契約內所載增加危險之情形，非由於要保人或被保險人之行為所致者，要保人或被保險人應於知悉後 _____ 通知保險人。 (A)十日內 (B)三十日內 (C)五日內 (D)二十日內。

( ) **57** 依保險法117條規定，保險人只有在要保人 _____ ，始可終止契約。？ (A)未按約定金額繳交保險費時 (B)停效期間屆滿而要保人仍未申請復效 (C)違反告知義務 (D)違反通知義務。

( ) **58** 依保險法施行細則之規定，以人身保險業用來計算保險契約保險費之預定利率及危險發生率基礎，並依主管機關規定之準備金提存方式計算之金額為？ (A)責任準備金 (B)保單價值準備金 (C)解約金 (D)保險費。

( ) **59** 依保險法第17條之規定，要保人或被保險人對於保險標的物無保險利益者，保險契約？ (A)有效 (B)無效 (C)失其效力 (D)以上皆非。

( ) **60** 依保險法第20條規定基於有效契約而生之利益？ (A)得為保險利益 (B)僅得對有效契約有保險利益 (C)不得為保險利益 (D)以上皆是。

( ) **61** 依保險法第64條之規定，保險契約因違反告知義務之情事而解除時，保險人對於其已收到之保險費？ (A)須返還 (B)無須返還 (C)按財政部核定之利率計算返還 (D)扣除保險公司之必要費用後返還。

(　) **62** 依保險法第54-1條規定，訂定保險契約時，如契約中約定事項顯有失公平者，該部分之約定無效，下列何者非無效事由？　(A)使要保人、受益人或被保險人拋棄或限制其依保險法所享之權利　(B)免除或減輕保險人依保險法應負之義務　(C)加重保險人之義務　(D)其他於要保人、受益人或被保險人有重大不利益之情事。

(　) **63** 依保險法第43條規定，保險契約應以　　　　為之。　(A)要保書　(B)保險單或暫保單　(C)體檢報告書　(D)送金單。

(　) **64** 依保險法規定，關於未來事項之特約條款，於未屆履行期前危險已發生，或其履行為不可能，或在訂約地為不合法而未履行者，保險契約　(A)因之失效　(B)不因之而失效　(C)自始無效　(D)以上皆非。

(　) **65** 依據人壽保險單示範條款之規定，人壽保險契約自動墊繳未付利息已逾多久以上，且經催告仍未償付者，保險公司得將利息滾入墊繳保險費再行計息？　(A)一年　(B)半年　(C)三十天　(D)二年。

(　) **66** 依據人壽保險單示範條款之規定，人壽保險契約約定有自動墊繳者，應以當時的　　　　，自動墊繳其應繳的保險費及利息。　(A)保險金　(B)保單責任準備金　(C)投保金額　(D)保單價值準備金。

(　) **67** 依據保險法之規定，下列何者對保險人所提存之責任準備金有優先受償權？　(A)受益人之繼承人　(B)業務員　(C)要保人之破產管理人　(D)被保險人。

(　) **68** 受益人申領失能保險金應檢具之文件下列何者為非？　(A)保險金申請書及受益人之身分證明　(B)保險單或其謄本　(C)意外傷害事故證明文件　(D)失能診斷書。

(　) **69** 受益人故意致被保險人於死，其他受益人？　(A)得申請全部保險金　(B)不得申請保險金　(C)得申請一半的保險金　(D)得申請部份保險金。

(　) **70** 保單自動墊繳保險費之利息，下列何者為計算基準？　(A)政府十年期公債殖利率　(B)保險公司公告之利率　(C)郵局一年期固定利率　(D)四家行庫兩年期定期存款平均利率。

(　) **71** 保險人破產時，保險契約於破產宣告之日終止，此種終止情形為？　(A)自然終止　(B)人為終止　(C)約定終止　(D)法定終止。

(　) **72** 保險公司自預收年金保費之後幾日內不為同意承保與否之意思表示者，視為同意承保？　(A)30日　(B)5日　(C)15日　(D)10日。

(　) **73** 保險事故的通知，如要保人或被保險人不於所規定期限內通知者，除非下列何種情形之一，否則對保險人所受之損失仍應負賠償責任？　(A)為他方

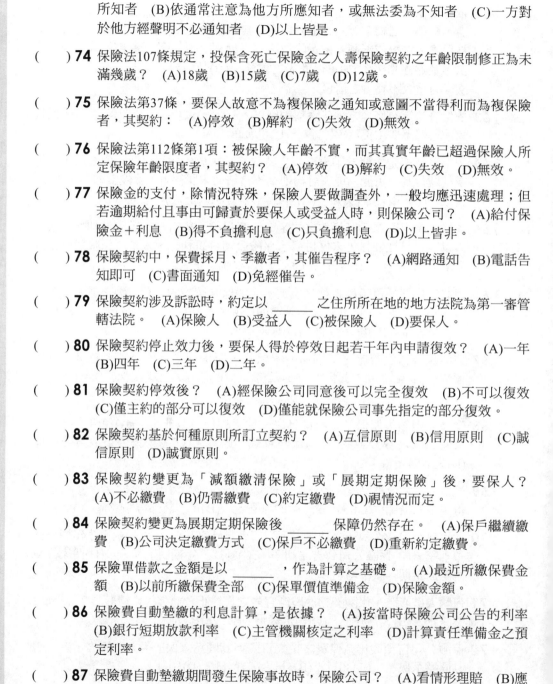

所知者　(B)依通常注意為他方所應知者，或無法委為不知者　(C)一方對於他方經聲明不必通知者　(D)以上皆是。

(　) **74** 保險法107條規定，投保含死亡保險金之人壽保險契約之年齡限制修正為未滿幾歲？　(A)18歲　(B)15歲　(C)7歲　(D)12歲。

(　) **75** 保險法第37條，要保人故意不為複保險之通知或意圖不當得利而為複保險者，其契約：　(A)停效　(B)解約　(C)失效　(D)無效。

(　) **76** 保險法第112條第1項：被保險人年齡不實，而其真實年齡已超過保險人所定保險年齡限度者，其契約？　(A)停效　(B)解約　(C)失效　(D)無效。

(　) **77** 保險金的支付，除情況特殊，保險人要做調查外，一般均應迅速處理；但若逾期給付且事由可歸責於要保人或受益人時，則保險公司？　(A)給付保險金＋利息　(B)得不負擔利息　(C)只負擔利息　(D)以上皆非。

(　) **78** 保險契約中，保費採月、季繳者，其催告程序？　(A)網路通知　(B)電話告知即可　(C)書面通知　(D)免經催告。

(　) **79** 保險契約涉及訴訟時，約定以 ＿＿＿＿ 之住所所在地的地方法院為第一審管轄法院。　(A)保險人　(B)受益人　(C)被保險人　(D)要保人。

(　) **80** 保險契約停止效力後，要保人得於停效日起若干年內申請復效？　(A)一年　(B)四年　(C)三年　(D)二年。

(　) **81** 保險契約停效後？　(A)經保險公司同意後可以完全復效　(B)不可以復效　(C)僅主約的部分可以復效　(D)僅能就保險公司事先指定的部分復效。

(　) **82** 保險契約基於何種原則所訂立契約？　(A)互信原則　(B)信用原則　(C)誠信原則　(D)誠實原則。

(　) **83** 保險契約變更為「減額繳清保險」或「展期定期保險」後，要保人？　(A)不必繳費　(B)仍需繳費　(C)約定繳費　(D)視情況而定。

(　) **84** 保險契約變更為展期定期保險後 ＿＿＿＿ 保障仍然存在。　(A)保戶繼續繳費　(B)公司決定繳費方式　(C)保戶不必繳費　(D)重新約定繳費。

(　) **85** 保險單借款之金額是以 ＿＿＿＿ ，作為計算之基礎。　(A)最近所繳保費金額　(B)以前所繳保費全部　(C)保單價值準備金　(D)保險金額。

(　) **86** 保險費自動墊繳的利息計算，是依據？　(A)按當時保險公司公告的利率　(B)銀行短期放款利率　(C)主管機關核定之利率　(D)計算責任準備金之預定利率。

(　) **87** 保險費自動墊繳期間發生保險事故時，保險公司？　(A)看情形理賠　(B)應予理賠　(C)不予理賠　(D)不一定理賠。

( ) **88** 保險業因業務或財務狀況顯著惡化,不能支付其債務或無法履行契約責任或有損被保險人之權益之虞時,下列何者是主管機關得為之處分? (A)監管、接管 (B)勒令停業清理 (C)直接處分轉售 (D)僅得為(A)、(B)選項之處分。

( ) **89** 契約之解除與契約之終止,對契約效力而言? (A)解除為自解除之起消滅,終止為自始不存在 (B)皆為自始不存在 (C)解除為自始不存在,終止為自終止之日起消滅 (D)自解除或終止之日起不存在。

( ) **90** 契約內容的變更,依保單條款規定,進行批註? (A)由要保人通知保險人 (B)由受益人通知保險人 (C)由被保險人通知保險人 (D)由受益人通知被保險人。

( ) **91** 要保人違反告知義務,保險人得解除契約,但若契約簽訂已超過_____,而保險人仍未解除契約,則保險人就不得解除契約。 (A)五年 (B)三年 (C)二年 (D)一年。

( ) **92** 某甲之父親投保終身壽險100萬,以某甲為受益人,但某甲一直到父親因疾病身故後三年,始知有權利申請其父的理賠金,此時? (A)若某甲可提出非因疏忽而不知情的證明時,請求權時效始可自該知情日起算 (B)保險人可拒絕理賠 (C)視情形而定 (D)以上皆非。

( ) **93** 若保險契約涉及訴訟,要保人的住所不在中華民國境內時,其訴訟之管轄法院為_____地方法院為第一審管轄法院。 (A)要保人以前住所 (B)保險公司所在地 (C)台北地區 (D)雙方契約約定。

( ) **94** 要保人中途請求終止契約,如果累積達有保單價值準備金,可以領回? (A)已繳全部保險費 (B)已積存責任準備金之金額 (C)由保險公司決定可領之金額 (D)解約金表所列解約金額。

( ) **95** 要保人以保單為質向保險人借款,借款到期應將本息償還保險公司,逾期未償之本息超過保單價值準備金時,保險契約? (A)無效 (B)立即失效 (C)經催告到達後逾三十天,即行停效 (D)立即停效。

( ) **96** 要保人以契約或遺囑變更受益人時,非經通知,不得對抗? (A)保險人 (B)受益人 (C)被保險人 (D)保險業務員。

( ) **97** 要保人在保險契約有效期間內得申請減少保險金額,但不得低於最低承保金額,其減少部分視為? (A)終止契約 (B)停效 (C)仍繼續有效 (D)解除契約。

( ) **98** 要保人行使契約撤銷權的方式? (A)親自到保險公司辦理 (B)以書面檢同保險單掛號郵寄 (C)以上皆是 (D)以上皆非。

( ) **99** 要保人於投保後，因不合本意，或因其他因素不想投保，為維護大眾權益，得撤回要保，此項權利稱為？ (A)契約同意權 (B)契約撤回權 (C)契約解除權 (D)契約撤銷權。

( ) **100** 要保人於保險契約停止效力之日起6個月後申請恢復效力時，下列敘述何者正確： (1)提出申請書 (2)繳清欠繳的保險費扣除停效期間的危險保險費 (3)提供被保險人可保證明？ (A)(2)(3) (B)(1)(2) (C)(1)(2)(3) (D)(1)(3)。

( ) **101** 要保人保單借款本息超過保單價值準備金仍未償還時，保險契約之效力即行停止，但保險公司應於停效日前 ＿＿＿＿ 以書面通知要保人。 (A)三十日 (B)三十五日 (C)四十日 (D)二十日。

( ) **102** 要保人故意致被保險人於死者，保險人？ (A)無須給付保險金，但應退還所繳保險費 (B)須給付保險金 (C)無須給付保險金，但應退還保單價值準備金予應得之人 (D)以上皆非。

( ) **103** 要保人若已交付保險費，且按照公司核保審查標準必獲承保無疑，雖然未經正式核保簽發保單，保險公司對於約定保險事故之發生？ (A)僅負擔約定金額一半之責任 (B)須負給付保險金之責任 (C)不負給付保險金之責任 (D)以上皆非。

( ) **104** 要保人破產時，保險契約定有受益人者，仍為 ＿＿＿＿ 之利益而存在。 (A)保險人 (B)被保險人 (C)要保人 (D)受益人。

( ) **105** 要保人欲停止自動墊繳應如何辦理？ (A)以口頭或書面通知保險公司均可 (B)以書面通知保險公司 (C)口頭告知業務員即可 (D)以口頭通知保險公司。

( ) **106** 要保人對下列何者應付通知保險人之義務？ (A)為保險人所知者 (B)經保險人聲明不必通知者 (C)為被保險人所知者 (D)依通常注意為保險人所應知，或無法諉為不知者。

( ) **107** 發生保險事故以後發覺被保險人投保年齡不實而致短繳保險費，且其錯誤非可歸責於保險公司者，受益人可得之金額為？
(A)原保險金額減掉應補繳之保費
(B)已繳保費不予退還，但錯誤發生在保險公司者，不在此限
(C)保險人無息退還所有已繳保費
(D)按原繳保險費比例減少保險金額。

( ) **108** 展期定期保險之展延期間？ (A)無任何限制之規定 (B)不得超過原契約滿期日 (C)不得超過原契約滿期日5年 (D)不得超過原契約滿期日1年。

（　）**109** 做為保險費原始憑證之團體保險之保險費收據，除應書有保險費金額外，並應檢附？　(A)被保險員工之薪資明細　(B)列有每一被保險員工保險費之明細表　(C)被保險員工之身分證影本　(D)被保險員工之戶籍謄本。

（　）**110** 現行人壽保險單示範條款規定，要保人或受益人應於知悉被保險人死亡或其他保險事故時：　(A)於十日內　(B)依契約規定日期，不得少於五日內　(C)不得少於三十日內　(D)即時通知保險公司。

（　）**111** 現行保單條款規定被保險人於契約訂立或復效之日起 ＿＿＿＿ 內故意自殺者，保險公司不負給付保險金之責任。　(A)三年　(B)二年　(C)四年　(D)一年。

（　）**112** 被保險人於投保後二年內自殺身故者，保險人：　(1)應將其保單價值準備金返還於應得之人　(2)有給付保險金之責任　(3)不負給付保險金之責任　(4)退還保費。　(A)(1)(2)　(B)(1)(3)　(C)(1)(4)　(D)(2)(4)。

（　）**113** 被保險人的投保年齡因保險人之責任計算錯誤，而致溢繳保險費者年齡計算錯誤，則？　(A)所簽訂的保險契約無效　(B)退還要保人溢繳保險費　(C)保險公司按比例提高保險金額而不退還溢繳部分保險費　(D)溢繳部分保險公司要加計利息。

（　）**114** 復效之申請，要保人應提出申請書並清償欠繳保險費，扣除停效期間的＿＿＿後之餘額，契約於翌日上午零時起恢復效力？　(A)附加保費　(B)純保費　(C)危險保費　(D)總保費。

（　）**115** 復效之保險契約其保險費之計算？　(A)由要保人與保險公司重行約定　(B)按復效時之年齡計算　(C)視個別契約而定　(D)按原投保年齡標準。

（　）**116** 復效申請，經保險公司同意並經要保人清償欠繳保險費扣除停效期間的 ＿＿＿＿ 後之餘額。　(A)純保費　(B)儲蓄保費　(C)危險保費　(D)附加保費。

（　）**117** 超過寬限期間仍未交付保險費者，保險契約即？　(A)終止　(B)解除　(C)失效　(D)停效。

（　）**118** 當要保人屆期未交付保險費，保險人自動墊繳其應繳保費及利息，若保單價值準備金之餘額不足墊繳一日的保險費且經催告到達後逾三十日仍未繳費時，保險契約效力即？　(A)無效　(B)停止　(C)終止　(D)以上皆非。

（　）**119** 壽險公司替保戶辦理自動墊繳保險費，如其本息超過該保單之 ＿＿＿＿＿ ，該保險契約即停止效力。　(A)解約金　(B)保單價值準備金　(C)已繳保險費一半時　(D)已繳保險費總額時。

（　）**120** 壽險契約停效後？　(A)不能恢復原契約　(B)保險人即有終止契約之權　(C)須於規定期限內清償保費、約定之利息及其他費用後始得恢復效力　(D)得於任何時間申請復效。

（　）**121** 辦理展期定期保險，下列敘述何者為非？　(A)以保單價值準備金的數額作為躉繳保費　(B)保單須累積達有保單價值準備金　(C)要保人須另外繳費　(D)應將保單送保險公司批註。

（　）**122** 辦理展期定期保險的要件為要保人繳足保險費累積達有 _____ 時。　(A)責任準備金　(B)保險費　(C)保單價值準備金　(D)保險金。

（　）**123** 下列何者正確？　(1)要保人得於收到保單翌日起起算十日內以書面檢同保險單撤銷契約　(2)契約撤銷之效力自要保人書面之意思表示到達保險公司翌日零時起生效　(3)契約撤銷之效力自要保人郵寄郵戳當日零時起生效　(4)契約撤銷生效前發生保險事故，保險公司仍應負保險責任。　(A)(1)(2)(4)　(B)(1)(2)(3)(4)　(C)(1)(3)(4)　(D)(1)(3)。

（　）**124** 關於自動墊繳，選出正確之選項？　(1)無須先扣除借款本息　(2)如有保單借款須先扣除其借款本息　(3)要保人得於次一墊繳日以前以書面通知保險公司停止保險費的自動墊繳　(4)保單須積存達有保單價值準備金。　(A)(2)(3)(4)　(B)(1)(3)(4)　(C)(1)(2)(4)　(D)(1)(2)(3)(4)。

傷害保險契約的條款規定

（　）**1** 下列何者非屬團體保險條款規定受益人請領身故保險金時應檢具之文件？　(A)被保險人死亡證明書及保險金申請書　(B)受益人身分證明　(C)被保險人之除戶戶籍謄本　(D)保險金申請書、受益人之戶籍謄本及印鑑證明。

（　）**2** 下列敘述何者為非？　(A)定期死亡的繳費期間是要保人與保險公司約定交付保險費的期間，一般而言「繳費期間」和「保險期間」不同　(B)保險金是保險事故發生時，保險公司依照保險契約約定給付的金額　(C)保險金額是保險公司同意承保的金額　(D)保險費是保險公司依據保險金額，保險費率及繳費方式等因素所計算出要保人每期應交付保險公司的金額。

（　）**3** 小明在5歲時投保人壽保險300萬，不幸於13歲時身故，請問死亡給付為？　(A)300萬　(B)200萬　(C)退還總繳保費並加計利息　(D)不予給付。

（　）**4** 以被保險人終身為期，不附生存條件之死亡保險契約，如保險費已付足二年以上而有不交付時，保險人？　(A)得以被保險人指定的方式處理　(B)得解除契約　(C)僅得減少保險金額　(D)得終止契約。

(　) **5** 未成年人投保含死亡保險金之傳統人壽保險契約，於到達法定投保年齡前身故者，保險公司應？　(A)依約給付保險金　(B)返還保單價值準備金　(C)返還帳戶價值　(D)得加計利息退還保費。

(　) **6** 某甲曾於五年前投保死亡保險200萬元，後該保險因未繳保費於去年一月停效，今年十月又辦理復效完畢，某甲於復效兩個月後即跳海自殺身故，保險人對本案應如何處理？　(A)不給付死亡保險金，但退還所繳保費　(B)完全不給付　(C)應照保險金額理賠　(D)僅返還保單價值準備金。

(　) **7** 被保險人因犯罪處死或拒捕或越獄致死者，但保險費付足二年以上者，則保險人？　(A)不得申請保險金　(B)得申請部份保險金　(C)應將其保單價值準備金返還於應得之人　(D)以上皆是。

(　) **8** 旅遊平安險，延長保險期間的條件？　(1)被保險人具乘客身分　(2)睡過頭　(3)劫機事故　(4)該班機預計抵達時間在保險契約期間內。　(A)(1)(3)　(B)(1)(2)(3)　(C)(1)(3)(4)　(D)(1)(2)(3)(4)。

(　) **9** 有關傷害險之敘述下列何者為非？
(A)不同意外傷害事故致成失能或身故保險金的給付，合計分別最高以保險金額為限
(B)因疾病導致死亡時，保險人不需給付保險金
(C)因遭受意外傷害事故，致其身體蒙受傷害而致失能或死亡時，保險人使給付保險金
(D)以收入做為危險估計主要依據。

(　) **10** 下列何者不是團體保險條款規定被保險人請領失能保險金應檢具之文件？
(A)被保險人印鑑證明書　(B)保險金申請書　(C)受益人身分證明　(D)失能診斷書。

(　) **11** 下列何者非受益人申領殘廢保險金應檢具之文件？　(A)保險金申請書及受益人之身分證明　(B)保險單或其謄本　(C)意外傷害事故證明文件　(D)失能診斷書。

(　) **12** 下列何者屬於傷害保險的除外責任？　(A)被保險人飲酒後駕（騎）車，其吐氣或血液所含酒精成份超過道路交通法令規定標準者　(B)被保險人犯罪行為　(C)要保人、被保險人的故意行為　(D)以上皆是。

(　) **13** 下列何者是旅行平安險延長保險期間的條件？　(1)被保險人具有乘客身分　(2)搭乘之交通工具領有載客執照　(3)該交通工具因故延遲抵達而非被保險人所能控制　(4)被保險人因睡過頭而趕不上該交通工具。　(A)(2)(3)　(B)(1)(2)(3)　(C)(1)(2)　(D)(2)(3)(4)。

(　　) **14** 下列何者為是？ (1)傷害保險之保險費不得以訴訟請求交付 (2)利害關係人不得代要保人交付保險費 (3)傷害保險之保險費到期未交付不適用寬限期間之規定。 (A)(1)(2)(3) (B)(1)(3) (C)(3) (D)以上皆不正確。

(　　) **15** 以下何者為非？ (A)失能保險金的受益人可由要保人變更 (B)受益人變更須由要保人書面申請並經被保險人同意 (C)年金保險的受益人為被保險人本人 (D)受益人之指定應明確，並可指定分配比例。

(　　) **16** 在個人傷害保險契約中，被保險人於契約有效期間之內，因遭受意外事故致其身體蒙受傷害，自意外傷害事故發生之日起 ＿＿＿＿ 內致死亡者，保險公司仍負保險責任。 (A)50天 (B)60天 (C)45天 (D)180天。

(　　) **17** 在傷害險除外責任中，若受益人其中之一故意至被保人於死者，則其他受益人是否能申請保險金？ (A)不得申領保險金 (B)得申領全部保險金 (C)得申領一半之保險金 (D)得申領部分保險金。

(　　) **18** 有關受益人之故意所致結果何者陳述正確？ (1)被保險人因受益人之故意，雖未致死，則保險公司仍應給付失能保險金 (2)被保險人因受益人故意致死且有其他受益人者，則其他受益人一併不得申請保險金 (3)被保險人因受益人之故意未致死，則該受益人喪失其受益權」。 (A)(2)(3) (B)(3) (C)(1)(3) (D)(2)(3)。

(　　) **19** 有關傷害保險契約，下列敘述何者正確？ (A)僅得以自己為被保險人投保 (B)以職業為危險估計的主要依據 (C)一律採「追溯生效」 (D)契約效力自保單所載翌日零時起生效。

(　　) **20** 吳七以本人為被保險人向保險公司投保終身死亡保險一百萬元，並附加傷害保險附約二百萬元，嗣後吳七因酗酒（超過標準酒精濃度值）駕車不慎肇事致死，並經檢警單位調查並無自殺情事，則保險公司應？ (A)全部不予理賠 (B)全部理賠 (C)只給付終身保險死亡保險金100萬 (D)只給付傷害保險。

(　　) **21** 投保旅行平安險時，若僅有要保人知保險事故已發生者，保險公司？ (A)依事故比例退還部分保險費 (B)加計利息退還保險費 (C)僅退還所繳保險費 (D)不退還所繳保險費。

(　　) **22** 依旅行平安保險示範條款第3條規定保險期間由何時開始起算？ (A)保單上所載之日時 (B)受理要保書之日 (C)接受體檢之日 (D)同意承保之日。

(　　) **23** 傷害保險費率係按被保險人之？ (1)薪資 (2)性別 (3)職業 (4)工作環境，之不同作為主要的依據。 (A)(2)(3)(4) (B)(3)(4) (C)(1)(2)(3) (D)(1)(2)(3)(4)。

(　) **24** 個人傷害保險契約之被保險人，其死亡在意外傷害事故發生之日後超過180日者？　(A)縱使能證明死亡與意外傷害事故具有因果關係，仍不給付死亡保險金　(B)若能證明死亡與意外傷害事故有因果關係，則給付死亡保險金　(C)一概被認定為死亡與意外傷害事故無因果關係　(D)以上皆非。

(　) **25** 旅行平安保險之保險期間為？　(A)以保險公司簽發保單日至意外事故發生日止　(B)以保單所載期間的始日午夜十二時終日午夜十二時　(C)以保單所載日時為準　(D)以上皆非。

(　) **26** 旅行平安保險單示範條款有延長保險期間之規定，其要件包括？　(1)被保險人須為乘客　(2)搭乘之交通工具須領有載客執照　(3)該交通工具因故延遲抵達為被保險人所能控制(4)該交通工具之預定抵達時刻在保險期間內。(A)(1)(2)　(B)(1)(2)(4)　(C)(1)(2)(3)(4)　(D)(1)(2)(3)。

(　) **27** 旅行平安險在下列何種情況下可以延長保險期間？　甲、被保人具有乘客身份；乙、搭乘之交通工具領有載客執照；丙、該交通工具因故延遲抵達而非被保人所能控制；丁、被保人因睡過頭趕不上該交通工具。　(A)甲乙　(B)乙丙　(C)乙丙丁　(D)甲乙丙。

(　) **28** 張三投保500萬元附加醫療保險特約之傷害保險，嗣後張三因保險事故住院治療，保險公司給付20萬元的醫療保險金；結果在保險期間終了前一個月，張三因意外車禍喪生，保險公司須給付多少死亡保險金？　(A)500萬　(B)480萬　(C)不賠　(D)以上皆非。

(　) **29** 現行個人傷害保險與旅行平安保險示範條款規定，殘廢保險金及醫療保險金之受益人以何人為限？　(A)可由要保人指定　(B)限為被保險人本人，不得指定或變更　(C)可由保險人指定　(D)以被保險人之法定繼承人。

(　) **30** 陳光華的父親曾於生前投保傷害保險200萬元，並以陳光華為受益人，但陳光華一直到父親因疾病死亡後二年，始知父親有購買此類保險，此時保險公司？　(A)陳光華須證明確係不知其父投保事實才延遲申請，否則保險公司仍得拒絕給付　(B)仍應如額給付　(C)不給付其理賠金　(D)以上皆非。

(　) **31** 傷害保險之要保人得於 ＿＿＿＿ 以書面通知保險公司終止契約。　(A)15日內　(B)10日內　(C)30日內　(D)隨時。

(　) **32** 傷害保險與人壽保險在契約條款上，有何相異之處？　(A)承保事故　(B)保險期間　(C)契約生效日　(D)以上皆是。

(　) **33** 傷害保險訂立時，「僅要保人知保險事故已發生者，契約無效」，保險公司應 ＿＿＿＿ 所收受之保險費。　(A)退還　(B)酌情退還　(C)不退還　(D)公司與保戶協調。

住院醫療保險契約的條款規定

（　　）**1** 下列何者不是住院醫療費用保險單示範條款規定的除外責任？　(A)葡萄胎　(B)外觀可見的天生畸型　(C)人工受孕　(D)健康檢查。

（　　）**2** 下列何者不是健康保險給付事由？　(1)被保險人故意自殺　(2)被保險人住院健康檢查　(3)被保險人墮胎所致之死亡　(4)被保險人因車禍流產。　(A)(1)(2)(3)　(B)(1)(2)(3)(4)　(C)(1)(3)　(D)(4)。

（　　）**3** 下列何者非屬住院醫療費用保險單示範條款（實支實付型）第6條規定之住院醫療費用保險金給付費用項目？　(A)掛號費及證明文件　(B)裝設義肢之費用　(C)醫師指示用藥　(D)來往醫院之救護車費。

（　　）**4** 被保險人投保健康保險後，因疾病致成死亡、失能時，保險公司？　(A)酌給保險金　(B)應給付保險金　(C)酌給慰問金　(D)不給付保險金。

（　　）**5** 下列何者是健康保險給付事由？　(A)被保險人墮胎所致之死亡　(B)被保險人故意自殺　(C)被保險人因車禍失能　(D)被保險人因車禍流產。

（　　）**6** 因同一疾病或傷害或因此引起之併發症，於出院後幾日內於同一醫院再次住院時，視為同一次住院辦理？　(A)15日　(B)14日　(C)30日　(D)10日。

（　　）**7** 根據住院醫療費用保險單示範條款（實支實付型）第6條規定，下列何者不在給付項目範圍內？　(A)指定醫師　(B)來往醫院之救護車費　(C)醫師指示用藥　(D)裝設義齒。

（　　）**8** 健康保險被保險人故意自殺或墮胎所致疾病、失能、流產或死亡，則保險人？　(A)墮胎身故者不理賠，故意自殺者須理賠　(B)毋須負給付保險金額之責任　(C)須負給付保險金額之責　(D)故意自殺身故者不理賠，墮胎身故者須理賠。

傳統型年金保險契約的條款規定

（　　）**1** 年金保險身故受益人故意致被保險人於死？　(A)未支領年金餘額應給付予其他應得之人　(B)請求未支領年金餘額之權不受影響　(C)受益人無請求未支領年金餘額之權　(D)未支領年金餘額應解交國庫。

（　　）**2** 年金保險契約得辦理減少保險金額者為？　(A)遞延年金開始給付後　(B)遞延年金開始給付前　(C)即期年金開始給付後　(D)沒有限制。

(　) **3** 年金保險被保險人身故後，若仍有未支領之年金餘額時，身故受益人申領年金給付時應檢具下列哪些文件？　(1)保險單或其謄本　(2)被保險人死亡證明及除戶戶籍謄本　(3)受益人身分證明　(4)要保人身分證明。(A)(1)(2)(3)　(B)(1)(2)(3)(4)　(C)(1)(2)(4)　(D)(2)(3)(4)。

(　) **4** 年金保險辦理減少年金金額後，其減少部分視為？　(A)撤銷契約　(B)停止契約　(C)終止契約　(D)解除契約。

(　) **5** 年金開始給付前，要保人可以辦理？　(1)減少保險金額　(2)減額繳清保險　(3)解約　(4)保險單貸款。　(A)(2)(3)(4)　(B)(3)(4)　(C)(1)(2)(3)(4)　(D)(1)(2)。

(　) **6** 年金開始給付後，要保人即不得要求辦理？　(A)減額繳清保險　(B)減少年金金額　(C)終止契約或保險單借款　(D)以上皆是。

(　) **7** 有關年金保險之敘述，何者為是？　(1)保險費不得以訴訟方式請求交付　(2)利害關係人均得代要保人交付保險費　(3)保險費到期未交付不適用寬限期間之規定　(4)由第三人訂立之契約，未經被保險人書面承認並約定保險金額者契約無效。　(A)(1)(2)　(B)(1)(2)(4)　(C)(1)(2)(3)(4)　(D)(2)(4)。

(　) **8** 年金保險被保險人先交付保險費，而於簽發保險單前身故時，保險人應？
(A)返還所繳保險費
(B)給付保證金額年金
(C)遞延年金返還解約金或保單價值準備金，即期年金則不返還
(D)返還解約金或保單價值準備金。

(　) **9** 遞延年金保險第二期以後保險費如未依約繳付，依保險法第117條規定保險公司僅得？　(A)終止契約　(B)解除契約　(C)減少年金金額　(D)以上皆非。

(　)**10** 年金保險中如被保險人身故，仍有未支領之年金餘額時，該餘額？　(A)其半數應作為被保險人之遺產　(B)應作為被保險人之遺產　(C)應作為要保人之遺產　(D)不得作為被保險人之遺產。

利率變動型年金保險契約的條款規定

(　) **1** 保險公司設計之利率變動型年金乙型，可含有何種保證？　(A)保證期間　(B)保證金額　(C)保證利率　(D)以上皆是。

(　) **2** 利率變動型年金的宣告利率以保證 _____ 為原則。　(A)二年　(B)一年　(C)一個月　(D)一季。

解答與解析

人壽保險契約的條款規定

1 (A)。出自：人壽保險單示範條款第1條。

2 (D)。寬限期間：保險公司對投保人未按時繳續期保費所給予的寬限時間。

3 (D)。要保人累積有保單價值準備金時，可在範圍內申請保險單借款，當未償還本息超過保單價值準備金時，契約停效。

4 (B)。(1)自終止日後失效；(4)解除後效力自始不存在。

5 (B)。展期定期保險：保額＝原保額－保單借款－墊繳保費。以保價金一次繳清保費。險種不變、保額不變、保險期間變短。

6 (A)。保險責任：即契約效力，自保險公司同意承保，簽發保單後，效力回溯自要保人繳交第一次保險費時開始。

7 (C)

8 (D)。民法是保險法的母法。

9 (A)。人為終止：可分為要保人之終止、保險人之終止。

10 (C)。受益人之受益權如欲轉讓他人須經要保人同意，如另有被保險人，尚須經其書面承認。

11 (B)

12 (A)。出自：保險法第116條。

13 (D)

14 (A)。訴訟請求交付保費：壽險、年金險→不得；傷害險→得。

15 (D)。(D)應以書面通知保險人及要保人。

16 (A)。死亡契約需被保險人同意。

17 (A)。(A)除被保險人之危險程度有重大變更已達拒絕承保外，保險人不得拒絕復效。

18 (D)。(D)知有解除原因後一個月內；或契約訂立後二年內，均可解除。

19 (B)。(2)經催告、30日寬限期後停效，停效2年後終止；(4)2年。

20 (B)。壽險除外責任有四個：受益人故意致被保人於死、要保人故意致被保人於死、被保人自殺、被保人因犯罪而死。

21 (A)。壽險除外責任有四個：受益人故意致被保人於死、要保人故意致被保人於死、被保人自殺、被保人因犯罪而死。

22 (B)。乙、除失效逾2年未復效，保險人不得隨意終止；丙、訂約時，已知保險事故發生，其契約無效。

23 (A)。不論有無體檢，要保人均得主張撤銷權。

24 (B)。(1)不得；(2)是當事人；(3)一個月內；(4)2年。

25 (A)。(1)訴訟請求交付保費：壽險、年金險→不得；傷害險→得；(3)要保人未聲明放棄處分，仍得以契約或遺囑處分之。

26 (C)

27 (C)。(A)是繳費期間不是有效期間；(B)被保險人身體遭受損害。

28 (D)。(D)無法加以指定或變更。

29 (D)。保費付足兩年，因故終止：人壽保險、犯罪致死→返還保單價值準備金；死亡保險、遞延年金→減少保額。

30 (D)

31 (B)。(B)自催告到達翌日起30日內為寬限期間，自寬限期間終了翌日（第31日）開始計息。

32 (A)。弱體承保，屬於有條件承保，費用較高，依「標準體」計價，才符合公平原則。

33 (C)。年齡錯誤：超過最高投保年齡→契約無效、無息退款；未超過最高投保年齡→溢繳退還，短繳補足。故(C)無效。

34 (C)。(A)任何人均可；(B)無效；(D)自殺：壽險→2年內歸還保單價值準備金，2年後才會理賠；傷害險、健康險→皆不理賠。

35 (C)。(C)除被保險人之危險程度有重大變更已達拒絕承保外，保險人不得拒絕復效。

36 (D)。保險停效後：2年內→可申請復效；超過2年→無法復效，保單作廢。

37 (A)。危險保費：停效期間不提供保障，故該期間的危險成本（即該期間的保費）也不會收取。故復效補繳時可扣除。

38 (C)。保險責任：即契約效力，自保險公司同意承保，簽發保單後，效力回溯自要保人繳交第一次保險費時開始。

39 (B)。事故後發現年齡錯誤：溢繳且錯在保險公司→按比例提高保額；短繳且錯不在公司→按比例降低保額。

40 (A)。年齡錯誤：超過最高投保年齡→契約無效、無息退款；未超過最高投保年齡→溢繳退還，短繳補足。

41 (B)。保險人知有解除原因後，一個月不行使而消滅；或訂契後經二年，即有解除原因，亦不得解約。

42 (D)。(D)仍負保險責任。

43 (C)。投保年齡超過最大可保年齡，保險公司應主張契約無效，並無息退還已繳保費。

44 (B)。自動墊繳：保戶過寬限期仍未繳費，保險公司以保單價值準備金，自動墊繳當期費用，以維持契約繼續有效。

45 (D)。(1)要保人與保險公司約定；(2)得約定；(3)繳費期間≦保險期間。但一般而言，繳費期間＝保險期間；(4)兩者無關。

46 (B)。(B)逾催告到達後30日才停效。

47 (D)。(D)價值準備金餘額不足墊繳一日的保費，經催告到達後屆30日，仍不交付時，契約效力停止。

48 (C)。年齡錯誤：超過最高投保年齡→契約無效、無息退款；未超過最高投保年齡→溢繳退還，短繳補足。

49 (A)。(A)自動墊繳的保險契約，給付保險金時會先扣還墊繳之保費本息。

50 (D)。(1)補繳欠繳保費即可。

51 (A)。(B)2年內；(C)翌日零時生效。

52 (C)。保險契約所生之權利，自得為請求之日起，經過二年不行使而消滅。

53 (A)。(A)自催告到達翌日起30日內為寬限期間，自寬限期間終了翌日（第31日）開始計息。

54 **(A)**

55 **(A)**。通知義務：發生保險事故→5日
內通知保險公司；保險事故發生危險有
增加之情形→10日內通知保險公司。

56 **(A)**

57 **(B)**。(A)催告未繳後停效；(C)解約；
(D)解約。

58 **(B)**。計算：保單價值準備金→預定利
率、預定危險發生率。責任準備金→責
任準備金利率、責任準備金發生率。

59 **(C)**。停效：停效前契約有效，因故停
效後，契約無效，可復效。失效：與
停效同，但不可復效。無效：契約自
始沒有效力。

60 **(A)**。保險利益：又稱可保權益，指要
保人對被保險人具有利害關係而享有
經濟利益。

61 **(B)**

62 **(C)**。契約中約定事項顯有失公平者→
作有利於被保險人之解釋為原則。

63 **(B)**

64 **(B)**。出自：保險法第69條。→主約不
因特約無效而失效。

65 **(A)**。自動墊繳保費的利息，自寬限期
限終了翌日起算。逾一年經催告仍未償
付，得將利息滾入墊繳保費再行計息。

66 **(D)**。自動墊繳的錢來自保單價值準
備金。

67 **(D)**。保險法第124條：壽險之要保
人、被保險人、受益人，對於被保險人
之保單價值準備金，有優先受償之權。

68 **(C)**。受益人申領「失能保險金」應檢
具：保險單或其謄本、保險金申請書、
失能診斷書、受益人的身分證明。

69 **(A)**。受益人加害被保險人：致死→
該受益人喪失受益權，由其他受益人
全部申領；未死→被保險人全部申請
（傷害險）。

70 **(B)**。但不得超過本保單辦理保單借款
的利率。

71 **(D)**。人為終止：要保人終止、保險人
終止。法定終止：保險人破產、保險
標的非因契約所載之事項消滅。

72 **(C)**。保險公司預收第一期保費後15日
內不為意思表示者，視為同意承保。
要保人於保險單送達翌日起10日內，
得撤銷。

73 **(D)**

74 **(B)**。修法前：未滿14歲之未成年人；
修法前：未滿15歲之未成年人。

75 **(D)**。複保險：要保人對同一保險利
益、同一保險事故與數家保險公司分
別訂立數個保險契約。

76 **(D)**。年齡錯誤：超過最高投保年齡→
契約無效、無息退款；未超過最高投
保年齡→溢繳退還，短繳補足。

77 **(B)**。可歸責於要保人或受益人→保險
公司得不負擔利息。

78 **(D)**

79 **(D)**。因為要保人與保險公司為保險契
約之當事人。

80 **(D)**。保險停效後2年內，保戶可申請
復效。超過2年則無法復效，該保單
作廢。

81 (A)

82 (C)。行使權利履行義務，應依誠實及信用之方法。故誠信原則為民事契約的「帝王條款」。

83 (A)。「減額繳清保險」或「展期定期保險」皆為一次繳清的躉繳保險費，要保人不必再繳保險費。

84 (C)

85 (C)。保單價值準備金：保戶的保單價值，是保單借款和解約金的計算基礎。

86 (A)。但不得超過本保單辦理保單借款的利率。

87 (B)。保險費自動墊繳期，該保險契約仍正常有效。

88 (D)。保險公司因無法履行契約，有損及保戶權益之虞，主管機關得為：監管、接管、勒令停業清理、命令解散之處分。

89 (C)。解除：自始不存在；終止：終止後不存在，終止前存在。

90 (A)。因為要保人與保險公司為保險契約之當事人。

91 (C)。保險人知有解除原因後，一個月不行使而消滅；或訂契後經二年，即有解除原因，亦不得解約。

92 (A)

93 (B)。保險契約當事人為要保人、保險公司，若要保人不在國內，則以保險公司所在地為管轄法院。

94 (D)。要保人中途終止契約（即解約），壽險→可領回解約金表所列之金額；投資型保單→可領回帳戶價值。

95 (D)。保險公司應於借款本息≥保單價值準備金之30日前，書面通知要保人，30日內未返還者，契約次日起停效。

96 (A)。因為要保人與保險公司為保險契約之當事人。

97 (A)。有效期間減少保額：減少部分之前仍有效，自減少後，此部分才無效（終止）。

98 (C)

99 (D)。(A)屬於要保人、被保險人；(B)保險法尚無此種權；(C)屬於保險人；(D)屬於要保人。

100 (C)。復效之申請：1.要保人提出申請書、2.清償欠繳保費－停效期的危險保費、3.被保險人可保證明。

101 (A)。保單借款：借款本息＞保價金，書面通知後仍未返還，契約停效。自動墊繳：保價金＞一日保費，催告30日後未交付，契約停效。

102 (C)。壽險除外責任有四個：受益人故意致被保人於死、要保人故意致被保人於死、被保人自殺、被保人因犯罪而死。

103 (B)。必獲承保無疑→保險公司須負給付保險金之責任。

104 (D)。要保人破產時，保險契約仍為受益人之利益而存在。受益人對保單價值準備金，有優先受償之權。

105 (B)。要保人得於次一墊繳日前以書面通知保險公司停止保險費的自動墊繳。

106 (C)。不負通知義務：為他方所知者、依通常注意為他方所應知，或

無法諉為不知者、他方聲明不必通知者。

107 (D)。事故後發現年齡錯誤：溢繳且錯在保險公司→按比例提高保額；短繳且錯不在公司→按比例降低保額。

108 (B)。展期定期保險：險種不變、保額不變、保險期間變短。故不可超過原滿期日。

109 (B)。出自：營利事業所得稅查核準則第83條。

110 (B)。要保人或受益人應於知悉保險事故5日內通知保險公司，保險公司15日內須為給付。

111 (B)。自殺：壽險→2年內歸還保單價值準備金，2年後才會理賠；傷害險、健康險→皆不理賠。

112 (B)。(2)自殺：壽險→2年內歸還保單價值準備金，2年後才會理賠；傷害險、健康險→皆不理賠；(4)返還保單價值準備金於應得之人。

113 (C)。發生保險事故後，始發覺錯誤發生在保險公司，應按比例提高保險金額，而不退還溢繳部分。

114 (C)。復效之申請：1.要保人提出申請書、2.清償欠繳保費－停效期的危險保費、3.被保險人可保證明。

115 (D)

116 (C)。復效之申請：1.要保人提出申請書、2.清償欠繳保費－停效期的危險保費、3.被保險人可保證明。

117 (D)

118 (B)。超過寬限期間（30日）仍未交付保險費，保險契約停效。

119 (B)。自動墊繳的錢來自保單價值準備金。

120 (C)。停效：之前有效、之後無效，可復效；失效：之前有效、之後無效，不可復效；無效：自始無效。

121 (C)。(C)以保單價值準備金一次繳清，無須另外繳費。

122 (C)

123 (A)。收到保單→10日內向保險公司書面表示撤銷→郵戳日之翌日零時撤銷生效。

124 (A)。(1)須先扣除借款本息，才開始自動墊繳。

傷害保險契約的條款規定

1 (D)。受益人申領「身故保險金」應檢具：保險單或其謄本、保險金申請書、被保險人死亡證明及除戶謄本、受益人身分證明。

2 (A)。繳費期間≦保險期間。但一般而言，繳費期間＝保險期間。

3 (C)。死亡給付滿15歲生效；未滿15歲前死亡，加計利息退還保險費。

4 (C)。保費付足兩年，因故終止：人壽保險、犯罪致死→返還保單價值準備金；死亡保險、遞延年金→減少保額。

5 (D)。投資型保險→返還帳戶；一般人壽→用加計利息退還。

6 (D)。自殺：壽險→2年內歸還保單價值準備金，2年後才會理賠；傷害險、健康險→皆不理賠。

7 **(C)**。保費付足兩年，因故終止：人壽保險、犯罪致死→返還保單價值準備金；死亡保險、遞延年金→減少保額。

8 **(C)**。自動延長條件：非被保險人所能控制者。

9 **(D)**。(D)以職業類別參考表區分危險等級為主要依據。

10 **(A)**。受益人申領「失能保險金」應檢具：保險單或其謄本、保險金申請書、失能診斷書、受益人的身分證明。

11 **(C)**

12 **(D)**。傷害保險的除外責任：故意行為、犯罪行為、酒駕、戰爭、核爆。

13 **(B)**。自動延長條件：非被保險人所能控制者。

14 **(D)**。訴訟交付：人壽保險、年金保險之保險費→不得請求；傷害保險之保險費→得請求；(2)得代繳；(3)適用。

15 **(A)**。失能保險、醫療保險、年金保險（生前）之受益人：為被保險人本人，無法指定或變更。

16 **(D)**。造成意外傷害事故，自發生：180日內→保險公司負保險責任。超過180日→若證明與事故有關，保險公司仍負保險責任。

17 **(B)**。受益人加害被保險人：致死→該受益人喪失受益權，由其他受益人全部申領；未死→被保險人申領（傷害險）。

18 **(C)**

19 **(B)**。(A)得替第三人投保；(C)(D)自保單所載期間的起始日午夜12時生效。

20 **(C)**。自殺：壽險→2年內歸還保單價值準備金，2年後才會理賠；傷害險、健康險→皆不理賠。故意造成之傷害，傷害險不理賠。

21 **(D)**。本契約訂立時，僅要保人知保險事故已發生者，契約無效。保險公司不退還所收受之保險費。

22 **(A)**

23 **(B)**。傷害保險契約，以職業為危險估計的主要依據。

24 **(B)**。造成意外傷害事故，自發生：180日內→保險公司負保險責任。超過180日→若證明與事故有關，保險公司仍負保險責任。

25 **(C)**

26 **(B)**。自動延長條件：非被保險人所能控制者。

27 **(D)**

28 **(A)**。失能理賠與死亡理賠分開計算。

29 **(B)**。失能保險、醫療保險、年金保險（生前）之受益人：為被保險人本人，無法指定或變更。

30 **(C)**。傷害保險不理賠因病死亡。

31 **(D)**。傷害保險要保人得隨時終止契約，以書面通知，並於保險公司收到通知時，開始生效。

32 **(D)**。傷害保險與壽險之契約有何不同之處：費率計算基礎、承保的範圍、核保考量。

33 **(C)**。本契約訂立時，僅要保人知保險事故已發生者，契約無效。本公司不退還所收受之保險費。

住院醫療保險契約的條款規定

1 (A)　2 (A)

3 (B)。給付項目：病房差額、膳食費、護理費、診察費、指示用藥、輸血、掛號、救護車、超過全民健保之醫療費。

4 (B)。健康保險：當被保險人疾病、分娩及其所致失能或死亡時，負給付保險金額之責。

5 (D)。健康保險：當被保險人疾病、分娩及其所致失能或死亡時，負給付保險金額之責。

6 (B)。因同一傷病，或引起之併發症，出院後14日內於同一醫院再次住院，視為一次住院辦理。

7 (D)。給付項目：病房差額、膳食費、護理費、診察費、指示用藥、輸血、掛號、救護車、超過全民健保之醫療費、同事故門診費。

8 (B)。健康保險：當被保險人疾病、分娩及其所致失能或死亡時，負給付保險金額之責。

傳統型年金保險契約的條款規定

1 (A)。受益人加害被保險人：致死→該受益人喪失受益權，由其他受益人全部申領；未死→被保險人申領（傷害險）。

2 (B)。年金開始給付前：可調整變更部分契約內容；年金開始給付後：不可再變更。

3 (A)。受益人申領「身故保險金」應檢具：保險單或其謄本、保險金申請書、被保險人死亡證明及除戶謄本、受益人身分證明。

4 (C)

5 (C)。年金開始給付前：以上皆可；年金開始給付後：以上皆不可。

6 (D)

7 (A)。(3)適用；(4)未經保險人承認：死亡險→無效、年金險→有效。

8 (A)。被保險人身故：保單簽發前→返還已繳保費；保單簽發後，開始給付前→返還已繳保費或保單價值準備金。

9 (C)。遞延年金保險第二期以後保險費如未依約交付，無寬限期間及停效之適用，保險公司僅得減少年金金額。

10 (D)。由年金受益人支領剩餘年金餘額。

利率變動型年金保險契約的條款規定

1 (A)。甲型：可含有保證期間、保證金額給付；乙型：僅可含有保證期間給付。

2 (B)。每月宣告一次，每次的保證時間為一年。

焦點觀念題組

失能保險的給付

( ) **1** 傷害保險之「失能保險金」不論被保險人失能次數及程度如何，給付總金額皆不得超過？　(A)所繳保費總額　(B)保險金額　(C)保單價值準備金 (D)以上皆非。

( ) **2** 傷害保險因同一意外傷害事故致成殘廢後身故的保險給付？　(A)殘廢及身故保險金的給付合計最高以保險金額為限　(B)身故保險金最高以保險金額為限，殘廢保險金沒有限制　(C)殘廢保險金最高以保險金額為限，身故保險金沒有限制　(D)殘廢或身故保險金的給付分別最高以保險金額為限。

( ) **3** 小明投保1000萬的傷害保險，嗣後因意外十手指缺失領取750萬的殘廢保險金，又於保險契約有效期間內發生意外事故以致雙目失明，則小明可以再領取多少保險金？　(A)750萬　(B)500萬　(C)250萬　(D)1,000萬。

( ) **4** 若某乙投保100萬傷害險，因意外引起致右手腕關結以下機能永久喪失，領取保險金50萬元，於保險契約到期前5個月，又發生意外導致四肢機能永久完全喪失，則可再領多少保險金？　(A)50萬　(B)20萬　(C)30萬　(D)70萬元。

( ) **5** 某甲投保200萬元的傷害保險，曾領取60萬的失能保險金，若保險期間終了前被保險人又因另一保險事故導致死亡，則受益人得領取 ＿＿＿ 之身故保險金。　(A)170萬　(B)200萬　(C)100萬　(D)140萬。

( ) **6** 阿華投保1000萬元的傷害保險，嗣後因意外一目失明領取400萬元的失能保險金，阿華若於保險期間終了前發生意外事故死亡，則其受益人可領取多少金額的身故保險金？　(A)600萬元　(B)500萬元　(C)1,000萬元　(D)不得領取。

( ) **7** 失能保險金不論被保險人殘廢之次數及程度如何，受益人得申請之總金額皆不得超過？　(A)所繳保險費總額　(B)保險金額　(C)與保險人約定之金額　(D)保單價值準備金。

催告與寬限期間

( ) **1** 依人壽保險單示範條款規定，下列何種繳別須經催告程序以計算寬限期間？　(A)月繳　(B)季繳　(C)年繳　(D)以上皆是。

( ) **2** 依人壽保險單示範條款規定，約定以金融機構轉帳繳納保險費者，何種繳別須經催告程序以計算寬限期間？ (A)月繳 (B)季繳 (C)年繳 (D)以上皆是。

( ) **3** 保險費如係年繳或半年繳者，其保險費繳納的寬限期間？ (A)起算得免經催告 (B)起算需經催告程序 (C)得低於30日 (D)以上皆是。

( ) **4** 保險費繳納的寬限期間是？ (A)30日 (B)20日 (C)180日 (D)60日。

( ) **5** 月繳或季繳保險契約第二期以後分期保險費到期未交付，其寬限期間之起算日為？ (A)保險費應繳日 (B)催告到達之翌日 (C)保險費應繳日之翌日 (D)催告到達之日。

( ) **6** 季繳月繳保險費逾期未繳之寬限期？ (A)催告日30日內 (B)交付日30日內 (C)催告日隔日30日內 (D)交付日隔日OO日（不得低於30日）內。

( ) **7** 保險契約的寬限期如係月繳或季繳者？ (A)免經催告程序 (B)電話告知即可 (C)需催告程序 (D)需有書面通知。

( ) **8** 保險契約寬限期如係月繳或季繳者？ (A)需經要保人收到催告通知翌日起算 (B)自保險單所載之保單交付日期之翌日起算 (C)視其保單價值準備金而定 (D)以上皆非。

( ) **9** 關於寬限期間之述敘，選出錯誤之選項？ (1)逾寬限期間仍未繳付保險費者，契約至寬限期間終了之翌日起終止效力 (2)如在寬限期間發生保險事故，保險公司仍負給付責任 (3)年繳或半年繳件，自保單所載之交付日期之翌日起30日為寬限期間 (4)季繳或月繳件，至催告到達日期之翌日起30日為寬限期。 (A)(1)(2)(3)(4) (B)(2)(3)(4) (C)(1)(3)(4) (D)(3)(4)。

( )**10** 保險契約在保險費於限期未交付，致使保險契約效力停止謂之？ (A)無效 (B)解約 (C)失效 (D)停效。

契約撤銷權

( ) **1** 目前在個人兩年期以上的壽險契約及年金險契約，均提供保戶可以在收到保險單後若干日內行使契約撤銷之權利？ (A)10日 (B)5日 (C)20日 (D)15日。

( ) **2** 保險業務員向客戶招攬傳統型個人人壽保險時，應提供商品條款交給客戶閱讀，期間不得低於幾日之審閱？ (A)三日 (B)五日 (C)十日 (D)三十日。

(　) **3** 契約撤銷權之規定適用於自81年4月1日起簽約之個人 _____ 保險契約。
(A)二年期以上　(B)五年期以上　(C)十年期以上　(D)二十年期以上。

(　) **4** 契約撤銷權行始之期間為？　(A)保險公司寄出保單起算10日內　(B)要保人收到保險單起算10日內　(C)保單生效日起算10日內　(D)要保人於保險單送達的翌日起算10日內。

(　) **5** 要保人得於 _____ 內，請求撤銷要保。　(A)收到保險單翌日起算十日
(B)收到保險單之日起算十日　(C)繳納保險費之日起算十日　(D)繳納保險費翌日起算十日。

(　) **6** 年金保險契約規定要保人於保單送達幾日內，得以書面檢同保險單向保險公司撤銷保險契約？　(A)10日　(B)5日　(C)15日　(D)20日。

(　) **7** 年金保險契約，要保人依規定行使契約撤銷權，其撤銷效力應自要保人書面之意思表達到達之 _____ 起生效。　(A)翌日零時　(B)翌日12時
(C)當日零時　(D)以上皆非

(　) **8** 李小明於投保後，因發覺保險契約的內容不合當初本意，於是李君本人到保險公司的保戶服務部門行使契約撤銷，試問其撤銷之效力自 _____ ，該契約自始無效。　(A)親自送達當日午夜12時　(B)親自送達時　(C)當日零時　(D)翌日零時起。

(　) **9** 契約撤銷權何時生效？　(A)自要保人郵寄郵戳當日零時起生效　(B)自要保人親自送達時起生效　(C)自要保人書面之意思表示到達翌日零時起生效
(D)自要保人書面之意思表示到達當日零時起生效。

(　)**10** 要保人行使契約撤銷權生效後，則？　(A)契約自行使撤銷權當日起無效
(B)保險人應計息退還保費　(C)契約自始無效　(D)保險人得扣除手續費。

減額繳清保險

(　) **1** 所謂減額繳清保險為？　(A)保險金額不變，保險期間縮短　(B)保險金額減少，保險期間縮短　(C)保險金額減少，保險期間增長　(D)保險金額減少，保險期間不變。

(　) **2** 辦理減額繳清保險，下列敘述何者不正確？　(A)應將保單送保險公司批註
(B)保單須累積達有保單價值準備金　(C)要保人須另外補繳保險費　(D)其保額係以變更時之保單價值準備金加上保單紅利扣除欠繳保費或借款本息或墊繳本息後之淨額辦理。

( ) **3** 改為繳清保險後的保險是？ (A)與原保險同一種類 (B)比原保險好一點 (C)與原保險種類不相同 (D)比原保險差一點。

( ) **4** 保險契約改變為繳清保險以後，保戶的保障？ (A)增加一倍 (B)相同 (C)增加二倍 (D)縮小。

( ) **5** 保險契約變更為繳清保險後，契約之保險種類？ (A)改變 (B)不變 (C)不一定 (D)以上皆非。

( ) **6** 要保人得依壽險公司的規定，在繳納保險費 _____ ，可將保險契約變更為繳清保險。 (A)滿五年以上 (B)滿半年以上 (C)滿三年以上 (D)累積達保單價值準備金時。

( ) **7** 年金保險保單辦理減額繳清保險時？ (A)得扣除原保險金額百分之二之營業費用 (B)得扣除原保險金額百分之三之營業費用 (C)得扣除原保險金額百分之一之營業費用 (D)不扣除任何費用。

保險金／解約金的給付

( ) **1** 一般而言，請求給付保險金的權利，自得為請求之日起，經過 _____ 不行使而消滅。 (A)十五年 (B)一年 (C)二年 (D)五年。

( ) **2** 保戶投保壽險累積達有保單價值準備金時，若辦理解約，依保險法規定，保險公司應於接到通知多久償付解約金？ (A)10天內 (B)1個月內 (C)15天內 (D)3個月內。

( ) **3** 保險公司於收齊保險金申請所需文件後的 _____ 天之內須給付保險金，逾期保險公司應按年利一分加計利息給付。 (A)5日 (B)10日 (C)15日 (D)20日。

( ) **4** 保險法第34條規定保險人應付之賠償金額確定後，應於約定期限內給付之，無約定者應於接到通知後幾日內給付之？ (A)10日 (B)30日 (C)20日 (D)15日。

( ) **5** 保險法規定事故發生的通知，要保人、被保險人或受益人，應於知悉後不得少於幾日內通知保險人？ (A)5日 (B)10日 (C)15日 (D)20日。

( ) **6** 要保人終止保險契約，而保險費已付足一年以上者，保險人應於接到通知後一個月內償付解約金，其金額不得低於要保人應得保單價值準備金之？ (A)二分之一 (B)四分之一 (C)四分之三 (D)三分之一。

(　) **7** 有關分紅保單與不分紅保單之解約金數值，下列何者不可能為其對保單價值準備金之基礎？　(A)90%　(B)70%　(C)75%　(D)85%。

(　) **8** 要保人終止保險契約時，須繳費多久才能領得解約金？　(A)五年　(B)二年　(C)三年　(D)只要繳費累積達有保單價值準備金。

職業變更通知

(　) **1** 被保險人職業變更時，應即通知保險人，保險人得重估其危險變動的程度？　(A)主張契約無效　(B)增加保險金額　(C)解除契約　(D)重訂保險費。

(　) **2** 某甲購買傷害險時任於國中教師，二年後轉任救生員一職，未告知保險公司，後來發生意外事故致死，則保險公司在傷害險部份？
(A)不予理賠
(B)按原收保險費與應收保險費比例理賠
(C)依原投保金額理賠
(D)補足保費差額後理賠原保險金額。

(　) **3** 投保傷害保險之被保險人職業變更時，要保人或被保險人應於 ＿＿＿＿ 通知保險公司。　(A)知悉十日內　(B)知悉一個月內　(C)即時　(D)下次收取保險費前。

(　) **4** 傷害保險係按保險人職業或職務之危險性計算保費，被保險人變更其職業或職務致危險有增減時，下列何人應通知保險人以調整保險費？　(1)要保人　(2)保險人　(3)被保險人　(4)受益人。　(A)(1)(2)　(B)(1)(3)　(C)(1)(4)　(D)(3)(4)。

(　) **5** 傷害保險被保險人因轉換工作使職業危險增加，但仍在承保範圍內時，若要保人未向保險公司提出通知而發生保險事故，則保險公司？
(A)依原投保金額理賠
(B)補足保費差額後理賠原保險金額
(C)按其原收保險費與應收保險費比例理賠
(D)不予理賠。

解答與解析

殘廢保險的給付

1 (B)。不同意外之殘廢給付，受益人得分別申領保險金，總金額以保額為限。不同意外之殘廢理賠與死亡理賠分開計算。

2 (A)　3 (C)　4 (A)　5 (B)　6 (C)

7 (B)

催告與寬限期間

1 (C)。年繳或半年繳：催告到達翌日起30日為寬限期間。月繳或季繳：不催告，交付日之翌日起30日為寬限期間。

2 (D)。「約定以金融機構轉帳」者，保險公司若未收到保費時，應予催告，自催告到達翌日起30日內為寬限期間。

3 (B)　4 (A)　5 (C)　6 (D)　7 (A)

8 (B)　9 (C)　10 (D)

契約撤銷權

1 (A)　2 (A)　3 (A)　4 (D)　5 (A)

6 (A)

7 (A)。要保人行使撤銷權，撤銷效力自書面意思表示到達翌日零時起生效，契約自始無效，保險公司無息退還保費。

8 (D)　9 (C)　10 (C)

減額繳清保險

1 (D)。減額繳清：保單價值準備金扣除營業費用後，一次繳清保費→險種不變，保額減少、保險期間不變。

2 (C)。減額繳清：保單價值準備金扣除營業費用後，一次繳清保費→險種不變，保額減少、保險期間不變。故(C)無須另外繳費。

3 (A)。減額繳清保險：以保單價值準備金扣除營業費用後，一次繳清保費→險種不變，保額減少、保險期間不變。

4 (D)　5 (B)　6 (D)　7 (D)

保險金／解約金的給付

1 (C)。給付比較：保險金→15日內給付，2年內需行使。解約金→30日內給付，要保人得隨時解約，解約金至少3/4的保價金。

2 (B)　3 (C)　4 (D)　5 (A)　6 (C)

7 (B)。不得少於75%（即3/4）的保單價值準備金。

8 (D)

職業變更通知

1 (D)。職業變更：即時通知→要保人或被保人通知，保險人重訂保費；事後通知→按「原收保險費／應收保險費」比例理賠。

2 (B)　3 (C)　4 (B)　5 (C)

Lesson 11 | 人身保險與稅法

課前導讀

節稅常是客戶購買保險的動機，近年來政府在相關稅務上稅上做了不少改革和調整，本課將以系統化的方式，輔以多道範例計算，讓你在面對問題時能更輕鬆。

名師教學

https://reurl.cc/dr9j7z

重點 ① 所得稅法上的優惠　本重點依據出題頻率區分，屬：**A** 頻率高

一、所得稅簡介 ★★

包括個人之綜合所得稅，與企業之營利事業所得稅。

(一) 綜合所得稅

1. 含意：凡有中華民國來源所得之個人，應就此部分所得，課徵綜合所得稅。
2. 稅率：最低稅率5%，最高稅率45%。

(二) 營利事業所得稅

1. 含意：凡在中華民國境內經營之營利事業，依規定課徵營利事業所得稅。
2. 稅率：由17%調升至20%。

(三) 申報繳納：納稅義務人於每年<u>5月31日</u>前，填具結算申報書，向稽徵機關結算應納稅額並完成繳納。

(四) **保險在所得稅上的優惠**：在「繳交的保險費」和「收到的保險給付」上，政府都給予不同的優惠，目的為使更多人投保，以達成保障生活和安定社會的功能。

二、在保險費上的優惠 ★★★
(一) 人身保險費

優惠對象	納稅義務人本人、配偶、受撫養之直系親屬。
扣除額度	每人每年最多24,000元。
申報方式	採列舉扣除。

(二) 自願提繳之退休金或年金保險費

優惠對象	受薪勞工。
扣除額度	每月工資6%範圍內。
申報方式	不計入年度薪資所得課稅。

(三) 團體壽險保險費

優惠對象	企業雇主、員工
扣除額度	雇主：全部金額。 員工：2,000元／月。
申報方式	雇主：全列為費用支出，自營利事業所得中扣除。 員工：超過2,000元的部份才視為薪資，申報綜所稅。

三、保險給付的免稅規定 ★★★
(一) 符合免稅規定的種類
1. 人身保險（商業保險）
   (1) 滿期保險給付。（要保人＝受益人）
   (2) 醫療、殘廢保險給付。
   (3) 傷害險團體之經驗退費。
2. 社會保險：國民年金、勞保、農保、公保與軍保之保險給付。

> **名師提點**
> 經驗退費：
> 若發生理賠的損失率達低於一定比例時，保險公司退還部分保費，即為「經驗退費」。

(二) 非免稅的種類

1.解約金	為保險終止，非保險給付，需課稅。
2.死亡給付	每戶全年合計3,330<u>萬元</u>以下免稅，超過部分計入基本所得額課稅。
3.人壽保險、年金保險之保險給付	(1) 受益人≠要保人（視同贈與）。 (2) 基本所得額≧670萬元。 則應扣繳所得稅。

奪分密技
基本所得額：
基本所得額＝個人當年度所得＋海外所得＋特定保險給付＋私募投信基金之交易所得＋非現金捐贈扣除額超過670萬者須課稅，稅率20%。目的在使有能力者，對國家財政能有貢獻，以維護租稅公平。

小試身手

( ) **1** (1)滿期保險金 (2)醫療保險金 (3)死亡保險金 (4)人壽保險單之紅利。上述何種保險給付在一定條件下免稅？ (A)(1)(2)(3)(4) (B)(1)(2)(3) (C)(2)(3)(4) (D)(1)(3)(4)。

答 **(A)**。免稅額：壽險＋年金險（要保人≠受益人）給付後之所得→670萬。死亡給付→3330萬。健康、傷害給付不用計入所得。

( ) **2** 人身保險在所得稅上的優惠，係指以下列何者為扣除額？ (A)保險費 (B)保險金額 (C)保險面額 (D)保險給付金額。

答 **(A)**。部分人身保險給付→免納所得稅；部分人身保險費→得為扣除額。

重點 **2** 遺產稅法上的優惠 本重點依據出題頻率區分，屬：**A** 頻率高

遺產問題的發生流程：

1 被繼承人死亡 → **2** 產生繼承 → **3** 遺產的分配 → **4** 遺產稅 → **5** 保險在遺產稅的優惠

一、被繼承人死亡 ★★

(一) **自然死亡的認定**

1. 呼吸停止。
2. 心臟停止。
3. 腦波停止。

(二) **失蹤之宣告死亡**

1. **失蹤人失蹤滿7年。**
2. **失蹤人為80歲以上於失蹤滿3年。**
3. **失蹤人若遇特別災難，於災難終了滿1年。**
4. **航空器失事致其人員失蹤滿6個月。**

　 得由利害關係人向法院申請死亡宣告。

(三) **遇難之同時死亡**：二人以上同時遇難，不能證明死亡先後時，推定為同時死亡，其結果相互不繼承。

二、繼承 ★★★

(一) **繼承的含意**：因被繼承人死亡，法律規定由其繼承人，概括繼承其財產上一切之權利及義務。

(二) **繼承的要件**

1. 要有財產（包括債務）。
2. 要有合法繼承人。

(三) **繼承的方法**

1. 拋棄繼承
　(1) 做法
　　A. 繼承人自知悉起**三個月內**以書面向法院表示拋棄繼承。
　　B. 拋棄繼承之期間為**三個月**，到期不得展延。
　　C. 拋棄繼承後，應以書面通知因其拋棄而應為繼承之人。
　　即可不繼承財產、不負擔債務，亦不能使用遺產稅扣除額。
　(2) 繼承人中一人拋棄繼承，其應繼分歸屬於其他繼承人。

2. 限定繼承
　(1) 含意：即「概括繼承，有限責任」。
　　A. 概括繼承：承受被繼承人財產上一切權利義務，繼承財產，也繼承債務。
　　B. 有限責任：對於被繼承人之債務，以所繼承之遺產為限，付清償責任。

奪分密技
人壽保險契約若未指定受益人，該死亡保險金則為被保險人之遺產，應繳納遺產稅。

奪分密技
繼承人中有一人主張限定繼承，則其他繼承人視同限定繼承。

(2) 做法

　　A. 繼承人於繼承開始起**三個月內**，開具「遺產清冊」陳報法院，法院依公示催告程序公告，命其債權人於**三個月**期限內，報明其債權。

　　B. 期限屆滿後，繼承人對於已報明及其他已知之債權，不論已屆清償期與否，應按數額之比例，以遺產分別償還，但不得損害有優先權人之權利。

　　〈案例〉

　　甲繼承500萬遺產，和分別來自A的800萬、B的200萬債務。

　　則依限定繼承的比例償還原則：

$$甲應償還A = 500 \times \frac{800}{800+200} = 400萬$$

$$甲應償還B = 500 \times \frac{200}{800+200} = 100萬$$

　　其餘債務，甲不負償還責任。

三、遺產的分配 ★★★

(一) **法定繼承人**：法律保障有繼承權之人。包括：當然繼承人和順位繼承人。

　1. 當然繼承人：配偶。

　2. 順位繼承人

第一順位繼承人	直系血親卑親屬（子女、養子女、內外孫子女、內外曾孫子女）。
第二順位繼承人	父母（生父母或養父母，但不含配偶之父母）。
第三順位繼承人	兄弟姐妹（同父異母、同母異父之兄弟姐妹，但不含配偶之兄弟姐妹）。
第四順位繼承人	祖父母（內祖父母、外祖父母）。

(二) 應繼分與特留分

名師教學

立即看私房講解

1. 應繼分：各繼承人按照法律規定的繼承順序，所能獲得的遺產比例。
2. 特留分：繼承開始時，應保留給繼承人特定比率的遺產。是法律保障法定繼承人最少可以分到的比例。
3. 應繼分與特留分之比率

繼承順序	（當然繼承人）配偶	順位一：直系血親卑親屬	順位二：父母	順位三：兄弟姊妹	順位四：祖父母
應繼分	均分 ◄──►	均分			
	1／2 ◄──────►		1／2		
	1／2 ◄──────────►			1／2	
	2／3 ◄──────────────►				1／3
特留分	應繼分的 1／2	應繼分的 1／2	應繼分的 1／2	應繼分的 1／3	應繼分的 1／3

4. 胎兒應繼分之保留：胎兒為繼承人時，應保留其應繼分後，其他繼承人才得分割遺產。母親為胎兒繼承遺產之代理人。
5. 遺囑處分：如被繼承人立有遺囑，應依遺囑分配遺產，但不得侵害法定繼承人的特留分。
6. 遺囑能力
   (1) 無行為能力人，不得為遺囑。
   (2) 未滿16歲者，不得為遺囑。

(3) 滿16歲之限制行為能力人，得為遺囑（無須經法定代理人之允許）。

(三) **遺產的分配流程**

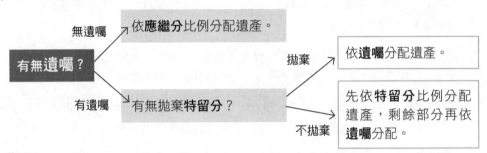

(四) **範例**

甲離婚，有子女乙、丙，後甲因意外身故，遺有財產1000萬，下列狀況中，乙、丙得繼承之遺產為多少？

> **狀況一** 若甲沒有立遺囑，則乙、丙按「應繼分」比例繼承。
>
> 乙、丙的「應繼分」比例為均分，也就是一人一半。
> 1000×1/2＝500萬→乙、丙各得遺產500萬。

> **狀況二** 甲有立遺囑，將遺產80%捐給慈善機構，各10%給乙及丙。且乙、丙不主張特留分。
>
> 1000×80%＝800萬→慈善機構得遺產800萬。
> 1000×10%＝100萬→乙、丙各得遺產100萬。

> **狀況三** 甲有立遺囑，將遺產80%捐給慈善機構，各10%給乙及丙。此時乙、丙主張特留分。
>
> 乙、丙的特留分：「應繼分」均分的1/2，即1/2×1/2＝1/4。
> 1000×1/4＝250萬→乙、丙各得遺產250萬。
> 1000－250×2＝500萬→慈善機構得遺產500萬。

(五) **其他繼承探討**

1. 代位繼承：第一順位繼承人於繼承開始前死亡或喪失繼承權，則由其直系血親卑親屬代位繼承其應繼分。

2. 隔代繼承：當所有第一順位繼承人全部拋棄繼承，由其次親等人隔代繼承。且其遺產稅中之親屬扣除額以拋棄繼承前原可扣除的數額為限。
3. 範例研究一

張三（被繼承人）之長子（被代位人）較張三早死，當張三死亡，則由其孫A、B、C（代位權人）代位其父（長子）繼承對張三之應繼分。

狀況一	如張三遺留1,200萬，長女、次子、次女各得1200÷4＝300萬，而長子部分之300萬則由孫A、B、C來代位繼承，各分得300÷3＝100萬。

狀況二	若張三之長子未死亡或未喪失繼承權，而是拋棄繼承，那麼孫A、B、C即無代位權可言，也就是無法分得遺產。

狀況三	張三之子女輩4人若皆於繼承開始前死亡或喪失繼承權，則其9位孫子得依法取得其應繼分，在此情形下，以子女輩之應繼分為準，再往下平分給孫子輩，所以孫A、B、C得300萬；孫D、E、F得300萬；孫G、H得300萬；孫I獨得300萬。

狀況四	張三之子女輩4人若皆於繼承開始前拋棄繼承，則由次親等，也就是9位孫子隔代繼承，在此情形下，遺產由9位孫子平分，即孫A、B、C、D、E、F、G、H、I每人得1200÷9＝133.33萬。

4. 範例研究二

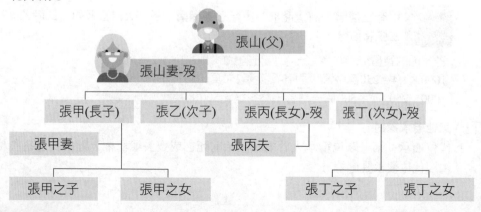

| 狀況一 | 張甲（長子）拋棄繼承時，張甲妻，張甲之子，張甲之女之繼承權利為何？ |

答：張甲因拋棄繼承，其應繼份歸屬於同為繼承之人。故張甲之妻、子女皆無繼承權。

| 狀況二 | 張丙（長女）一歿，其配偶：張丙夫是否得繼承張丙的權利？ |

答：張丙若先於張山死亡，因其配偶非張山之直系血親卑親屬，不適用代位繼承之規定，故其配偶張丙夫無承繼權。

| 狀況三 | 張丁（次女）一歿，其子女是否得繼承張丁的權利？ |

答：張丁若先於張山死亡，因其子女為張山之直系血親卑親屬，適用代位繼承之規定，故張丁之子與張丁之女皆取代位取得張丁之的繼承權。

四、遺產稅 ★★★

(一) 課徵對象

1. 經常居住中華民國境內之國民：死亡時遺有遺產者，境內外全部遺產皆須課稅。
2. 經常居住中華民國境外之人：不論是否為中華民國之國民，死亡時在境內有遺產者，此境內之遺產須課稅。

	境內遺產	境外遺產
中華民國國民	課稅	課稅
非中華民國國民	課稅	不課稅

(二) 遺產總額

1. 被繼承人死亡時，遺留下的財產。
2. 被繼承人死亡**前2年內**贈與法定繼承人及法定繼承人配偶的財產。
3. 財產包括動產（例如：現金、股票），及不動產（例如：土地、房屋）等。

(三) 遺產稅的計算方式

應納稅額＝<u>課稅遺產淨額</u>×遺產稅率%

課稅遺產淨額＝遺產總額－免稅額－扣除額

(四) 遺產稅之免稅額

對象	免稅額
1.一般免稅額	1,333**萬**
2.軍警公教人員因執行職務而死亡者	免稅額加倍

(五) **遺產稅之扣除額**

對象	扣除額
1.配偶扣除額	553萬
2.直系血親卑親屬扣除額	56萬
3.父母扣除額	138萬
4.重度以上身心障礙特別扣除額	693萬
5.受被繼承人扶養之兄弟姊妹、祖父母扣除額	56萬
6.喪葬費扣除額	138萬

(六) **遺產稅稅率**：遺產稅自106年5月12日起改採10%、15%、20%三級累進稅率。

遺產淨值	稅率	累進差額
5000萬元以下	10%	0
5000萬元～1億元	15%	250萬元
1億元以上	20%	750萬元

(七) **遺產稅之繳納方式**

1. 納稅義務人應於被繼承人死亡之日起**6個月內**依法申報遺產稅。
2. 遺產稅及贈與稅納稅義務人，應於通知書之日起**2個月內**，繳清稅款。
3. 得於限期內申請稽徵機關核准延期2個月。

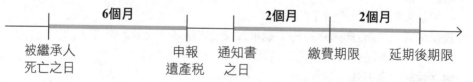

4. 遺產稅及贈與稅額≧30萬，納稅義務人不能一次繳納現金時，可申請分18期繳納，每期間隔不超過2個月為限。
5. 遺產稅款可以現金、或實物抵繳。

(八) **案例**

王先生過世後，留下遺產總額5,000萬元，目前家中尚有王太太及三名子女，年齡分別為27、24、17足歲，假設王先生生前無任何稅捐，也未欠他人任何債務，此時王家繼承人應繳納多少遺產稅？

答：

遺產總額		5,000萬	
減：免稅額	被繼承	1,333萬	
扣除額	配偶	493萬	
扣除額	成年子女二名（27、24歲）	100萬	50萬×2
扣除額	未年子女一名（17歲）	100萬	50萬＋（18－17）×50萬
喪葬費		123萬	
遺產淨額		2,851萬	

➡ 應納稅額＝課稅遺產淨額×10%＝2,851萬×10%＝285.1萬

五、保險在遺產稅法上的優惠 ★★★

(一) 法令上的優惠

1. 被保險人死亡時，給付給受益人之人壽保險金額，軍公教、勞工或農民之保險金額及互助金，不計入遺產總額。（遺產及贈與稅法第16條第9款）
2. 被保險人死亡時，保險金約定給付於其所指定之受益人者，其金額不作為被保險人之遺產。（保險法112條）

(二) 受益人方面

1. 受益人為多數，且未指定每人之保險金比例時，依民法規定，各受益人**平均分受**其權利，稱為**「連帶債權」**。
2. 當要保人不繳費，受益人可代繳，但代付者不因此取得全部保險金，應與其他受益人分配，但可要求返還其墊付之保險費。

小試身手

（　）**1** 遺產稅及贈與稅納稅義務人，應於稽徵機關送達核定納稅通知書之日起_____內，繳清應納稅款，必要時，得於期限內申請稽徵機關核准延期二個月。　(A)二個月　(B)一個月　(C)半年　(D)三個月。

　　答 (A)。遺產稅納稅人收到通知書日2個月內，應繳清稅款，得延期2個月。稅額30萬以上無法一次繳清，可申請分18期。每期間隔不超過2個月。

（　）**2** 被繼承人遺留的遺產總額減掉免稅額及扣除額後所剩的餘額為？　(A)遺囑繼承額　(B)特留分　(C)課稅遺產淨額　(D)應繼分。

　　答 (C)。課稅遺產淨額＝遺產總額－免稅額－扣除額。

重點 ③ 贈與的法律規定　本重點依據出題頻率區分，屬：**A** 頻率高

一、贈與的定義 ★★
一種契約行為，當事人之一方，以自己的財產無償給予他方，並為他方同意接受者。

二、贈與稅的課稅規定 ★★★
(一) 凡經常居住中華民國境內之國民，就其在中華民國**境內外**之財產為贈與者，應課稅。
(二) 贈與稅之納稅義務人為贈與人本人。
(三) 贈與稅之免稅額
　　1. 贈與人每年贈與總額之免稅額為244**萬**。
　　2. 一年有2次以上贈與行為時，應合併計算贈與額。

贈與稅之
納稅義務人

贈與人

每年免稅額
244萬

受贈人

(四) 贈與額超過免稅部份，自發生日後30日內，向贈與人所在地之稅捐機關申報。
(五) 贈與稅自106年5月12日起改採10%、15%、20%三級累進稅率。

贈與淨額	稅率	累進差額
2500萬元以下	10%	0
2500萬元～5000萬元	15%	125萬元
5000萬元以上	20%	375萬元

三、不計入贈與總額的項目 ★★★
(一) 扶養義務人為受扶養人支付之生活費、教育費、醫療費。
(二) 配偶相互贈與之財產。
(三) 父母於子女嫁娶時所贈與之財物在100萬元以內者。

知識補給站

綜合所得稅、基本所得額、遺產稅與贈與稅整理

項目	社會保險	商業保險	
		死亡、醫療、殘廢給付	解約金、保單紅利
綜合所得稅	免稅	免稅	計入課稅
基本所得額	免稅	當受益人≠要保人時，每戶全年＞3330萬元部分，計入基本所得額課稅	原則免稅
遺產稅、贈與稅	免稅	指定受益人免稅	若為要保人遺產，須課稅。

小試身手

(　　) **1** 贈與人在一年內贈與他人之財產總值超過贈與稅免稅額時，應於超過免稅額之贈與行為發生後 ＿＿＿＿＿ ，向主管稽徵機關依本法規定辦理贈與稅申報。
(A)十日內　　　　　　　　　(B)二十日內
(C)三十日內　　　　　　　　(D)二個月內。
 (C)

(　　) **2** 以下何者得不計入贈與總額？
(A)扶養義務人為受扶養人支付之生活費、教育費及醫藥費
(B)配偶相互贈與之財產
(C)父母於子女婚嫁時所贈與之財物，總金額不超過100萬元
(D)以上皆是。
 (D)

實戰演練

所得稅法上的優惠

( )　**1** 人身保險之下列何項得免納所得稅？　(A)滿期保險給付　(B)死亡保險給付　(C)醫療殘廢保險給付　(D)以上皆是。

( )　**2** 人身保險之紅利給付？　(A)在27萬元以內免納所得稅　(B)免納所得稅　(C)應納所得稅　(D)以上皆非。

( )　**3** 人身保險的資金，一般我們認為它皆是屬於何種性質的資金？　(A)短期的　(B)長期的　(C)不定期的　(D)都可以。

( )　**4** 下列何者須納所得稅？　(A)保單紅利　(B)解約金　(C)滿期保險金　(D)醫療保險金。

( )　**5** 下列敘述何者錯誤？　(A)凡屬人身保險之保險給付，在一定條件下不論其項目名稱均得依法免納所得稅　(B)軍公教保險之保險給付免納所得稅　(C)人壽保險之解約金屬人身保險之保險給付範圍　(D)壽險滿期保險金在一定條件得享有免稅優惠。

( )　**6** 凡在中華民國境內經營之 ＿＿＿＿＿＿，應依本法規定，課徵營利事業所得稅。　(A)企業　(B)個人　(C)營利事業　(D)企業及個人。

( )　**7** 凡有中華民國來源所得之 ＿＿＿＿＿＿，應就其中華民國來源之所得，依所得稅法規定，課徵綜合所得稅。　(A)企業　(B)個人　(C)企業及個人　(D)團體。

( )　**8** 甲、勞工保險；乙、一般人身保險；丙、軍公教保險；丁、郵政簡易壽險，上述何者之保險給付免納所得稅？　(A)僅甲、丙　(B)僅乙　(C)僅丁　(D)甲、乙、丙、丁。

( )　**9** 有關個人綜合所得稅之課徵何者正確？　(1)就個人綜合所得總額計徵之　(2)有中華民國來源所得之個人，應就其中華民國來源之所得，課徵綜合所得稅　(3)非中華民國境內居住之個人一律免納所得稅。　(A)(1)(2)(3)　(B)(1)(2)　(C)(2)　(D)(2)(3)。

( )　**10** 投保人身保險之個人可獲哪些稅法上優惠，何者為非？　(A)滿期保險金不論金額多寡皆全部免納所得稅　(B)死亡保險金不納入遺產稅計算　(C)保險費在一定金額內可自其所得額中扣除　(D)憑保險費收據可免繳勞保保險費。

(　　) **11** 依所得稅法之規定，個人之綜合所得稅，係就個人綜合所得 _____ 計徵之。　(A)扣除額　(B)免稅額　(C)總額　(D)淨額。

(　　) **12** 依現行的「所得基本稅額條例」第12、13條規定若要保人與受益人非屬同一人之人壽保險及年金保險，由受益人受領之保險給付，個人之基本所得在新臺幣？　(A)3,330萬元　(B)670萬元　(C)700萬元　(D)755萬元　以下之部份得免扣繳所得稅。

(　　) **13** 所得稅分為綜合所得稅及 _____ 。　(A)營利事業所得稅　(B)家庭所得稅　(C)企業所得稅　(D)以上皆是。

(　　) **14** 某公司三位員工投保團體人壽保險，其中甲員工每月之保險費為三千元，乙員工為二千元，丙員工為一千元，則試問該公司在新臺幣多少元以內部分，可以免視為員工之薪資所得？　(A)六千元　(B)三千元　(C)四千元　(D)五千元。

(　　) **15** 若購買意外保險之要保人與被保險人不同時，則其因意外事故導致的殘廢保險金：　(1)須全額課徵　(2)在670萬元以下無須課徵所得稅　(3)不論其給付金額多寡皆免所得稅　(4)保險金應給付給被保險人。上述何者正確？　(A)(4)　(B)(2)(3)(4)　(C)(2)(4)　(D)(3)(4)。

(　　) **16** 個人之綜合所得稅其課徵之最低稅率為？　(A)0%　(B)6%　(C)13%　(D)21%。

(　　) **17** 納稅義務人為其 _____ 投保之人身保險費，無法從列舉申報扣除綜合所得稅。　(A)配偶　(B)兄弟姐妹　(C)本人　(D)受扶養之直系親屬。

(　　) **18** 納稅義務人應於每年 _____ 底止，填具結算申報書，向該管稽徵機關，計算其應納之結算稅額，於申報前自行繳納。　(A)三月　(B)四月　(C)五月　(D)七月。

(　　) **19** 團體壽險契約到期後，由投保事業提回保險金而未給付被保險員工的部份，則 _____ 課稅。　(A)不併入提回年度之收入　(B)併入提回年度之收入　(C)併入上年度之收入　(D)併入下年度之收入。

(　　) **20** 滿期保險金中含有之利息所得，依稅法之規定在一定條件下，受益人？　(A)應納利息所得稅　(B)合併於綜合所得扣繳　(C)免納利息所得稅　(D)在二十七萬元內免納所得稅。

(　　) **21** 法定財產制關係消滅時，夫或妻現存之婚後財產，扣除婚姻關係存續中所負債務後，如有剩餘，其雙方剩餘財產之差額？　(A)由子女均分　(B)提請法院裁定　(C)雙方平均分配　(D)由法定繼承人均分。

遺產稅法上的優惠

(　) **1** 繼承人中一人拋棄繼承，其應繼分歸屬於？　(A)其子女　(B)次順位繼承人　(C)同順位其他繼承人　(D)被繼承人。

(　) **2** 下列何者係指死亡人留下遺產而由生存人概括承受？　(A)遺贈　(B)遺囑　(C)贈與　(D)繼承。

(　) **3** 下列何者為法定繼承人對遺產依法得繼承之數額？　(A)特留分　(B)法定繼承額　(C)特分　(D)應繼分。

(　) **4** 下列何者為限制行為能力人，不得為遺囑？　(A)債務人　(B)成年人　(C)無行為能力人　(D)年滿16歲。

(　) **5** 二人以上同時遇難，不能證明死亡之先後時，推定其為？　(A)年紀大者先死　(B)同時死亡　(C)檢察官一定要判定　(D)送法院裁定。

(　) **6** 下列何人，非民法繼承編規定之繼承人？　(A)被繼承人收養之子女　(B)被繼承人之父母　(C)被繼承人之祖父母　(D)被繼承人配偶之父母。

(　) **7** 下列敘述何者有誤？　(A)配偶與子和女共同繼承時，配偶的特留分為應繼分之二分之一　(B)納稅義務人為自己投保之人身保險費可採列舉扣除額之方式申報，自綜合所得總額中扣除　(C)被保險人未指定身故受益人時，該筆死亡保險金做為被保險人之遺產　(D)配偶與子和女共同繼承時，配偶之應繼分為遺產總額之二分之一。

(　) **8** 有關遺產稅或贈與稅應納稅額稽徵規定，何者錯誤？　(A)每期間隔以不超過一個月為限　(B)應於稽徵機關送達核定納稅通知書之日起二個月內，繳清應納稅款　(C)應納稅額在三十萬元以上，納稅義務人確有困難，不能一次繳納現金時，得於前項規定納稅期限內，向該管稽徵機關申請，分期繳納　(D)得以課徵標的物或其他易於變價或保管之實物一次抵繳。

(　) **9** 老王生前在保險公司投保20萬元之死亡保險，受益人為小明，但另有債務25萬元，假設老王除了保險金外沒有其他財產，而老王只有一子小明，小明向法院表示拋棄繼承，則小明？　(A)須償還債務5萬元　(B)須償還債務25萬　(C)僅領取20萬元保險金　(D)不繼承保險金亦無須償還任何債務。

(　)**10** 我國民法對於第一順位繼承人之見解，下列敘述何者不正確？　(A)男子入贅於妻家，將喪失其對父母之繼承權　(B)母與父離婚，子女仍對其父母有繼承權　(C)父死母再嫁者，子女仍對其母有繼承權　(D)除有收養關係外，繼父母與繼子女間不得相互繼承。

(　) 11 我國民法對於繼承之見解，下列敘述何者正確？　(A)已出嫁女子不得為繼承人　(B)已出家者不得為繼承人　(C)採男女平等主義　(D)養子女只能依應繼分的二分之一繼承。

(　) 12 李君以本人為被保險人在其要保書上之受益人欄僅寫配偶及子女，當時育有一子一女，投保後離婚又再婚並生育一子一女，李君死亡時，則有幾人可享有保險金受領權？　(A)2人　(B)3人　(C)4人　(D)5人。

(　) 13 李君以本人為被保險人在要保書上之受益人欄僅寫配偶及子女，當時育有一子二女，投保後又生育一子一女，李君死亡時，其妻已先行去世，則有幾人可享有保險金受領權？　(A)6人　(B)5人　(C)4人　(D)3人。

(　) 14 依民法第8條死亡宣告，失蹤人失蹤滿 ＿＿＿＿ 後，法院得因利害關係人或檢察官之聲請，為死亡之宣告。　(A)一年　(B)三年　(C)五年　(D)七年。

(　) 15 依民法第8條死亡宣告，對失蹤人為死亡之宣告期限之敘述，下列何者錯誤？　(A)失蹤人落海失蹤為五年後　(B)遭遇特別災難者，為特別災難終了滿一年後　(C)一般失蹤為滿七年後　(D)失蹤人為八十歲以上者，為於失蹤滿三年。

(　) 16 依民法第8條第2項規定，失蹤人為八十歲以上者，得於失蹤滿？　(A)一年　(B)七年　(C)三年　(D)五年後，為死亡宣告。

(　) 17 依民法第8條第3項規定，失蹤人為遭遇特別災難者，得於特別災難終了滿？　(A)三年　(B)七年　(C)五年　(D)一年　後為死亡宣告。

(　) 18 依現行遺產及贈與稅法規定，凡經常居住中華民國境內之美國國民布朗死亡，其遺有遺產者 ＿＿＿＿ ，課徵遺產稅。　(A)就其在我境內、外全部遺產　(B)僅就其在我境內之遺產　(C)我國境內財產不要但國外財產皆要　(D)以上皆非。

(　) 19 依現行遺產及贈與稅法規定，遺產總額包括被繼承人死亡前 ＿＿＿＿ 內，贈與配偶及子女、父母、兄弟姊妹、祖父母等法定繼承人及上述法定繼承人配偶的財產。　(A)一年　(B)二年　(C)五年　(D)六年。

(　) 20 依現行遺產及贈與稅法規定，受被繼承人扶養之兄弟姊妹，每人之扣除額為？　(A)100萬　(B)40萬　(C)50萬　(D)111萬。

(　) 21 依現行遺產及贈與稅規定，喪葬費之扣除額為多少元？　(A)140萬　(B)100萬　(C)123萬　(D)50萬。

(　) 22 依現行遺產與贈與稅法規定，祖父母之扣除額為？　(A)50萬　(B)111萬　(C)100萬　(D)445萬元。

（　）**23** 所指定受益人之人壽保險金額？　(A)計入遺產總額　(B)不計入遺產總額　(C)視情況而定　(D)二分之一計入遺產總額。

（　）**24** 於何種情況下，保險契約之受益人不會是被保險人之法定繼承人？　(A)未指定受益人　(B)受益人與被保險人同時死亡　(C)受益人先被保險人死亡　(D)已有指定受益人。

（　）**25** 直系血親卑親屬不包括？　(A)侄女　(B)養子女　(C)孫子女　(D)曾孫子女。

（　）**26** 保險人的遺族可於繼承開始起　＿＿＿＿　個月內，開具遺產清冊向法院表示限定繼承。　(A)四　(B)二　(C)一　(D)三。

（　）**27** 按遺產及贈與稅法規定，約定被繼承人死亡時給付其所指定受益人之：(1)人壽保險之死亡保險金　(2)勞工保險之死亡保險金　(3)軍公教保險之死亡保險金　(4)撫恤金；以上何者不計入遺產總額？　(A)(1)(2)(3)(4)　(B)(2)(4)　(C)(4)　(D)(1)(2)(3)。

（　）**28** 按遺產與贈與稅法第16條第9款之規定，約定於被繼承人死亡時給付其所指定受益人之人壽保險金額需？　(A)計入遺產總額　(B)不計入遺產總額　(C)視情況而定　(D)二分之一計入遺產總額。

（　）**29** 某人死亡保險契約之保險金（1000萬）未指定身故受益人，該人有配偶，子女和父母，則該保險金，父親可分配到？　(A)1,000萬　(B)500萬　(C)250萬　(D)0萬。

（　）**30** 某甲身故後留有死亡保險金1,000萬，因未指定身故受益人，若某甲沒有其他遺產，但立有遺囑將保險金全部歸配偶所有，在僅有配偶和父母之情形下，則該保險金，某甲父親可領到多少？　(A)250萬　(B)25萬　(C)0萬　(D)125萬。

（　）**31** 胎兒為繼承人時，非保留下列何項，他繼承人不得分割遺產？　(A)應繼分　(B)保留分　(C)特留分　(D)遺贈分。

（　）**32** 胎兒關於遺產之分割，以　＿＿＿＿　為代理人。　(A)其母　(B)親屬會議　(C)遺產管理　(D)其父。

（　）**33** 若死亡保險契約之保險金未指定身故受益人者，假如被保險人僅有配偶和父母，則該保險金應如何分配？　(A)配偶三分之一、父母三分之二　(B)配偶三分之二，父母三分之一　(C)由配偶全部獲得　(D)配偶二分之一、父母二分之一。

（　）**34** 若保險金（300萬）在死亡保險契約上未指定身故受益人者，假如被保險人僅有配偶和一兄一妹，則該保險金兄可分配？　(A)150萬　(B)100萬　(C)75萬　(D)50萬。

( ) **35** 若保險金（300萬）在死亡保險契約上未指定身故受益人者，假如被保險人僅有配偶和祖父母，則該保險金應如何分配？ (A)配偶100萬、祖父母200萬 (B)配偶200萬、祖父母100萬 (C)按人數平均分配 (D)配偶150萬、祖父母150萬。

( ) **36** 若保險金在死亡保險契約上未指定身故受益人之受領順序及比例時，又被保險人僅有子女和配偶，則該保險金應如何分配？ (A)配偶、子女各二分之一 (B)配偶三分之二、子女三分之一 (C)按人數平均分配 (D)配偶獨領。

( ) **37** 若保險金在死亡保險契約上未指定身故受益人者，假如被保險人僅有配偶和兄弟姐妹，則該保險金應如何分配？ (A)配偶三分之一、兄弟姐妹三分之二 (B)配偶三分之二、兄弟姐妹三分之一 (C)配偶二分之一、兄弟姐妹二分之一 (D)由配偶全部獲得。

( ) **38** 若保險金在死亡保險契約上未指定身故受益人者，假如被保險人僅有配偶和祖父母，則該保險金應如何分配？ (A)配偶二分之一、祖父母二分之一 (B)配偶三分之一、祖父母三分之二 (C)由配偶全部獲得 (D)配偶三分之二、祖父母三分之一。

( ) **39** 若張三（被繼承人）共育有4子，且有8孫，若兒子皆拋棄繼承權時，如張三遺留保險金1200萬，則其孫應每人可繼承？ (A)200萬 (B)100萬 (C)150萬 (D)300萬元。

( ) **40** 若張三（被繼承人）共育有四子，其長子較張三早死，當張三死亡，則可由長子的三個兒子代位其父繼承對張三之應繼分，如張三遺留保險金1,200萬元，則長子的三子每人可代位繼承？ (A)100萬 (B)400萬 (C)300萬 (D)150萬。

( ) **41** 遺產及贈與稅法之規定：限制行為能力人，無需經法定代理人之允許，得為遺囑，但未滿 _____ 者，不得為遺囑。 (A)16歲 (B)18歲 (C)20歲 (D)17歲。

( ) **42** 限定繼承之呈報須向法院為之，如只對法院以外之人為表示，則限定繼承之效力？ (A)不生 (B)不減 (C)得向法院補申報 (D)對受表示人有效。

( ) **43** 假如保險金在死亡保險契約上未指定身故受益人者，且下列各項皆生存者，則下列何者可以繼承保險金？ (1)配偶 (2)父母 (3)子女 (4)祖父母。 (A)(1)(2) (B)(1)(3) (C)(1)(2)(3) (D)(1)(2)(3)(4)。

( ) **44** 假如保險金在死亡保險契約尚未指定身故受益人者，則除配偶外下列何者不可能為繼承人？ (A)配偶之父母 (B)祖父母 (C)兄弟姊妹 (D)子女。

( ) **45** 假設被保險人某甲在壽險公司投保死亡保險，而未指定任何身故受益人，某甲其後因意外身故，則下列有關死亡保險金之敘述何者錯誤？　(A)繼承該筆死亡保險金之人同時負擔某甲之債務　(B)繼承某甲財產之人亦可同時繼承該筆死亡保險金　(C)該筆死亡保險金在一定條件下應課徵所得稅 (D)該筆死亡保險金作為某甲之遺產。

( ) **46** 第一順位之繼承人，有於繼承開始前死亡或喪失繼承權者，由其直系血親卑親屬代位繼承其應繼分，是謂？　(A)隔代繼承　(B)限定繼承　(C)拋棄繼承　(D)代位繼承。

( ) **47** 被保險人之法定繼承人可以拋棄繼承被保險人之債務，但應於知悉其得繼承之時起 _____ 以書面向法院表示。　(A)二個月內　(B)一個月內 (C)三個月內　(D)六個月內。

( ) **48** 被繼承人死亡遺有財產者，納稅義務人應於被繼承人死亡之日起 _____ 內，向戶籍所在地主管稽徵機關依本法規定辦理遺產稅申報。 (A)一個月　(B)二個月　(C)三個月　(D)六個月。

( ) **49** 對於重婚之後婚者或同時與二人以上結婚所謂配偶者，以下敘述何者錯誤？　(A)皆為無效婚姻　(B)相互間實無配偶身份　(C)無繼承權　(D)仍得以配偶身分，取得有繼承權。

( ) **50** 對於特留分之敘述下列何者錯誤？　(A)兄弟姊妹的特留分則為其應繼分的三分之一　(B)祖父母的特留分則為其應繼分的三分之一　(C)父母的特留分則為其應繼分的三分之一　(D)子女的特留分則為其應繼分的二分之一。

( ) **51** 遺產稅或贈與稅應納稅額在 _____ 以上，納稅義務人確有困難，不能一次繳納現金時，得於前向規定繳納期限內，向該管稽徵機關申請分期繳納。 (A)十萬　(B)二十萬　(C)三十萬　(D)五十萬元。

( ) **52** 遺產稅或贈與稅應納稅額在30萬元以上，納稅義務人確有困難，不能一次繳納現金時，得於前項規定納稅期限內，向主管稽徵機關申請，分十八期以內繳納；每期間隔以不超過 _____ 為限？　(A)二個月　(B)一個月 (C)半年　(D)三個月。

( ) **53** 遺產稅或贈與稅應納稅額在30萬元以上，納稅義務人確有困難，不能一次繳納現金時，得於納稅期限內，向該主管稽徵機關申請，分為 _____ 以內繳納，每期間隔以不超過二個月為限，並准以課徵標的物或其他易於變價或保管之實物一次抵繳。　(A)18期　(B)6期　(C)36期　(D)24期。

( ) **54** 遺贈稅法有關免稅額、配偶及法定繼承人之扣除額、喪葬費及身心障礙特別扣除額，每遇消費者物價指數較上次調整之指數累計上漲達百分之幾時，予以調整之？　(A)10%　(B)20%　(C)30%　(D)40%。

（　）**55** 遺囑人於不違反關於 _____ 規定之範圍內，得以遺囑自由處分遺產。
(A)特留分　(B)應繼分　(C)保留分　(D)遺贈分。

（　）**56** 遺囑自遺囑人 _____ 發生效力。　(A)立遺囑時　(B)律師見證後　(C)死亡
時　(D)法院公證後。

（　）**57** 繼承人中有一人主張限定繼承，則其他繼承人？　(A)得向法院主張撤銷
(B)仍為法定繼承　(C)得向法院主張無效　(D)視同限定繼承。

（　）**58** 繼承人拋棄繼承時，下列敘述何者錯誤？　(A)經法院同意　(B)須以書面
呈報法院　(C)並以書面通知因其拋棄而應為繼承之人　(D)即可不繼承財
產，亦不用負擔任何債務。

（　）**59** 繼承人於知悉其得繼承之時起三個月內開具下列何者呈報法院？　(A)備忘
錄　(B)親屬會議記錄　(C)律師函　(D)遺產清冊。

（　）**60** 繼承人於繼承開始起三個月內開具遺產清冊呈報法院，表示以它所繼承之
遺產為限，來負擔被繼承人生前所積欠的債務，這種手續稱為？　(A)限定
繼承　(B)拋棄繼承　(C)任意繼承　(D)法定繼承。

（　）**61** 繼承人表示限定繼承時，下列敘述何者錯誤？　(A)於繼承開始時起三個月
內　(B)得以所繼承的遺產為限，來負擔被繼承人債務　(C)須以書面呈報
法院同意　(D)只要程序完備無須法院同意。

（　）**62** 繼承人若拋棄繼承者，其遺產稅扣除額？　(A)減半計算　(B)照原認列
(C)加倍優待計算　(D)不能使用。

（　）**63** 依現行遺產與贈與稅法規定，凡經常居住中華民國境內之中華民國國民死
亡遺有遺產者，應 _____ ，課徵遺產稅。　(A)就其在我國境內、外全部
遺產　(B)僅就其在我國境內之遺產　(C)我國境內部份財產須要、國外部
份財產不須要　(D)以上皆非。

（　）**64** 請問依據民法繼承編之規定，(1)父母　(2)子女　(3)兄弟姊妹　(4)祖父
母，在繼承開始時之繼承順序為何？　(A)(3)(1)(2)(4)　(B)(1)(2)(3)(4)
(C)(2)(3)(1)(4)　(D)(2)(1)(3)(4)。

贈與的法律規定

(　　) **1** 下列何者正確？
(A)配偶相互贈與之財產應計入贈與總額
(B)贈與稅之納稅義務人死亡時，贈與稅尚未核課者，無須繳納贈與稅
(C)本國國民就其中華民國境外之財產為贈與，應課徵贈與稅
(D)以上皆是。

(　　) **2** 小華的父親把名下一棟房子給了小華後，沒有其他的財產了，下列何者
錯誤？
(A)贈與稅之納稅義務人為小華的父親
(B)稽徵機關在一定條件下可向小華課稅
(C)免稅額為244萬元
(D)稽徵機關課不到任何贈與稅。

(　　) **3** 甲父於99年1月及8月分別贈與其子共兩棟房子，各值新臺幣500萬元，請問
甲父應計稅的贈與稅淨額為？
(A)900萬　　　　　　　　　　(B)889萬
(C)756萬　　　　　　　　　　(D)800萬元。

(　　) **4** 有關贈與稅，何者陳述錯誤？
(A)納稅義務人為贈與人
(B)免稅額之計算係指一年之贈與
(C)一年如有二次以上之贈與，不得分別計算
(D)免稅額為110萬元。

(　　) **5** 有關贈與稅之納稅義務人之敘述下列何者正確？
(A)贈與人逾本法規定繳納期限尚未繳納，且在中華民國境內有財產可供執
行者，以受贈人為納稅義務人
(B)贈與人行蹤不明者，仍應以贈與人為納稅義務人
(C)納稅義務人為贈與人
(D)以上皆非。

解答與解析

所得稅法上的優惠

1 (D)

2 (B)。所得稅法第4條：人身保險、勞工保險及軍、公、教保險之保險給付，免納所得稅。

3 (B)。人身保險大都是長期契約，客戶需要長期繳付保險費，因此保險業務員應做好售後服務。

4 (B)。保險給付在一定條件下免稅：滿期保險金、醫療保險金、死亡保險金、人壽保險單之紅利。

5 (C)。(C)不屬保險給付，須課稅。

6 (C)。營利事業→營利事業所得稅；個人→綜合所得稅。

7 (B)

8 (D)。所得稅法第4條：人身保險、勞工保險及軍、公、教保險之保險給付，免納所得稅。

9 (C)。(1)淨額、(3)有中華民國來源所得者，應納稅。

10 (D)。(D)不可免繳。

11 (D)。應納稅額＝綜合所得淨額×稅率－累進差額。

12 (B)。免稅額：壽險＋年金險（要保人≠受益人）給付後之所得→670萬。死亡給付→3330萬。健康、傷害給付不用計入所得。

13 (A)。營利事業→營利事業所得稅；個人→綜合所得稅。

14 (D)。2,000（甲）＋2,000（乙）＋1,000（丙）＝5,000

15 (D)。免稅額：壽險＋年金險（要保人≠受益人）給付後之所得→670萬。死亡給付→3330萬。健康、傷害給付不用計入所得。

16 (A)。所得稅－免稅額－扣除額≦0，無須繳稅。

17 (B)。納稅義務人為其本人、配偶或直系親屬投保之人身保險費，可採列舉扣除額方式，從綜合所得總額中扣除。

18 (C)。[5月報稅季]所得稅申報期間：5月1日～5月31日。

19 (B)。企業為員工投保團體壽險，期滿領回滿期保險金，未轉撥給員工的部分，應列報為企業收入，課徵營利事業所得稅。

20 (C)。若要保人＝受益人，人身保險之給付，均免稅。故壽險滿期保險金屬儲蓄性質，含利息所得，依規定也享免稅。

21 (C)。夫妻關係消滅時，其婚後財產，扣除關係存續時之負債，剩餘部分應平均分配。此即剩餘財產分配請求權。

遺產稅法上的優惠

1 (C)。繼承順位：直系血親卑親屬→父母→兄弟姊妹→祖父母。

2 (D)。概括繼承：承擔被繼承人財產上之一切權利、義務。民法已採行全面限定繼承制度，以繼承人得以繼承所得遺產為限。

3 (D)。應繼分：共同繼承中，所得繼承的比例。特留分：被剝奪繼承權的繼承人，最低的繼承比例。

4 (C)。民法第1186條：16歲以上且未受監護宣告之人才能為遺囑。

5 (B)

6 (D)。繼承順位：直系血親卑親屬→父母→兄弟姊妹→祖父母。收養之子女與養父母之關係，與婚生子女同。

7 (D)。(D)三人均分。

8 (A)。(A)每次間隔以不超過2個月為限

9 (C)。20萬的死亡給付不計入遺產,故遺產只有債務25萬,拋棄繼承後無須負擔。

10 (A)。仍為直系血親卑親屬。

11 (C)。(A)仍為其父母之直系血親卑親屬;(B)無此規定;(D)與親生子女同。

12 (D)。再婚配偶+二子二女,共五人。

13 (B)。二子三女,共五人。

14 (D)。失蹤死亡宣告:一般人→7年;80歲→3年;特別災難→1年;航空器→半年。

15 (A)　16 (C)　17 (D)

18 (B)。課稅遺產:經常居住國內之國民→國內外全部遺產;經常居住國外之國民及非國民→國內遺產。

19 (B)。被繼承人死亡前二年內贈與之財產,依規定併入遺產。

20 (C)。受被繼承人扶養之兄弟姊妹、祖父母扣除額:每人50萬元。其中未滿20歲者,得按年齡距屆滿20歲之年數,每年加扣50萬元。

21 (C)。喪葬費用扣除額:123萬。

22 (A)。受被繼承人扶養之兄弟姊妹、祖父母扣除額:每人50萬元。其中未滿18歲者,得按年齡距屆滿18歲之年數,每年加扣50萬元。

23 (B)。依據保險法、遺產贈與稅法規定,人壽保險給付,不計入遺產總額。

24 (D)

25 (A)。(A)旁系血親卑親屬;(B)關係與婚生子女相同;(C)(D)直系血親卑親屬。

26 (D)。限定繼承:對繼承之債務,以遺產所得為限。知得繼承起三個月內,向法院提出遺產清冊。

27 (A)。所得稅法第4條:人身保險、勞工保險及軍、公、教保險之保險給付,免納所得稅。

28 (B)。依據保險法、遺產贈與稅法規定,人壽保險給付,不計入遺產總額。

29 (D)。當然繼承人(配偶)1／2,第一順位(子女)1／2,故第二順(父)沒有。

30 (D)。應繼分×特留分=1／2×1／2=1／4,即1000×1／4=250,父母各半125。

31 (A)。胎兒為繼承人時,非保留其應繼分,他繼承人不得分割遺產。胎兒關於遺產之分割,以其母為代理人。

32 (A)。胎兒為繼承人時,非保留其應繼分,他繼承人不得分割遺產。胎兒關於遺產之分割,以其母為代理人。

33 (D)。配偶應繼分1／2,父母應繼分1／2。

34 (C)。配偶應繼分1／2,兄妹應繼分為1／2,即300×1／2=150,兄妹各半75。

35 (B)。55.B配偶應繼分2／3→300×2／3=200,祖父母應繼分1／3→300×1／3=100。

36 (C)。三人均分,即一人1／3。

37 (C)。配偶應繼分1／2,兄弟姐妹應繼分1／2。

38 (D)。配偶應繼分2／3,祖父母應繼分1／3。

39 (C)。隔代繼承,8個平分1200／8=150。

40 (A)。1200／4=300,300／3=100。

41 (A)。民法第1186條:16歲以上且未受監護宣告之人才能為遺囑。

42 (A)

43 (B)。當然繼承人+最高順位繼承人。繼承順位:直系血親卑親屬→父母→兄弟姊妹→祖父母。

44 **(A)**。繼承順位：直系血親卑親屬→父母→兄弟姊妹→祖父母。

45 **(C)**。死亡給付免稅額：3330萬。若受益人拿到的死亡給付≧3330萬，則需繳稅。

46 **(D)**。例：原應由兒子繼承，但兒子先過世，所以再由其兒子，也就是被繼承人的孫子代位繼承其父親之應繼分。

47 **(C)**。拋棄繼承：對繼承之遺產、負債一併拋棄。知得繼承起三個月內，書面向法院辦理。

48 **(D)**。遺產及贈與稅法第23條：被繼承人死亡有遺產者，納稅義務人應於其死亡日起6個月內，辦理遺產稅申報。

49 **(D)**。民法第985條：有配偶者，不得重婚。一人不得同時與二人以上結婚。→「重婚」的法律效果為「無效」。

50 **(C)**。(C)應繼分的1／2。

51 **(C)**。遺產稅納稅人收到通知書日2個月內，應繳清稅款，得延期2個月。稅額30萬以上無法一次繳清，可申請分18期。每期間隔不超過2個月。

52 **(A)**　53 **(A)**

54 **(A)**。關於遺贈稅之免稅額、扣除額，每遇物價指數累計上漲達10%以上時，次年即按上漲程度調整。

55 **(A)**。應繼分：共同繼承中，所得繼承的比例。特留分：被剝奪繼承權的繼承人，最低的繼承比例。

56 **(C)**。遺囑是被繼承人在生前所為，死亡時發生效力的行為。

57 **(D)**。限定繼承：繼承人中一人主張，效力自動及於他繼承人。拋棄繼承：一人主張並不及於他人，且須通知他繼承人或下一順位繼承人。

58 **(A)**。拋棄繼承：對繼承之遺產、負債一併拋棄。知得繼承起三個月內，書面向法院辦理。(A)需呈報法院，但無需其同意。

59 **(D)**。限定繼承：對繼承之債務，以遺產所得為限。知得繼承起三個月內，向法院提出遺產清冊。

60 **(A)**。限定繼承：對繼承之債務，以遺產所得為限。知得繼承起三個月內，向法院提出遺產清冊。

61 **(C)**。(C)需呈報法院，但無需其同意。

62 **(D)**。無遺產，當然無遺產免稅額及遺產扣除額。

63 **(A)**。課稅遺產：經常居住國內之國民→國內外全部遺產；經常居住國外之國民及非國民→國內遺產。

64 **(D)**。繼承順位：直系血親卑親屬→父母→兄弟姊妹→祖父母。

贈與的法律規定

1 **(C)**。(A)不計入贈與稅：配偶贈與；給受扶養人的生活、教育及醫藥費；子女婚嫁時，父母贈與不超過100萬者。(B)受贈人為納稅義務人。

2 **(D)**。贈與稅納稅義務人為贈與人。若贈與人：行蹤不明、逾期未繳納且國內無財產可執行、死亡時尚未核課，以受贈人為納稅義務人。

3 **(C)**。(C)應計稅的贈與淨額＝500萬×2－244萬（一年免稅額）＝756萬

4 **(D)**。(D)244萬。

5 **(C)**。贈與稅納稅義務人為贈與人。若贈與人：行蹤不明、逾期未繳納且國內無財產可執行、死亡時尚未核課，以受贈人為納稅義務人。

焦點觀念題組

團體保險費的認列

( ) **1** 依現行查核準則規定，只要投保團體人壽保險每人每月保險費在新臺幣二千元以內部份？ (A)不分是否含滿期給付，均可核實認定 (B)視為被保險人之薪資所得 (C)需為死亡給付才可核實認定 (D)需轉為被保險人之薪資所得。

( ) **2** 財政部於民國79年修正所得稅查核準則有關保險費之規定後，只要投保團體保險保費，每人每月在新臺幣二千元以內部份？ (A)不視為被保險人薪資所得 (B)須為滿期給付，才可核實認定 (C)需含有死亡給付，才可核實認定 (D)須轉為被保險人薪資所得。

( ) **3** 投保團體壽險保險費依現行規定，均可以核實認定，不視為被保險員工的薪資所得，但每人每月保險費在新臺幣二千元以內部分為限，超過部分視為？ (A)員工須自付，不需申報所得稅 (B)對員工之補助，應轉為員工薪資，不需申報所得稅 (C)對員工之補助費，應轉為員工薪資，依法申報所得稅 (D)作為員工之退休準備。

( ) **4** 現行營利事業所得稅查核準則規定，自民國82年起，向人壽保險業投保團體保險，其由營利事業負擔之保險費？
(A)不含滿期部分應予核實認定，並不視為被保險員工之薪資所得
(B)以營利事業或被保險員工及其家屬為受益人者准予認定，每人每月保險費在新臺幣二千元以內部分不必轉列各該被保險員工薪資所得
(C)僅二分之一可認定
(D)不予認定。

( ) **5** 現行營利事業所得稅查核準則規定，營利事業為其員工所支付之團體壽險保費？ (A)准予全數做為費用沖帳 (B)五萬元以內可做為費用沖帳 (C)三萬元以內可做為費用沖帳 (D)不准列為費用沖帳。

保險費列舉扣除額

( ) **1** 綜合所得稅納稅義務人本人、配偶、及直系親屬的人身保險費，得從個人所得總額中扣除，但每人每年扣除數額以不超過新臺幣？ (A)12,000元 (B)24,000元 (C)8,000元 (D)6,000元。

(　　) **2** 納稅義務人為其本人、配偶或直系親屬投保之人身保險費，可採　　　　方式申報從綜合所得總額中扣除。　(A)標準扣除額　(B)不得扣除　(C)特別扣除額　(D)列舉扣除額。

(　　) **3** 某甲為自己及其父投保人壽保險，年繳保險費各為24000元及15000元，但其父未受其扶養，則某甲在申報綜合所得稅時如採用列舉扣除法？(A)得扣除12000元　(B)得扣除24000元　(C)不得申報扣除　(D)得扣除15000元。

(　　) **4** 某甲為其父投保人壽保險，年繳保險費15000元，但其父並不受其扶養，則某甲在申報綜合所得稅時如採用列舉扣除法？　(A)不得申報扣除　(B)得扣除24,000元　(C)得扣除12,000元　(D)得扣除15,000元。

(　　) **5** 共同居住之家人投保人壽保險，全年所繳保費：阿公2萬元、父母「共」2.4萬元、未成年長子2.4萬元、未成年次子1.2萬元。若全家合併申報綜合所得稅且採用列舉扣除法，則一年可扣除的保險費為？　(A)12萬元　(B)10.4萬元　(C)11.7萬元　(D)8萬元。

(　　) **6** 共同居住之家人投保人壽保險，全年所繳保費：阿公2萬元、父母「各」2.4萬元、未成年長子2.4萬元、未成年次子1.2萬元；若全家合併申報綜合所得稅且採用列舉扣除法，則一年可扣除的保險費為　(A)12萬元　(B)10.4萬元　(C)11.7萬元　(D)8萬元。

遺產稅的計算

(　　) **1** 遺產稅課稅之應納稅額為？
(A)遺產總額×稅率－扣除及免稅額
(B)遺產總額×稅率
(C)遺產總額－扣除額及免稅額
(D)（遺產總額－扣除額－免稅額）×稅率－累進差額－扣抵稅額及利息。

(　　) **2** 依現行遺產及贈與稅法規定，遺產稅之免稅額為？　(A)779萬　(B)111萬　(C)445萬　(D)1,333萬元。

(　　) **3** 依現行遺產及贈與稅法規定，未成年子女之扣除額為？　(A)779萬　(B)493萬　(C)123萬　(D)56萬元，可按其年距屆滿十八歲之年數每年加扣50萬元。

(　　) **4** 依現行遺產及贈與稅法規定，配偶之扣除額為？　(A)550萬元　(B)493萬元　(C)350萬元　(D)553萬元。

（　）　**5** 遺產稅扣除項目之敘述，何者有誤？
(A)父母每人可扣除138萬元
(B)被繼承人之喪葬費用可扣除138萬元
(C)被繼承人死亡前，依法應納之各項稅損、罰金及具有確實證明之未償債務可全額扣除
(D)配偶之扣除額為445萬元。

（　）　**6** 某甲投保人壽保險3,000萬，保險契約中未指定身故受益人。某甲身故時，僅遺有配偶及一位12歲之未成年子女，請問某甲身故時應繳納多少遺產稅？　(A)1143萬　(B)114.3萬　(C)734萬　(D)58.4萬。

（　）　**7** 未成年子女之遺產稅扣除額，按其年齡距屆滿＿＿＿＿之年數，每年可加扣56萬元。　(A)三十歲　(B)二十歲　(C)十八歲　(D)二十三歲。

（　）　**8** 依現行遺產及贈與稅法規定，16歲之未成年子女之扣除額應為？　(A)220萬　(B)180萬　(C)45萬　(D)168萬元。

（　）　**9** 依現行遺產及贈與稅法規定，被繼承人只遺有配偶及成年子女1名，則該遺產之扣除額應為？　(A)200萬　(B)450萬　(C)445萬　(D)609萬元。

（　）**10** 甲死亡，遺有一妻二子（均已成年），名下財產共計3,000萬元，其中1,000萬元為十年前甲的父親死亡時所繼承得來，辦理甲之喪葬事宜共花費500萬元，試問甲死亡時的課稅遺產淨額應為下列何者？　(A)864萬元　(B)980萬元　(C)1,154萬元　(D)1,200萬元。

（　）**11** 依現行遺產及贈與稅法規定，遺產稅係按＿＿＿＿累進差額課徵。　(A)15%　(B)20%　(C)5%　(D)10%～20%。

（　）**12** 依現行遺產及贈與稅法規定，遺產稅稅率最高為？　(A)60%　(B)50%　(C)41%　(D)20%。

解答與解析

團體保險費的認列

1 (A)。公司為員工投保團體保險，每月保費2000元以內免視為薪資；超過部分，視為員工補助，應轉列薪資所得。

2 (A)　3 (C)　4 (B)

5 (A)。公司替員工投保之團體保險費＝每人2000元以下之員工補助費用＋每人2000元以上之員工薪資費用。

保險費列舉扣除額

1 (B)。每人每年享有保險費列舉扣除額最多2.4萬元。

2 (D)

3 (B)。每人每年享有保險費列舉扣除額最多2.4萬元。但其父未受其扶養，故不列入扣繳。

4 (A)

5 (D)。每人每年享有保險費列舉扣除額最多2.4萬元→2萬（阿公）＋2.4萬（父母）＋2.4萬（長子）＋1.2萬（次子）＝8萬

6 (B)。每人每年享有保險費列舉扣除額最多2.4萬元→2萬（阿公）＋2.4萬×2（父母）＋2.4萬（長子）＋1.2萬（次子）＝10.4萬

遺產稅的計算

1 (D)。遺產稅＝課稅遺產淨額×稅率，其中：課稅遺產淨額＝遺產總額－免稅額－扣除額。

2 (D)

3 (D)。扣除額：配偶→553萬。父母→每人138萬。直系血親卑親屬→每人56萬，並得按年齡距18歲之年數，每年加扣56萬。

4 (B)

5 (D)。(D)配偶之扣除額為493萬元。

6 (D)。課稅遺產淨額＝3000－1333（免稅額）－553（配偶扣除額）－[56＋（18－12）×56]（未成年子女扣除額）－138（喪葬費扣除額）＝584（萬元）。遺產稅＝584×10%（課稅遺產淨額≦5000萬，稅率10%）＝58.4（萬元）。

7 (C)

8 (D)。（未成年子女之遺產稅扣除額56萬）＋（按年齡距十八歲之年數，每年加扣56萬元）。故56＋（18－16）×56＝168萬。

9 (D)。553（配偶扣除額）＋56（成年直系血親卑親屬扣除額）＝609萬。

10 (A)。3000（遺產總額）－1333（免稅額）－553（配偶扣除額）－56×2（成年子女扣除額）－138（喪葬費）＝864萬。

11 (D)。遺產稅率分三級：10%、15%、20%；贈與稅率分三級：10%、15%、20%。

12 (D)

Lesson 12 | 保險權益相關的重要法律介紹

課前導讀

人身保險除適用保險法及民法以外，也適用金融消費者保護法、消費者保護法、個人資料保護法及洗錢防制法等，以下就與保戶權益相關的法律內容，擇要介紹。

千華數位文化

金融消費者保護法 → 金融評議中心

消費者保護法 → 定型化契約

個人資料保護法 → 隱私簽署

洗錢防制法 → 超額申報

名師教學

https://reurl.cc/qDojk3

重點 ① 金融消費者保護法　本重點依據出題頻率區分，屬：C 頻率低

金融消費者保護法（簡稱金消法）於105年12月28日修正公布實施，目的是為保護金融消費者權益，並促進金融市場之健全發展。

一、名詞定義 ★

(一) **金融服務業**：包括：銀行業、證券業、期貨業、保險業、電子證券櫃檯、票證業等。

(二) **金融消費者**：接受金融服務業提供之金融商品或服務的人。

(三) **金融消費爭議**
1. 金融消費者與金融服務業間之民事爭議。
2. 行政或刑事爭議不屬金融消費爭議。

二、金融消費者保護的具體措施 ★

金消法明定金融服務業從事銷售活動時應遵循之原則，包括：

(一) 廣告及業務招攬或行銷活動時應遵循之規範
1. 不得有虛偽、詐欺、隱匿或致他人誤信之情事。
2. 對金融消費者所負擔之義務不得低於廣告內容及招攬行銷之資料。
3. 不得藉教育宣導的方式，引薦個別商品，而使消費者產生誤解。

(二) 充分瞭解消費者的屬性
保險業提供服務前，應充分瞭解金融消費者，包括：
1. 基本資料（要保人、被保險人及各項受益人之關係）。
2. 訂定投保之條件。
3. 依據投保目的及需求程度，進行核保程序。

(三) 契約重要內容的說明及風險的揭露
1. 金融服務業提供金融商品或服務，應於公開說明書、投資說明書、商品說明書、風險預告書，或其他約定方式，揭露重要內容。
2. 金融服務業與金融消費者訂立契約前，應充分說明契約內容，並充分揭露風險。

(四) 訂定業務人員之酬金制度：
1. 酬金制度對銷售文化影響重大，不當酬金制度會導致不當之銷售文化。
2. 金消法第11條規定：業務人員之酬金制度應提報董事會通過，藉由加重董事會責任，達到保護金融消費者之目的。
3. 銷售保險商品，相關佣金、獎金及營業費用，不應超過附加費用，而造成費差損，違反者金管會將依規定處分。

三、違反相關規定的責任 ★

(一) 金融服務業因違反金消法
1. 故意所致之損害：依情節，酌定損害額三倍以下之懲罰性賠償。
2. 過失所致之損害：依情節，酌定損害額一倍以下之懲罰性賠償。

(二) 金融服務業應將金消法各項規定，納入內部控制及稽核制度中，並確實執行。

四、金融消費爭議之處理 ★★

(一) 財團法人金融消費評議中心：自101年開始運作。主要為處理與金融消費有關之爭議案件。

(二) 金融消費者之申訴處理流程

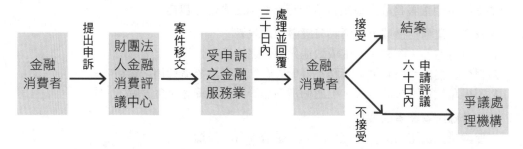

(三) 眾多金融消費者因同一事件產生之爭議的處理

1. 主管機關得指定相關法人機構，經20人以上金融消費者以書面授權，代理進行團體評議程序。
2. 評議程序由評議委員會負責，評議委員會組成包含：上述接受代理之法人機構、受申訴之金融服務業、政府之爭議處理機構。
3. 評議決定後經爭議雙方當事人接受而成立。
4. 評議成立後，於90日內得申請將評議書送請法院核可，核可後與民事確定判決有同等效力。

重點 2　消費者保護法　　本重點依據出題頻率區分，屬：A 頻率高

消費者保護法（簡稱消保法），於民國104年6月17日修正公布實施。目的是讓消費者的權益可以獲得保障。

一、定型化契約的原則 ★★★

(一) **含意**：企業經營者為與不特定多數消費者訂立同類契約，提出預先擬訂之契約條款，作為契約內容的全部或一部份所簽訂的契約。
(二) **誠信原則**：定型化契約的內容由企業經營者單方面預先擬定，應本平等互惠之原則，並為有利於消費者之解釋。若違反誠信原則，對消費者顯失公平者，契約無效。
(三) **審閱期**
1. 訂立定型化契約前，應提供30日內的審閱期間，若企業經營者以契約條款使消費者拋棄審閱權力者，無效。
2. 2年期以上的壽險契約及年金契約，保戶可在收到保險單後10日內行使契約撤銷。

(四) **未載於契約中的內容**：定型化契約條款未載於契約中者，企業經營者應向消費者明示或顯著公告其內容，經消費者同意後，該條款得為契約的一部分。

(五) **契約書的給予**：企業經營者應給予消費者定型化契約書，若契約性質給予上顯有困難者，不在此限。

(六) **相互牴觸的效果**：定型化契約條款牴觸個別磋商之約定者，其牴觸部份無效。

(七) **政府規定記載事項**：中央主管機關為預防消費糾紛，保護消費者權益，得選擇特定行業，擬定其定型化契約應記載或不得記載之事項，報請行政院核定後公告。

> **奪分密技**
> 保險業有攸關大眾權益之重大訊息發生時，應於2日內以書面向主管機關報告，並主動公開說明。

　　(1) 如有違反主管機關公告應記載之事項，其定型化契約條款無效。

　　(2) 規定事項雖未記載於定型化契約，仍構成契約之內容。

二、特種買賣的相關規定 ★★★

(一) **範圍**：消保法下的**特種買賣，包括「通訊交易」及「訪問交易」**。

(二) **通訊交易**

　1. 企業經者者以廣播、電視、電話、傳真、型錄、報紙、雜誌、網際網路、傳單或其他類似之方法，使消費者未能檢視商品而與企業經營者所為之買賣。

　2. DM行銷、銀行保險、電話乃至新興的電視購物頻道等非傳統行銷通路，也屬於的通訊交易型態。

(三) **訪問交易**

　1. 企業經營者未經要約而與消費者在其住居所、工作場所、公共場所或其他場所，所訂立之契約。

　2. 人身保險行銷通路而言，**傳統的業務員行銷便具有此性質**。

(四) **鑑賞期**

　1. 通訊或訪問交易之消費者，對商品不願買受時，得於收受商品後7日內，退回商品或解除買賣契約，無須說明理由及負擔任何費。

　2. 保險契約**10日**契約撤銷權，是一種約定的解除權，壽險業者提供保戶比消保法更優惠的權利，可証明壽險業對消費者權益保護的概念相當先進。

(五) **忠實廣告**：企業經營者應確保廣告內容之真實，其對消費者所負之義務不得低於廣告內容。

小試身手

(　　) **1** 由於定型化契約的內容是由企業經營者預先擬訂，消費者鮮少有機會參與契約內容的擬訂，因此消保法對於定型化契約條款設有某些限制，例如：若條款違反誠信原則，對消費者顯失公平者，則契約？　(A)無效　(B)有效　(C)撤銷　(D)解約。

　　　 答 (A)。若契約的部分條款顯不公平，該部分條款之約定無效。

(　　) **2** 保險契約性質上係屬？　(A)個別磋商契約　(B)典型的定型化契約　(C)非定型化契約　(D)準定型化契約。

　　　 答 (B)。保險契約由保險公司統一預先印製要保書、保單條款及其他約定書，再與保戶共同簽訂，是典型的定型化契約。

(　　) **2** 下列何者係指企業經營者以廣播、電視、電話、傳真、型錄、報紙、雜誌、網際網路、傳單或其他類似之方法？　(A)訪問交易　(B)置入行銷　(C)店舖開發　(D)通訊交易。

　　　 答 (D)

重點 ③ 個人資料保護法　　本重點依據出題頻率區分，屬：**A** 頻率高

一、個人資料保護法的介紹 ★★

(一) **目的**：保障個人資料所有人的權益，及促進個人資料的合理使用。

(二) **個人資料的範圍**：姓名、出生年月日、身份證統一編號、特徵、指紋、婚姻、家庭、職業、健康、病歷、財務情況、社會活動，及其他得以識別個人之資料。

(三) **個資法規範的對象**：持有他人之個人資料者，可區分為：

　1. 公務機關：依法行使公權力之中央及地方機關，例如國稅局、健保局、縣市政府等。

　2. 非公務機關：公務機關以外的事業、團體或個人。保險業即受本法規範，受保險業委託處理資料之團體或個人也在本法適用範圍。

二、個資法規範的行為態樣 ★★

行為態樣可以分為：蒐集、處理、利用、國際傳遞四種。

(一) **蒐集**：非公務機關在蒐集個人資料時，除了須符合特定目的外，尚須具有下列情形之一，始得為之。

　1. 法律明文規定。

　2. 與當事人有契約關係或類似契約之關係，且已採取適當之安全措施。

　3. 當事人自行公開或其他已合法公開之個人資料。

4. 學術研究機構因公共利益為統計或研究而有必要，且資料經過處理後或其揭露方式，無從識別特定之當事人。

5. 經當事人同意者。

6. 為增進公共利益所必要。

7. 個人資料取自於一般可得之來源。雖當事人對該資料禁止處理或利用，但顯有更值得保護之的重大利益者，則不在此限。

8. 對當事人之權益無侵害。

(二) **處理**：為建立或利用個人檔案所為資料之記錄、輸入、儲存、編輯、更正、複製、檢索、刪除、輸出、連結或內部傳遞者。

(三) **利用**：非公務機關在利用個人資料時，應於蒐集之特定目的之必要範圍內為之，但有下列情形之一時，則得為特定目的外之利用。

1. 法律明文規定。

2. 為增進公共利益所必要。

3. 為免除當事人之生命、身體、自由、或財產上之急迫危險者。

4. 為防止他人權益之重大危害。

5. 公務機關或學術研究機構基於公共利益為統計或研究而有必要，且資料經過處理後或其揭露方式，無從識別特定之當事人。

6. 當事人同意者。

7. 有利於當事人之權益。

(四) **國際傳遞**：將個人資料透過各種方式傳遞至本國以外之情形。依據個資法的規定，若有下列情形之一者，主管機關得限制非公務機關為國際傳遞及利用個人資料。

1. 涉及國家重大利益者。

2. 國際條約或協定有特別規定者。

3. 接受國對於個人資料之保護未有完善之法令，致有損當事人權益之虞者。

4. 以迂迴方法向第三個傳遞或利用個人資料規避本法者。

小試身手

(　　) **1** 下列何者是以保障個人資料所有人權益及促進個人資料合理使用之基本前提下所制定的法律？　(A)消費者保護法　(B)洗錢防制法　(C)人權促進法　(D)個人資料保護法。

　　答 (D)。個人資料保護法第1條：（立法目的）為規範電腦處理個人資料，以避免人格權受侵害，並促進個人資料之合理利用。

( ) **2** 依照個資法規定，當事人就其個人資料可行使下列權利，且不得預先拋棄或以特約限制，(1)查詢及請求閱覽　(2)請求製給複製本　(3)請求補充及更正　(4)請求停止電腦處理及利用　(5)請求刪除。以下何者為是？(A)(1)(3)(4)　(B)(1)(2)(4)(5)　(C)(1)(2)(3)(4)(5)　(D)(2)(3)(4)(5)。

答 (C)。當事人就本人個資的權利（瀏覽權、複製權、補正權、要求停止利用權、刪除權），不得預先限制或剝奪。

重點 **4**　洗錢防制法　　本重點依據出題頻率區分，屬：**A** 頻率高

名師教學

立即看私房講解

一、洗錢的定義 ★★★

(一) 掩飾、收受、搬運、寄藏、故買或牙保他人因重大犯罪所得財物。

名師提點
1. 故買：買進贓物。
2. 牙保：居中介紹買賣。

(二) **重大犯罪**：我國採取列舉規定，包括最輕本刑**五年**以上之犯罪、犯罪所得在**五百萬元**以上、或屬經濟犯罪、擾亂金融有關的等犯罪類型。

(三) **常用保險洗錢的作法**：透過躉繳大額保費，再以契約撤銷、保單借款、或解約的方式使資金漂白。

犯罪所得(髒錢)　購買　大額保費　撤銷、解約或保單借款　大額保單　漂白　乾淨的錢

二、洗錢的防制 ★★

(一) **大額通貨交易之通報**：目前大額通貨交易之通報標準為新臺幣**50萬元**（含）以上，通報受理機構為法務部調查局洗錢防制處。

(二) **疑似洗錢交易無金額之限制，只要有疑似洗錢的表徵**：例：金錢往來的過程異常、匯款來源及去向與國際恐怖組織團體或個人有關等，即須向**法務部調查局洗錢防制處**申報。

(三) **洗錢防制法適用之金融機構**：銀行、證券商、保險公司、信用合作社等。

小試身手

(　　) **1** 依洗錢防制法規定，金融機構對於一定金額以上之通貨交易，應確認客戶身分及留存客戶之交易紀錄，並應向指定之機構申報。所稱一定金額係指新臺幣？
(A)二百萬元以上　　　　　　(B)一百五十萬元以上
(C)一百萬元以上　　　　　　(D)五十萬元以上。
答 (D)。指新台幣五十萬元（含等值外幣）。

(　　) **2** 依據洗錢防治法的規定，所謂洗錢係指下列行為？
(A)掩飾或隱匿因自己重大犯罪所得財物或財產上利益者
(B)掩飾、收受、搬運、寄藏、故買或牙保
(C)以上皆是
(D)以上皆非。
答 (C)。洗錢：透過非法手段獲得的金錢，經過合法金融作業流程，「洗淨」成看似合法的資金。

(　　) **3** 對於疑似洗錢之交易，金融機構必須確認客戶身分及留存客戶之交易紀錄，並應向指定之機構申報，該通報之受理機構為？
(A)財政部　　　　　　　　　(B)調查局經濟犯罪防制處
(C)法務部調查局　　　　　　(D)金管會。
答 (C)。(A)國庫與賦稅；(B)經濟犯罪；(C)法務部調查局洗錢防制處；(D)金融市場監管。

(　　) **4** 由於人身保險契約的特殊性及專業性，契約雙方當事人的權利義務，除了適用一般的保險法及民法等規定外，何種法律在人身保險契約也同樣適用？　(A)消費者保護法　(B)電腦處理個人資料保護法　(C)洗錢防制法　(D)以上皆是。
答 (D)

實戰演練

消費者保護法

( )　**1** 下列何者應致力充實消費資訊，提供消費者運用，俾能採取正確合理之消費行為，以維護其安全與權益？　(A)政府　(B)企業經營者　(C)消費者　(D)以上皆是。

( )　**2** 下列何者主要目的是讓消費者在購買企業經營者所提供的商品或服務時，權益可以獲得充分有效的保障？　(A)消費者保護法　(B)洗錢防治法　(C)人權促進法　(D)個人資料保護法。

( )　**3** 下列何者係指企業經營者未經要約而在消費者之住居所或其他場所從事銷售，所為之買賣？　(A)訪問交易　(B)通訊交易　(C)市場開發　(D)陌生拜訪。

( )　**4** (1)騎樓下的信用卡推廣　(2)便利商店的購物型錄　(3)逐戶拜訪的羊奶推銷　(4)電話行銷醫療險　(5)信箱中的購物傳單，請問上述行銷方式哪些為消保法中的訪問交易？　(A)(2)(5)　(B)(1)(3)(4)　(C)(2)(4)　(D)(1)(3)。

( )　**5** DM行銷、銀行保險、電話甚至新興的電視購物頻道等非傳統行銷通路，更是屬於典型的 _____ 型態。　(A)訪問交易　(B)置入行銷　(C)店舖開發　(D)通訊交易。

( )　**6** 人身保險的行銷通路中下列何者非屬於消費者保護法下的通訊交易？　(A)網際網路　(B)業務員行銷　(C)DM行銷　(D)電話行銷。

( )　**7** 下列何者錯誤？
(A)定型化契約條款係指企業經營者為與多數消費者訂立同類契約之用，所提出預先擬定之契約條款
(B)定型化契約條款僅限於書面
(C)個別磋商條款係指契約當事人個別磋商而合意之契約條款
(D)定型化契約係指以企業經營者提出之定型化契約條款作為契約內容之全部或一部而訂定之契約。

( )　**8** 下列敘述何者有誤？　(A)消保法對於定型化契約權利義務的履行，訂有相當完整的規範　(B)定型化契約是由企業經營者與消費者雙方面所共同議定　(C)消費者對於定型化契約只有簽訂與否的權利　(D)定型化契約條款如有疑義時，應為有利於消費者之解釋。

( ) **9** 下列敘述何者有誤？
(A)通訊交易或訪問交易之消費品對所收受之商品願買受時，得於收到商品後12日內，退回商品或以書面通知企業經營者無條件解除交易契約
(B)消保法下的特種交易，主要包括通訊交易及訪問交易二種
(C)企業經營者為通訊交易或訪問交易時，應告知消費者重要的交易資訊
(D)訪問交易係指企業經營者未經要約而在消費者之住所或其他場所從事銷售，所為之交易。

( ) **10** 以目前人身保險的行銷通路而言，傳統的業務員行銷便具有 ＿＿＿＿ 的性質。 (A)訪問交易 (B)通訊交易 (C)市場開發 (D)陌生拜訪。

( ) **11** 以目前人身保險的行銷通路而言，新興的電視購物頻道等非傳統行銷通路，是屬於典型的？ (A)通訊交易 (B)訪問交易 (C)直銷買賣 (D)以上皆是。

( ) **12** 企業經營者為通訊交易或訪問交易時，應將其 ＿＿＿＿ ，以清楚易懂之文句記載於書面或電子方式，提供給消費者。 (A)買賣之條件 (B)企業經營者之名稱 (C)代表人、事務所或營業所 (D)以上皆是。

( ) **13** 企業經營者應確保廣告內容之真實，其對消費者所負的義務？ (A)不得低於廣告內容 (B)不得高於廣告內容 (C)得低於廣告內容 (D)以上皆非。

( ) **14** 有關定型化契約何者正確？ (1)由消費者單方面預先擬具 (2)企業經營者只有簽訂與否的權利 (3)消保法對權利義務的履行訂有相當完整的規範 (4)應提供審閱期間以審閱全部條款內容。 (A)(1)(2)(3)(4) (B)(3)(4) (C)(4) (D)(1)(2)(4)。

( ) **15** 依據消保法第17條規定，中央主管機關得選擇特定行業，公告規定其定型化契約應記載或不得記載之事項，違反者其定型化契約條款無效，企業經營者使用定型化契約者，主管機關得 ＿＿＿＿ 派員查核。 (A)隨時 (B)每半年 (C)每1年 (D)每3年。

( ) **16** 依據消保法第19條規定，通訊或訪問交易之消費者，對所收受之商品不願買受時，得於收受商品後 ＿＿＿＿ 內，退回商品或以書面通知企業經營者解除買賣契約，無須說明理由及負擔任何費用或價款。 (A)隨時 (B)14日 (C)30日 (D)7日。

( ) **17** 所謂定型化契約，是指企業經營者為與 ＿＿＿＿ ，訂立同類契約之用，提出預先擬訂之契約條款，作為契約內容的全部或一部所簽訂的契約。
(A)不特定多數 (B)不特定少數
(C)特定人士 (D)全部消費者。

( )**18** 保險業於有攸關消費大眾權益之重大訊息發生時，應於 ＿＿＿＿＿＿ 內以書面向主管機關報告，並主動公開說明。 (A)5 (B)7 (C)10 (D)2日。

( )**19** 消費者保護法公佈實施於？ (A)82年1月 (B)82年11月 (C)83年1月 (D)83年11月。

( )**20** 消保法的特種交易，主要包括？ (A)通訊交易 (B)訪問交易 (C)以上皆是 (D)以上皆非。

( )**21** 消保法第11-1條規定，企業經營者在與消費者訂立定型化契約前，應提供消費者 ＿＿＿＿＿＿ 內的合理期間，供消費者審閱全部條款內容。 (A)10日 (B)14日 (C)30日 (D)7日。

( )**22** 消保法規定，刊登或報導廣告之媒體經營者明知或可得而知廣告內容與事實不符者，就消費者因信賴該廣告所受之損害與企業經營者負： (A)連帶責任 (B)不負連帶責任 (C)1年責任 (D)3年責任且該責任不得預先約定限制或拋棄（第23條），以使媒體經營者能對廣告先進行篩選，避免因不當的廣告內容損及消費者之權益。

( )**23** 消保法規定之特種交易中，下列人身保險的行銷通路，何者不屬於通訊交易？ (A)DM行銷 (B)電話訪問 (C)銀行保險 (D)傳統行銷。

( )**24** 消保法對於定型化契約權利義務的履行訂有相當完整的規範，可以說是消保法的重點之一，主要規定包括：(1)疑義利益歸諸於消費者原則 (2)審閱期間 (3)定型化契約條款之效力 (4)行政指導定型化契約條款應規範內容。以下何者為是？ (A)(1)(3)(4) (B)(1)(2)(3)(4) (C)(2)(3) (D)(1)(2)(4)。

( )**25** 消費者保護法中所稱「特種交易」，係指下列何者？ (1)通訊交易 (2)訪問交易 (3)網路買賣 (4)八大行業。 (A)(1)(2) (B)(2)(3) (C)(1)(2)(3) (D)(4)。

( )**26** 媒體所刊登或報導之廣告內容明顯與事實不符者，消費者因信賴該廣告受有損害時，何人應負賠償責任？ (A)媒體經營者與企業經營者負連帶責任 (B)媒體經營者 (C)企業經營者 (D)以上皆非。

( )**27** 定型化契約中之定型化契約條款牴觸個別磋商條款之約定者，其牴觸部分？ (A)無效 (B)有效 (C)撤銷 (D)解約。

( )**28** 定型化契約條款未經記載於定型化契約中而依正常情形顯示"非"消費者所得預見者，該條款 ＿＿＿＿＿＿ 契約之內容。 (A)不構成 (B)構成 (C)依個案而定 (D)以上皆非。

個人資料保護法

(　) **1** 業務員因銷售保險商品逕向要保人所蒐集之資料，下列敘述何者正確？
(A)若依法律規定得免告知者，得免為告知
(B)法律雖有規定但基於保護消費者，皆需為告知，不得免除
(C)不需告知要保人使用目的
(D)屬公務機關之資料蒐集。

(　) **2** 個人資料保護法規範的行為態樣，下列何者為非？　(A)電腦處理　(B)蒐集及利用　(C)竄改或冒用　(D)國際傳遞。

(　) **3** 非公務機關在利用個人資料時，應於蒐集之特定目的必要範圍內為之，但符合特殊情形者，得為特定目的外之利用。以下何者為非特殊情形之一？
(A)為增進公共利益者
(B)為免除當事人之生命、身體、自由、或財產上之急迫危險者
(C)為防止當事人權益之重大危害而有必要者
(D)不需經當事人書面同意者。

(　) **4** 依據個資法的規定，若有下列情形之一者，主管機關得限制非公務機關為國際傳遞及利用個人資料：　(1)涉及國家重大利益者　(2)國際條約或協定有特別規定者　(3)接受國對個人資料之保護未有完善之法令，致有損當事人權益之虞者　(4)以迂迴方法向第三國傳遞或利用個人資料規避本法者。以下何者為是？　(A)(1)(3)(4)　(B)(1)(2)(3)(4)　(C)(2)(3)　(D)(1)(2)(4)。

(　) **5** 非公務機關在蒐集個人資料時，除了須符合特定目的外，尚須具有下列何種情形之一始得為之？　(1)經當事人書面同意　(2)當事人自行公開或其他已合法公開之個人資料　(3)對當事人權益無侵害　(4)為增進公共利益所必要　(A)(1)(2)(3)(4)　(B)(1)(2)　(C)(1)(2)(4)　(D)(1)(2)(3)。

(　) **6** 非公務機關在蒐集個人資料時，除了須符合特定目的外，尚須具有下列何種情形使得為之？　(A)經當事人口頭同意者　(B)雖未公開之資料但無害於當事人之重大權益者　(C)為學術研究有必要且資料經過提供者處理後　(D)以上皆是。

(　) **7** 保險公司如何在合理合法的前提下，就所掌握的保戶個人資料作最有效的運用，有賴何種法令加以明確規範？　(A)個人資料保護法　(B)保險法　(C)民法　(D)刑法。

(　) **8** 個人資料的範圍包含：＿＿＿＿＿＿，足資識別該個人之資料。　(A)自然人的姓名、出生年月日、身分證統一編號　(B)特徵、指紋、婚姻、家庭、職業、健康、病歷　(C)財物情況、社會活動　(D)以上皆是。

( ) **9** 個資法的規範對象主要是持有他人之個人資料者，又可以區分為？ (A)公務機關、非公務機關 (B)營利機構、非營利機構 (C)慈善事業、非慈善事業 (D)法人、自然人。

( ) **10** 個人資料保護法規範對象中的公務機關，是指依法行使公權力之中央及地方機關，例如？ (A)國稅局 (B)健保局 (C)縣市政府 (D)以上皆是。

洗錢防制法

( ) **1** 下列之金融機構何者適用洗錢防制法？ (1)銀行 (2)保險公司 (3)信用合作社 (4)融資公司。 (A)(1)(2)(3) (B)(1)(2)(3)(4) (C)(1)(2) (D)(1)(2)(4)。

( ) **2** 居間介紹買賣贓物或為其他交易是指？ (A)故買 (B)媒介 (C)寄藏 (D)收受。

( ) **3** 洗錢防制法適用之金融機構，下列何者為非？ (A)保險公司 (B)銀行 (C)信用合作社 (D)以上皆非。

( ) **4** 洗錢係指掩飾或隱匿因自己重大犯罪所得財物或財產上利益之行為，所謂重大犯罪如以傳統的刑度或金額為主要標準，應為最輕本刑為幾年以上有期徒刑之罪或其犯罪所得在新臺幣多少萬元以上者？ (A)八年，四千萬 (B)七年，三千萬 (C)五年，五百萬 (D)十年，五千萬。

( ) **5** 疑似洗錢交易並沒有金額的限制，只要有疑似洗錢的表徵（例如金錢往來的過程異常、匯款的來源及去向與國際恐怖組織團體或個人有關等），即須向 _____ 申報。 (A)金管會 (B)特偵組查黑中心 (C)調查局洗錢防制處 (D)當地警察局。

( ) **6** 一旦發現疑似洗錢交易，即須向調查局洗錢防治處申報。請問疑似洗錢交易是否有金額的限制？ (A)無限制，只要有疑似洗錢的表徵 (B)500萬 (C)1,000萬 (D)3,000萬。

解答與解析

▍消費者保護法

1 (D)。政府、企業及消費者均應致力充實消費資訊，以提供消費者運用。

2 (A)

3 (A)。消費者保護法第2條：訪問交易指企業經營者未經邀約而與消費者在其住居所、工作場所、公共場所或其他場所訂立之契約。

4 (D)。(2)(4)(5)皆為通訊交易。

5 (D)

6 (B)。(B)屬訪問交易。

7 (B)。定型化契約不限於書面，以放映字幕、張貼、牌示、網際網路、或其他方法表示者，亦屬之。

8 (B)。(B)定型化契約指企業經營者為與多數消費者訂立同類契約之用，預先擬定之契約條款。

9 (A)。通訊交易或訪問交易，得於收受商品7日內，以退回商品或書面通知解除契約，無須說明理由及負擔任何費用。

10 (A)。傳統的業務員行銷具有消保法規定之特種買賣中的訪問交易的性質。

11 (A)。DM行銷、銀行保險、電話、電視購物頻道等非傳統行銷通路，屬於通訊交易型態。

12 (D)。出自：消保法第18條。

13 (A)。出自：消保法第22條。

14 (B)。(1)由企業經營者單方面預先擬具；(2)消費者只有簽訂與否的權利。

15 (A)。消保法第17條：企業經營者使用定型化契約者，主管機關得隨時派員查核。

16 (D)。消保法第19條：通訊交易或訪問交易，得於收受商品7日內，以退回商品或書面通知解除契約，無須說明理由及負擔任何費用。

17 (A)。(B)定型化契約指企業經營者為與多數消費者訂立同類契約之用，預先擬定之契約條款。

18 (D)。出自：保險法第148條。

19 (C)。消費者保護法：立法並公布於民國83年1月11日。增修於民國94年、104年。

20 (C)。交易的類別：1.傳統交易；2.特種交易→通訊交易、訪問交易。

21 (C)。消保法第11條：企業經營者與消費者訂立定型化契約前，應有30日以內之合理期間，供消費者審閱全部條款內容。

22 (A)。出自：消保法第23條。

23 (D)。交易的類別：1.傳統行銷；2.特種交易→通訊交易、訪問交易。

24 (B)。避免企業經營者藉經濟強勢地位，訂立不利消費者的契約，消保法對於定型化契約權利義務的履行，訂有相當完整的規範。

25 (A)。交易的類別：1.傳統行銷；2.特種交易→通訊交易、訪問交易。

26 (A)。媒體經營者明知廣告內容與事實不符者，就消費者因信賴該廣告所受之損害與企業經營者負連帶責任。

27 (A)。定型化契約條款與個別磋商條款牴觸時，定型化契約條款牴觸部分無效，其未牴觸部分仍然有效。

28 (A)。定型化契約條款未記載於契約中，依正常情形顯非消費者所得預見，則該條款不構成契約內容，消費者不受其拘束。

個人資料保護法

1 (A)。出自：個資法第8條。

2 (C)。個資法規範的行為態樣有：「蒐集」、「處理」、「利用」與「國際傳輸」。(C)竄改或冒用規範於刑法第210條。

3 (D)。(D)需要。

4 (B)。出自：個資法第21條。

5 (D)。出自：個資法第6條。

6 (C)。(A)書面同意；(B)需為公開之資料。

7 (A)。保戶個人資料作最有效的運用→個人資料保護法。

8 (D)

9 (A)。個人資料保護法主要以「公務機關」與「非公務機關」兩大類來區分其規範的對象。

10 (D)。個資法中的公務機關：即政府機關，指依法行使公權力的中央機關、地方機關或行政法人。

洗錢防制法

1 (A)。融資公司：只除銀行、信用合作社等以外，提供提供個人消費性貸款、不動產抵押貸，、中短期企業授信等服務的公司。

2 (B)

3 (D)。(A)(B)(C)皆適用洗錢防制法。

4 (C)。出自：洗錢防制法第3條。

5 (C)。(A)金融市場監管；(B)已廢除；(C)原名「洗錢防制中心」。

6 (A)。疑似洗錢交易無金額的限制，只要有疑似洗錢的表徵，即須向調查局洗錢防制處申報。

焦點觀念題組

定型化契約的消費者保護

( )　**1** 定型化契約的內容是由 _____ 所預先擬具。
(A)企業經營者單方面 　　　　(B)企業經營者與消費者
(C)金管會 　　　　　　　　　(D)壽險公會。

( )　**2** 定型化契約條款如有疑義時，應為有利於 _____ 之解釋。
(A)企業主 　　　　　　　　　(B)都可以
(C)消保官 　　　　　　　　　(D)消費者。

( )　**3** 根據消保法第11條規定，企業經營者在定型化契約中所用之條款，應本著
何種原則？
(A)平等互惠 　　　　　　　　(B)站在消費者立場
(C)站在企業者立場 　　　　　(D)站在消保官立場。

解答與解析

定型化契約的消費者保護

1 **(A)**。定型化契約的內容是由企業經營者預先擬訂，消費者鮮少有機會參與。

2 **(D)**。企業定型化契約之條款，應本平等互惠之原則。條款如有疑義時，應為有利於消費者之解釋。

3 **(A)**

Lesson 13 | 保險業務員管理規則的認識

課前導讀

來到最後一堂，此處要說明成為一名合格保險業務員的方法及流程，還有應遵循的事項，應留意撤銷登錄這一部分，因為常出現在考題中。

名師教學

https://reurl.cc/5gVy4M

重點 ① 業務員資格的取得 本重點依據出題頻率區分，屬：**A** 頻率高

一、保險業務員的定義 ★★

(一) **主管機關**：金融監督管理委員，簡稱「金管會」。

(二) **保險業務員管理規則**：
1. 民國82年4月15日起實施。
2. 民國108年、110年新修訂部分條文。

(三) **保險業務員的定義**
1. 為<u>保險業、保險經紀人公司、保險代理人公司、兼營保險代理人或保險經紀人業務之銀行</u>，從事保險招攬之人。

名師提點
登錄證樣式

人身保險業務員登錄證

千華保險經紀人股份有限公司
新北總公司

姓名：奇奇　　性別：女
登錄字號：F234123456
出生年月日：88.8.8
有效日期：115.8.8

2. 依保險業務員管理規則第3條規定：業務員非依本規則辦理登錄，領登錄證者，不得為其所屬公司招攬保險。

3. 業務員得招攬之保險種類由其所屬公司訂之。

二、業務員的資格 ★★★

(一) 積極資格

1. 參加公會舉辦之資格測驗合格者。
   測驗資格：(1)已成年，(2)高中（職）以上或同等學歷。

2. 已領有保險代理人、經紀人執照，並向財政部繳銷執業證書者。

3. 曾以其他資格辦理過登錄，且未受管理規則第13條或第19條撤銷登錄處份者。

4. 財產保險業務員，經所屬公司同意並取得相關資格後，亦可辦理登錄。

> **奪分密技**
> 業務員受第19條撤銷登錄者，應重新參加資格測驗合格，始得辦理登錄。

> **奪分密技**
> 財產保險經紀人得登錄為另一家非經營同類保險業務之保險經紀人。

(二) 消極資格

1. 須為成年之有行為能力人，或受輔助宣告已撤銷之人。

2. 不得為受徒刑處份尚未執行完畢，或執行完畢、緩刑期滿或經赦免後，未滿三年者（包括：曾犯偽造文書、侵佔、詐欺、背信等罪）。

3. 曾犯組織犯罪防制條例規定之罪，經有罪判刑確定，尚未執行完畢，或執行完畢、緩刑期滿、或經赦免後尚未逾五年者。

4. 不得受破產之宣告，尚未復權、或有重大喪失債信情事尚未了結、或了結後尚未逾三年者。

5. 不得為申請登錄之文件有虛偽之記載者。

6. 不得違反管理規則第13條撤銷業務員處分，尚未逾1年者。

7. 不得為違反管理規則第19條招攬規定而受停止招攬行為，期限未滿者，或受撤銷登錄處分者。

8. **不得為重複登錄於2家經營同類保險業務之保險業務員。**

9. 最近3年不得有從事或涉及其他不誠信、或不正當之活動，顯示不適合擔任業務員者。

10. 不得為已領得保險代理人或保險經紀人執業證書，或充任保險代理人公司、保險經紀人公司或保險公證人公司之經理人。

知識補給站

民國110年關於「保險業務員管理規則」第19條的重要修正
1. 修正處分規定
 (1)原規定：受停止招攬或撤銷登錄未逾三年，不得從事任何保險業務。
 (2)修正後：不得從事同類保險業務，併刪除處分未逾三年之規定。
2. 刪除第一項所列撤銷登錄之處分。
3. 修正第三項規定，以最近五年為停止招攬累計達二年應撤銷登錄之採計區間。

三、業務員資格的取得流程 ★★

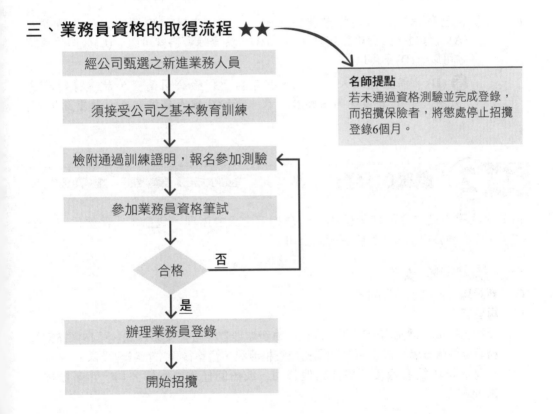

名師提點
若未通過資格測驗並完成登錄，
而招攬保險者，將懲處停止招攬
登錄6個月。

經公司甄選之新進業務人員
↓
須接受公司之基本教育訓練
↓
檢附通過訓練證明，報名參加測驗
↓
參加業務員資格筆試
↓
合格 ── 否
↓ 是
辦理業務員登錄
↓
開始招攬

小試身手

(　　)1 下列何者為業務員須具備之消極資格？　(A)已領有保險代理人、經紀人執業證照並依法撤銷者　(B)最低年齡須成年　(C)參加壽險公會舉辦之資格測驗合格　(D)業務員管理規則發布前已在所屬公司連續服務滿一年以上。

答 **(B)**。消極資格→有行為能力（應成年或輔助宣告撤銷）、不得：經濟犯未滿3年、組織犯未滿5年、破產或喪失債信未滿3年、登入虛偽、受停止招攬或撤銷登錄證未滿3年。

( ) **2** 依保險法第8-1條規定，所謂「保險業務員」係指為下列所屬之何者從事保險招攬之人？ (1)保險業 (2)保險經紀人公司 (3)保險代理人公司 (4)再保險業 (5)兼營保險代理人或保險經紀人業務之銀行。 (A)(1)(3) (B)(1) (C)(1)(2)(3)(4) (D)(1)(2)(3)(5)。

> **答 (D)**。保險法第8-1條：本法所稱保險業務員，指保險業、保險經紀人公司、保險代理人公司、兼營保險代理人或保險經紀人業務之銀行。

( ) **3** 若已為壽險公司現職業務員，則 _____ 申請保險經紀人執業證書。 (A)領有經紀人資格證書才可以 (B)符合登錄資格就可以 (C)公司同意時才可以 (D)不可以。

> **答 (D)**。保險代理人、經紀人其業務與保險公司衝突，故不得同時具有「壽險公司現職業務員」及「保險代理人或經紀人」雙重身份。

重點 **2** 登錄的分類 　　本重點依據出題頻率區分，屬：**A**頻率高

目前保險業務員之登錄作業係由金管會指定之公會辦理，包括：「保險代理人公司」、「壽險公司」、「保險經紀人公司」。

一、執業登錄 ★★
(一) **新登錄**：首次申請登錄者。
(二) **再登錄**
　1. 受停止招攬、撤銷處分期間屆滿後，重新辦理登錄者（受第13條、第19條撤銷業務員登錄處分者，應重新參加業務員資格測驗，合格後再重新辦理登錄）。
　2. 業務員經註銷登錄後，轉任其他公司，或再回任職原所屬公司，重新辦理登錄者。

二、異動登錄（五日內）★★★
(一) **變更登錄**：凡已登錄事項有變更者，如姓名、出生日期、學歷、戶籍地址、公司授權招攬之保險種類的變更……等。
(二) **停止招攬登錄**：違反第19條，但情節尚不需註銷登錄，而受停止招攬處分，應向原所屬公司繳銷登錄證者。
(三) **註銷登錄**
　1. 無行為能力、限制行為能力或尚未撤銷輔導宣告者。
　2. 業務員死亡。

3. 喪失行為能力。

4. 業務員終止合約。（業務員離職、轉任之異動日，應以業務員辦妥異動手續日為準）。

5. 業務員有其他終止招攬行為之情事者。

(四) 撤銷登錄

1. 業務員影響投保大眾利益重大違法行為者。

2. 業務員不參加在職教育訓練，或參加在職教育訓練成績不合格者。

3. 業務員之消極資格不符合。

小試身手

(　) **1** 保險業務員管理規則規定，業務員離職之異動日應以何日為準？　(A)業務員離職當日　(B)業務員辦妥離職手續日　(C)每日皆可　(D)沒規定。

 答 (B)。保險業務員管理規則第10條：業務員之異動日，應以業務員辦妥異動手續日為準。

(　) **2** 人身保險業務員資格測驗合格者，得填妥登錄申請書，＿＿＿＿＿　向主管機關申請登錄。　(A)自行向壽險公會申請登錄　(B)由所屬公司向壽險公會申請登錄　(C)由壽險公會逕為辦理登錄　(D)由所屬公司。

 答 (B)。登錄流程：業務員→資格測驗合格→填妥登錄申請書→所屬保險公司→壽險公會。

(　) **3** 參加保險業務員資格測驗者之學歷至少應為何？　(A)國中以上學校畢業或同等學歷　(B)高中以上學校畢業或同等學歷　(C)國中以上學校肄業　(D)國小畢業。

 答 (B)。自民國100年起，測驗資格學歷門檻由國中畢業，提升到高中（職）以上畢業。

重點 3　教育訓練　　本重點依據出題頻率區分，屬：**A** 頻率高

一、人身保險之教育訓練 ★★★

(一) 業務員參加資格測驗前，應接受所屬公司的基本教育訓練。

(二) 業務員教育訓練年度之計算，以初次辦理登錄日期為準。

(三) 上課規定

年度	課程時數
第1年	9種課程，共30小時。
第2～5年	12種課程，共12小時／年。

(四) 業務員應參加所屬公司1～第5年度在職教育訓練且成績合格，所屬公司須保存各業務員訓練之成績與檔案，並於5年期滿前辦妥換發登錄證手續。

(五) 業務員應自登錄後，每年參加所屬公司舉辦之在職教育訓練，不參加者或訓練成績不合格，於**1年內**補訓仍不合格者，撤銷其業務員登錄。

(六) 業務員因註銷、停止招攬行為、撤銷等異動後，再辦理登錄，其間隔期間在1年以上者，其教育訓練年度應重新計算。

二、投資型保險之教育訓練 ★★

(一) 業務員參加投資型保險測驗前，應對投資型保險商品有所瞭解。

(二) 所屬公司得依其業務發展需要，自行安排投資型保險商品教育訓練課程。

(三) 上課規定

保險種類	課程時數
年金保險（第一年度必修）	至少3小時。
以外幣收付之非投資型保險	至少5小時。
投資型保險	每3年完成6小時，其中法規至少須2小時。

(四) 業務員販售利率變動型年金保險前，應完成以下程序始得販售：參加公司至少3小時課程、訓練完成後應測驗合格、合格成績報壽險公會備查。

(五) 投資型保險相關專業課程測驗之辦理單位為
  1. 財團法人保險事業發展中心。
  2. 壽險公會。
  3. 其他主管機關認可之保險相關單位。

三、連結結構型商品之教育訓練 ★

(一) 人身保險業務員招攬之投資型保險商品，含有連結結構型商品時，應再參加所屬公司辦理之結構型商品相關訓練課程。

(二) 課程之時數、方式及測驗內容由所屬公司自行訂之。

(三) 課後應再參加公司辦理之訓練課程並測驗合格，由所屬公司通報公會備查。

小試身手

(　　) **1** 依「人身保險業務員教育訓練通報暨換證作業辦法」規定，業務員因註銷、停止招攬、撤銷等異動後，再辦理登錄，其間隔期間在 ＿＿＿＿ 以上者，其教育訓練年度應重新計算。　(A)三年　(B)二年　(C)一年　(D)四年。

　　答 (C)。領有第1年至第5年度登錄證之業務員因註銷或停止招攬等異動，再辦理登錄，間隔期間1年以上，教育訓練年度重新計算。

(　　) **2** 「年金保險」教育訓練課程，係為業務員教育訓練課程 ＿＿＿＿ 之課程訓練。　(A)第四年　(B)第一年　(C)第三年　(D)第二年。

　　答 (B)。教育訓練第1年度課程：→商品知識、初階行銷技巧、風險選擇、社會保險、生活設計與壽險、保險法規、年金保險、道德規範。

(　　) **3** 業務員登錄後第二至第五年之教育訓練課程依規定，每年至少應有 ＿＿＿＿ 小時之訓練。　(A)15　(B)12　(C)30　(D)16。

　　答 (B)。教育訓練：第1年度→至少30小時；第2至第5年度→每年至少12小時。

本重點依據出題頻率區分，屬：**A** 頻率高

重點 **4** 人身保險招攬行為與相關法規

名師教學

立即看私房講解

一、偽造文書 ★★

我國刑法第210條規定：「偽造文書，足以生損害於公眾或他人者，處五年以下有期刑。」例如：

(一) 業務員為增加業績，於要保人或被保險人不知情下，以偽造要保書上簽名，為其投保。

(二) 以實際不存在的人偽填要保書,向保險公司投保以增加業績。

(三) 要保書雖非業務員偽造,知情仍交給保險公司。

(四) 業務員偽造變更申請書。

(五) 保險事故發生,業務員偽造理賠申請書。

(六) 要保人無撤銷契約的意思,業務員偽造撤銷申請書。

(七) 要保人無申請保單貸款的意思,業務員偽造申請。

二、詐欺行為 ★★

我國刑法第339條規定:「意圖為自己或第三人不法為所有,以詐使人將本人或第三人之物交付者,處五年以下有期刑、拘役或科或併科50萬元以下罰金。」例如:

(一) 業務員串通保戶共謀詐騙保險金。

(二) 業務員謊稱欲解除契約而偽造相關文書,以領取解約金。

三、侵佔行為 ★★

我國刑法第335條規定:「意圖為自己或第三人不法為所有,而侵占自己持有他人之物者,處五年以下有期刑、拘役或科或併科50萬元以下罰金。」例如:

(一) 業務員挪用保險費。

(二) 業務員將理賠金額據為己有,而不交給應當交付之人。

(三) 業務員收取現金後,以他人或自己之信用卡刷卡,亦屬挪用侵占。

要保人　收保費　　錢留著　　改用信用卡繳費　保險公司　　　　侵占

四、背信行為 ★★

我國刑法第342條規定:「為他人處理事務,意圖為自己或第三人不法之利益,或損害本人之利益,而為違背其任務之行為,致生損害於本人之財產或其他利益者,處五年以下有期刑、拘役或科或併科50萬元以下罰金。前項之未遂犯罰之。」例如:

(一) 業務員知悉保戶本身足以影響危險估計,而加以隱匿不轉達保險公司,造成保險公司無法正確評估危險。

(二) 業務員故意不解說保單或要保書內容,或為自己、他人利益不確實執行工作上應執行之內容,而造成公司之損失。

> **奪分密技**
> 保險契約涉及訴訟時,約定以要保人住所所在地地方法院為第一審管轄法院。

小試身手

(B) **1** 小王為甲壽險公司及乙產險公司之業務員，於代收甲公司保戶繳交之保險費後，因先挪用繳交自家之水電費，就該行為下列陳述何者為是？　(1)甲公司應辦理撤銷登錄　(2)乙公司受甲公司通知後辦理註銷登錄　(3)僅甲公司應辦理撤銷登錄，乙公司之登錄則不受限制　(4)甲公司及乙公司皆辦理撤銷登錄。

(A)(1)(3)　　　　　　　　　　(B)(4)
(C)僅(1)為是　　　　　　　　(D)(1)(2)。

答 (B)。業務員同時登錄為財產保險及人身保險業務員者，其分別登錄之所屬公司應依法負連帶責任。

(D) **2** 保險業務員於處理事務時，有可能因為一些特定的利益而違背其應盡之義務，而造成保險公司的損害，這時就可能觸犯了刑法上的？

(A)偽造文書　　　　　　　　(B)詐欺
(C)侵占行為　　　　　　　　(D)背信。

答 (D)。造成保險公司的損害→背信（為他人工作而違背任務）。

(D) **3** 業務員幫要保人或被保險人簽名，將會受到何種懲處？

(A)遭公司解職　　　　　　　(B)觸犯刑法偽造文書
(C)撤銷登錄　　　　　　　　(D)以上皆是。

答 (D)

重點 ⑤ 招攬行為及獎懲　本重點依據出題頻率區分，屬：**A** 頻率高

業務員在保險公司授權範圍內所為之行為，視同所屬公司之行為，故公司對其登錄之業務員招攬行為所生之損害依法應負<u>連帶責任</u>。

一、業務員之管理 ★★★

(一) 業務員應於登錄後每5年，完成規定之教育訓練課程及時數，並檢附原登錄證、及每年教育訓練合格證明，向所屬公司申請換證。

(二) 業務員可行使之權責以載明在登錄證背面，包括：

　1. 解釋保險商品內容及保險單條款。

　2. 說明填寫要保書注意事項。

3.轉送要保文件及保險單。

4.其他經所屬公司授權從事保險招攬之行為。

二、業務員之獎懲 ★★★

(一) 業務員的不當招攬行為，除有犯罪嫌疑，應依法除送法院偵辦外，所屬公司應按其情節輕重，每次予以3個月～1年停止招攬的懲處，若5年內累計達2年，則撤銷登錄。

(二) 保險業務員如有下列何種情事，所屬公司得處以**停止招攬**或**撤銷登錄**之處分：

1.唆使要保人對壽險公司不實告知者。

2.代為保管要保人之保單及印鑑者。

3.對要保人、被保險人或第三人以誇大不實之宣傳、或其他不當方法為招攬者。

4.以不同保險契約內容作不公平或不完全之比較。

5.以不當之方法唆使要保人終止有效契約而投保新契約，致使要保人受損害者。

6.未經所屬保險公司同意而招聘人員。

7.未經當事人同意或授權，即代其在要保書上簽章。

(三) 所屬公司對業務員予以停止招攬行為或撤銷登錄時，應通知業務員本人並通知有關公會建檔供查詢。

(四) 業務員不服受停止招攬、撤銷登錄處分之申訴：

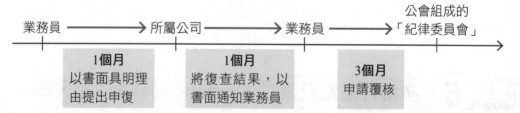

(四) 保險業從事保險招攬或徵員之文宣、廣告，其內容應經總公司或外商在台分公司核可。若擅自使用不實之文章、廣告，所屬公司應：

1.依法嚴予議處相關人員及於媒體說明致歉外，並停售該商品。

2.保戶因不實之文宣、廣告而投保，嗣後產生疑義退保時，保險公司至少應加計利息，退還所繳全部保險費。

3.除違反保險法令部份，本部依法處裡外，違反公平交易法部分，移送行政院公平交易委員會處理。

(五) 當保險公司違反保險業務員管理規則，或「業務人員定著率」、「契約繼續率」未達各有關公會所核定比率者。財政部依規則處分外，亦可限制所屬公司辦理新業務員之登錄或新種保險之開辦。

小試身手

(　) **1** 業務員同時登錄為財產保險及人身保險業務員者,其分別登錄之所屬公司?
(A)業務員自行負責,所屬公司無任何責任
(B)先登錄之所屬公司依法須負責任
(C)後登錄之所屬公司依法須負責任
(D)分別登錄之所屬公司應依法負連帶責任。

答 (D)。業務員同時登錄為財產保險及人身保險業務員者,其分別登
錄之所屬公司應依法負連帶責任。

(　) **2** 壽險業務員必須向客戶逐項解釋商品的內容,目的在於?
(A)幫助客戶找出最適合他需要的保單
(B)纏住客戶使他無法拒絕
(C)向客戶表示壽險不是那麼簡單的東西
(D)以上皆是。

答 (A)

實戰演練

業務員資格的取得

(　) **1** 人身保險業務員？　(A)只可同時登錄為一家代理人公司與一家經紀人公司之業務員　(B)只可同時登錄為一家人壽保險公司與一家代理人公司之業務員　(C)得同時登錄為二家以上保險業、保險代理人公司、保險經紀人公司之業務員　(D)可同時登錄為一家人壽保險公司與一家產物保險公司之業務員。

(　) **2** 下列何者具備保險業務員之資格？　(A)小張今年18歲，剛從高職畢業，想參加壽險公會舉辦之人身保險業務員資格測驗　(B)小陶向主管機關繳銷已領有之保險經紀人執業證書　(C)老王今年35歲，之前因犯詐欺罪被判緩刑，去年12月已緩刑期滿　(D)老王和小陶皆具備保險業務員資格。

(　) **3** 小王想擔任保險業務員之工作，下列步驟中何者為非？　(A)需年滿18歲與高中以上學歷　(B)參加壽險公會的資格測驗合格　(C)應由所屬公司為其辦理登錄，領得登錄證　(D)需年滿18歲與國中以上學歷。

(　) **4** 李小姐現為某產險公司之業務員，於取得人身保險業務員資格後，下列何者為是？　(A)李小姐須經現任產險公司同意，始得登錄於另一家壽險公司　(B)李小姐須先辦理產險之註銷登錄後，始得登錄於壽險　(C)李小姐得無條件登錄於另一家壽險經紀人公司　(D)以上皆非。

(　) **5** 依保險法第8-1條規定，所謂「業務員」非指為所屬之？　(A)再保險業　(B)銀行兼營保險經紀人　(C)保險業　(D)保險代理人公司從事保險招攬之人。

(　) **6** 保險業務員管理規則係由主管機關依保險法第177條訂定，並於民國＿＿＿＿起實施，自此保險業務員登錄邁入一個新的里程碑。　(A)81年10月15日　(B)83年10月15日　(C)80年4月15日　(D)82年4月15日。

(　) **7** 業務員得招攬之保險種類？　(A)由其所屬公司訂之　(B)由壽險公會訂之　(C)由自己決定　(D)由主管機關統一規定。

(　) **8** 報名參加人身保險業務員資格測驗前，應符合一定條件，始得由所屬公司向壽險公會報名參加測驗，其報名資格中，下列哪項規定不包括在內？　(A)具有高中以上學校畢業或同等學歷　(B)應成年　(C)通過所屬公司辦理之一定課程之基本教育訓練　(D)業績優良並無不良紀錄者。

(　) **9** 保險代理人公司或保險經紀人公司之業務員 ＿＿＿＿＿ 人身保險業務員資格測驗，並取得合格資格後，始得辦理登錄。　(A)可自由選擇　(B)不須參加 (C)須參加　(D)以上皆可。

(　) **10** 人壽保險公司、保險代理人公司之業務員？　(A)只可同時登錄為一家保險代理人公司與一家保險經紀人公司之業務員　(B)不得同時登錄為另一家經營同類保險業務之銀行兼營之保險經紀人之業務員　(C)只可同時登錄為一家人壽保險公司與一家保險代理人公司之業務員　(D)只可同時登錄為一家人壽保險公司與一家保險經紀人公司之業務員。

(　) **11** 依保險業務員管理規則之規定，業務員曾受第19條撤銷登錄處分者，應辦理下列何種事項始得辦理登錄？　(A)重新參加業務員資格測驗合格　(B)重新參加教育訓練　(C)重新辦理登錄領取新的登錄證即可　(D)即(B)或(C)皆可。

(　) **12** 保險業務員依保險業務員管理規則辦理登錄，領有下列何種證件始得招攬業務？　(A)保險業務員執業證照　(B)保險業務員績效證明書　(C)保險業務員登錄證　(D)以上皆是。

(　) **13** 領有財產保險經紀人執業證書之保險經紀人，其業務員？　(A)得登錄為另一家非經營同類保險業務之保險經紀人　(B)得再登錄於另一家代理人公司 (C)得再登錄另一家保險公司　(D)不得再登錄於其他公司。

(　) **14** 壽險業務員的出勤應該是？　(A)只要有業績，不一定要受公司的規則約束　(B)遵守公司所定的規則　(C)自己調配的時間，沒有一定限制 (D)因人而異。

登錄的種類

(　) **1** 下列何者為錯誤？　(A)業務員不得同時登錄為二家以上經營同類保險業務之保險業、銀行兼營之保險代理人、保險經紀人公司之業務員　(B)保險業務員經登錄後，得為任何銀行兼營之保險代理人從事保險之招攬　(C)業務員於離職後再任原所屬公司之業務員應重新登錄　(D)業務員從事保險招攬所用之文書、圖畫應標明所屬公司名稱，並不得記載預期將來對保單紅利分配之有關事項。

(　) **2** 目前保險業務員之登錄作業，係由 ＿＿＿＿＿ 指定之公會辦理之。　(A)財政部　(B)內政部　(C)金融總會　(D)金融監督管理委員會。

(　) **3** 考取人身保險業務員資格後，依業務員管理規則規定，首次辦理登錄者，謂之？ (A)再登錄 (B)新登錄 (C)異動登錄 (D)變更登錄。

(　) **4** 保險業務員於參加業務員資格測驗前，應具備以列何資格？ (A)招攬三張保險單 (B)通過教育訓練 (C)通過所屬保險公司之基本教育訓練 (D)具備以上任何一項即可。

(　) **5** 保險業務員於登錄有效期間內，受停止招攬行為期間累計達多久，應予以撤銷其業務員登錄處分？ (A)五年 (B)二年 (C)三年 (D)一年。

(　) **6** 保險業務員轉任他公司時，下列敘述何者正確？ (A)不須通過所屬公司之基本教育訓練 (B)須重新參加業務員資格測驗 (C)須重新辦理登錄領取新的登錄證 (D)以上皆非。

(　) **7** 業務員因離職、轉任而異動時，所屬公司應向壽險公會申報？ (A)註銷登錄 (B)停止招攬登錄 (C)變更登錄 (D)撤銷登錄。

(　) **8** 業務員之登錄事項有變更者（如：改名字），應辦理？ (A)變更登錄 (B)註銷登錄 (C)異動登錄 (D)以上皆非。

(　) **9** 業務員登錄有效期間為 _____ ，期滿即應辦妥換證手續，否則不得為保險之招攬。 (A)1年 (B)2年 (C)3年 (D)5年。

(　)**10** 業務員離職、轉任之異動日，應以業務員辦妥離職手續日為準，若終止勞務契約後 _____ 無正當理由不予辦理，得向其所屬公司之商業同業公會申請處理。 (A)壽險公會 (B)金管會 (C)所屬公司 (D)業務員本人。

(　)**11** 壽險公會目前辦理之人身保險業務員登錄作業不包括下列何類公司？ (A)保險代理人公司 (B)壽險公司 (C)保險經紀人公司 (D)銀行兼營之產險代理人。

(　)**12** 保險業務員具下列何種情況，不須經所屬公司辦理異動申報？ (A)有死亡、喪失行為能力、終止合約之情事者 (B)有損保險形象情節嚴重經撤銷處分者 (C)登錄事項有變更者 (D)業績未達一定標準。

(　)**13** 業務員有死亡、喪失行為能力、終止合約、或其他終止招攬行為之情事者，是指？ (A)變更登錄 (B)停止招攬登錄 (C)註銷登錄 (D)撤銷登錄。

(　)**14** 壽險業務員為了爭取業績？ (A)將其他公司的不同保險辦法拿來驗證本公司保險契約的優越性 (B)可以說服保戶終止其他公司的有效契約，改保自己行銷的新契約 (C)誇大宣傳以吸引客戶投保 (D)以上行為均應禁止。

(　)**15** 保險業務員轉任他公司時，應辦理下列何種事項？ (A)重新參加基本教育訓練 (B)重新參加業務員資格測驗 (C)須重新辦理登錄領取新的登錄證 (D)以上三者皆須辦理。

教育訓練

(　) **1** 依保險業務員管理規則規定，投資型保險相關專業課程測驗之辦理單位為
　　　　，負責辦理。
(A)財團法人保險事業發展中心
(B)壽險公會
(C)其他主管機關認可之保險相關單位
(D)以上皆可。

(　) **2** 「人身保險業務員教育訓練成績」依規定應由下列何者妥予保管？　(A)壽
險公會　(B)業務員　(C)財政部　(D)所屬公司。

(　) **3** 「利率變動型年金保險」相關內容，係為業務員教育訓練課程　　　　之課
程訓練。　(A)第四年　(B)第一年　(C)第二年　(D)第三年。

(　) **4** 依據「人身保險業務員教育訓練要點」規定，業務員於登錄後，第一年
必須參加所屬公司至少　　　　小時課程之訓練。　(A)12　(B)25　(C)30
(D)48。

(　) **5** 為落實教育訓練，業務員註銷登錄後再辦理登錄時，若教育訓練未依規
定完訓者，　　　　辦理登錄。　(A)沒規定可否　(B)可以　(C)不可以
(D)以上皆可。

(　) **6** 業務員不參加所屬公司所舉辦之教育訓練者，所屬公司應為其辦理？
(A)註銷登錄　(B)撤銷登錄　(C)警告登錄　(D)停止招攬登錄。

(　) **7** 業務員每年參加所屬公司教育訓練且成績合格者，應請所屬公司於
　　　　上加蓋合格專用章。
(A)學習證　　　　　　　　　　(B)職員證
(C)在職教育訓練合格登記卡　　(D)登錄證。

(　) **8** 業務員於登錄後應於　　　　完成規定之教育訓練課程及時數，並於期滿前
辦妥換發登錄證手續。　(A)每3年　(B)每1年　(C)每5年　(D)每4年。

(　) **9** 業務員販售利率變動型年金保險前應完成哪些程序始得販售？　(1)參加公
司至少3小時課程　(2)訓練完成後應測驗合格　(3)合格成績報壽險公會備
查　(4)合格成績存放公司備查。　(A)(1)(2)　(B)(1)(2)(3)　(C)(2)(3)(4)
(D)(1)(2)(4)。

(　)**10** 業務員登錄後第一年，依「人身保險業務員教育訓練要點」規定，必須參
加所屬公司　　　　種課程之訓練。　(A)15　(B)10　(C)30　(D)9。

人身保險招攬行為與相關法規

(　) **1** A君經醫生診斷已罹患肝癌，經某甲業務員招攬投保防癌保險，投保時A君與某甲共同隱瞞癌症之事實，A君於投保1年6個月後死亡，A君之家屬向保險公司申請理賠時始發現事實，其中業務員某甲之行為觸犯了？　(A)背信行為　(B)侵占行為　(C)詐欺行為　(D)偽造文書行為。

(　) **2** 業務員收取要保人所繳納之現金保險費後，再以自己或他人之信用卡刷卡繳交之行為，下列何者正確？　(1)屬挪用保費之情事　(2)已符合侵佔罪的構成要件　(3)所屬公司應依保險業務員管理規則第19條第1項規定予以懲處登錄　(4)所屬公司應逕予註銷登錄　(A)(1)(2)(3)(4)　(B)(1)(2)(4)　(C)(2)(3)　(D)(1)(2)(3)。

(　) **3** 業務員經授權從事解釋保險商品內容及保單條款、說明填寫要保書注意事項等招攬行為，若業務員為自己或他人的利益故意不執行，可能觸犯刑法上的？　(A)偽造文書行為　(B)背信行為　(C)侵占行為　(D)詐欺行為。

(　) **4** 申請登錄之業務員若曾受偽造文書、侵占、詐欺、背信等徒刑處分執行完畢或經赦免未滿 _____ 者，不得申請登錄為業務員。　(A)三年　(B)二年　(C)五年　(D)一年。

招攬行為及獎懲

(　) **1** 受停止招攬登錄或撤銷登錄處分之業務員，對原處分公司之複查結果有異議者，得於收到複查結果之日起三個月內，以書面具名理由，向何單位申請覆核？　(A)所屬公司　(B)主管機關　(C)各有關公會組成之申訴委員會　(D)以上皆可。

(　) **2** 保險業務員登錄證有效期滿前，申請換發登錄證時，應檢附下列哪些文件？
(A)重新參加業務員資格測驗合格證書
(B)重新參加基本教育訓練證明
(C)新登錄證
(D)期滿前每年參加所屬公司辦理之教育訓練合格證明。

(　) **3** 人壽保險業務員，未經公司授權？　(A)不得代收保險費　(B)可以代收保險費但要立即繳回公司　(C)保戶要求時可以代收保險費　(D)以上皆非。

(　) **4** 人壽保險業務員因職務上獲悉被保險人的健康狀況？　(A)不必保密　(B)原則上保密，但可以告知其家屬　(C)客戶要求時才保密　(D)要絕對保密。

( ) **5** 下列何者正確？ (1)取得業務員資格即可招攬保險 (2)業務員之招攬行為應受所屬公司之獎懲辦法規範 (3)業務員違規情事若有犯罪嫌疑，應移送法辦 (4)業務員有違反管理規則之情事，所屬公司應予以停止招攬行為或撤銷登錄。 (A)(3)(4) (B)(1)(2)(3)(4) (C)(2)(4) (D)(2)(3)(4)。

( ) **6** 下列哪個行為業務員得為之？ (A)解釋商品內容及條款 (B)以錯價及放佣方式招攬 (C)未經當事人同意或授權而為填寫、簽章有關契約 (D)以登錄證供他人使用。

( ) **7** 主管機關規定凡保戶因不實之文宣、廣告而投保，之後產生疑義擬退保時，保險公司應？ (A)以和解金退還 (B)加計利息退還當年度保險費 (C)退還所繳保險費 (D)加計利息退還所繳全部保險費。

( ) **8** 各所屬公司對於業務員予以停止招攬行為或撤銷登錄時，應 _____ ，並通知各有關公會建檔供查詢。 (A)通知主管機關 (B)不須通知任何人 (C)刊登公報 (D)通知業務員本人。

( ) **9** 依保險業務員管理規則規定，業務員有代要保人保管保單及印鑑之情事，行為時所屬公司應？ (A)予以口頭告誡即可 (B)僅得予以註銷登錄，不得予以任何處分 (C)永久不予登錄 (D)應予以停止招攬行為或撤銷登錄之處分。

( ) **10** 保險公司對業務員的管理，下列何者為非？ (A)業務員與公司間之勞務契約依民法及相關法令規定 (B)出勤行為應依業務員與保險公司之勞務契約規定 (C)業務員之所有行為皆應依保險業務員管理規則 (D)招攬行為之管理應依保險業務員管理規則辦理。

( ) **11** 保險業務員如有下列何種情事，所屬公司得處以停止招攬或撤銷登錄之處分？ (1)對要保人、被保險人或第三人以誇大不實之宣傳、廣告或其他不當之方法為招攬者 (2)以不同保險契約內容作不公平或不完全之比較 (3)以不當之方法唆使要保人終止有效契約而投保新契約致使要保人受損害者 (4)不參加商品說明會、專業課程訓練或參加該訓練成績不合格者。 (A)(2)(4) (B)(1)(3) (C)(1)(2)(3) (D)(1)(2)(3)(4)。

( ) **12** 業務員不服受停止招攬登錄、撤銷登錄處分，得於受處分之通知到達之日起 _____ 內，向原處分公司提出申復。 (A)一年 (B)三年 (C)三個月 (D)一個月。

( ) **13** 業務員未經何人同意而招聘人員，應按情節輕重給予停止招攬行為或撤銷登錄處份？ (A)所屬公司 (B)壽險公會 (C)經紀人公會 (D)代理人公會。

解答與解析

▌業務員資格的取得

1 (D)。只可同時登錄一家非經營同類保險業務之保險公司業務員→即：（眾壽險公司、保代公司、保經公司擇一）＋（眾產險公司擇一）。

2 (B)。(A)須滿18歲；(C)緩刑期滿未滿三年者。

3 (D)。(D)高中職以上學歷。

4 (C)。只可同時登錄一家非經營同類保險業務之保險公司業務員→即：（眾壽險公司、保代公司、保經公司擇一）＋（眾產險公司擇一）。

5 (A)。保險法第8-1條：本法所稱保險業務員，指保險業、保險經紀人公司、保險代理人公司、兼營保險代理人或保險經紀人業務之銀行。

6 (D)。民國81年10月15日訂定發布，82年4月15日實施，最新修正時間為110年5月26日。

7 (A)。業務員得招攬之保險種類，由其所屬公司定之。應通過特別測驗才得招攬之保險，由主管機關審酌情形另定之。

8 (D)。報名資格：應成年、高中（職）以上學歷、具有身分證或居留證、通過所屬公司教育訓練。

9 (C)。從事人身壽險業務，皆須通過人身保險業務員資格測驗，取得合格後，並辦理登錄，使得銷售。

10 (B)。保險代理人、經紀人其業務與保險公司衝突，故不得同時具有「壽險公司現職業務員」及「保險代理人或經紀人」雙重身份。

11 (A)。受第19條撤銷登錄處分→重新參加業務員資格測驗合格→重新辦理登錄。

12 (C)。保險業務員管理規則第3條：業務員未辦理登錄，領得保險業務員登錄證，不得為其所屬公司招攬保險。

13 (A)。只可同時登錄一家非經營同類保險業務之保險公司業務員→即：（眾壽險公司、保代公司、保經公司擇一）＋（眾產險公司擇一）。

14 (B)

▌登錄的種類

1 (B)。(B)只得為其所登錄之所屬公司銷售公司允許之保險商品。

2 (D)

3 (B)。新登錄：首次辦理登錄者。再登錄：經註銷登錄後，轉任他公司或離職後再任職原公司，重新辦理登錄者。

4 (C)。報名資格：年滿18歲、高中（職）以上學歷、具有身分證或居留證、通過所屬公司教育訓練。

5 (B)。受停止招攬處分達2年，撤銷業務員登錄。重新申請登錄時，受經營同類保險業務之保險業、保險代理人公司、保險經紀人公司或銀行停止招攬行為期限內者，不予重新登錄。

6 (C)。業務員離職、轉任時，所屬公司應向壽險公會申報註銷登錄。轉任他公司或離職後再任職原公司，重新辦理登錄。

7 (A)　8 (A)

9 (D)。業務員登錄證有效期間為五年，應於期滿前辦妥換發登錄證手續，未辦妥前不得為保險之招攬。

10 (C)。業務員因離職、轉任而異動時，所屬公司應向壽險公會申報註銷登錄。

11 (D)。壽險公會目前辦理之人身保險業務員登錄作業包括：壽險公司、保險經紀人公司、保險代理人公司；不包括產險公司。

12 (D)。業務員有異動（變更登錄、停止招攬登錄、註銷登錄、撤銷登錄），所屬公司應於異動後5日內向公會申報。

13 (C)。業務員有死亡、喪失行為能力、終止合約、或其他終止招攬行為之情事者，為註銷登錄。所屬公司應於異動後五日內向公會申報。

14 (D)

15 (C)。業務員離職、轉任時，所屬公司應向壽險公會申報註銷登錄。轉任他公司或離職後再任職原公司，重新辦理登錄。

教育訓練

1 (D)。原只有(A)，之後陸續增加單位增加，故答為(D)。

2 (D)

3 (B)。教育訓練第1年度課程：→商品知識、初階行銷技巧、風險選擇、社會保險、生活設計與壽險、保險法規、年金保險、道德規範。

4 (C)。教育訓練：第1年度→9種課程，共30小時；第2至第5年度→12種課程，每年至少12小時。

5 (C)

6 (B)。業務員不參加教育訓練者，或參加教育訓練成績不合格，於一年內再行補訓成績仍不合格者，所屬公司應撤銷其業務員登錄。

7 (C)。人身保險業務員資格測驗及教育訓練成績均留存於所屬公司。

8 (B)。每一年均須完成教育訓練，成績皆合格者，每五年換發登錄證。

9 (B)。業務員販售「前」應完成哪些程序，故(4)為非必要。

10 (D)。教育訓練：第1年度→9種課程，共30小時；第2至第5年度→12種課程，每年至少12小時。

人身保險招攬行為與相關法規

1 (A)。造成保險公司的損害→背信（為他人工作而違背任務）。

2 (D)。(4)撤銷登錄，非註銷登錄。

3 (B)。造成保險公司的損害→背信（為他人工作而違背任務）。

4 (A)。消極資格→有行為能力（滿18歲或輔助宣告撤銷）、不得：經濟犯未滿3年、組織犯未滿5年、破產或喪失債信未滿3年、登錄虛偽、受停止招攬或撤銷登錄證未滿3年。

招攬行為及獎懲

1 (C)。業務員不服受停止招攬登錄、撤銷登錄處分，得於處分通知日起一個月內向公司提出申復，三個月內向公會組成之紀律委員會申請覆核。

2 (D)。每一年均須完成教育訓練，成績皆合格者，每五年換發登錄證。

3 (A)。未經授權而代收保險費，可能觸犯刑法侵占罪、業務侵占罪、背信罪，且違反保險業務員管理規則第19條，所屬公司可撤銷其登錄。

4 (D)。對保戶之資料應善盡保密義務，非因業務正當需要，不得透露他人。

5 (D)。(1)須再經所屬保險公司向保險公會辦理登錄。

6 (A)。錯價：利用費率風險分類之差異，故意於收取保費時，用較低費率簽訂保險契約。放佣：收取保險費後，退還部分佣金給被保險人或要保人。

7 (D)。因業務員即代表公司，故公司須負責。

8 (D)。所屬公司對於業務員予以停止招攬行為或撤銷登錄時，應通知：業務員本人、各有關公會。

9 (D)。代要保人保管保險單及印鑑→停止招攬3個月；代要保人保管保險單及印鑑，致保戶權益受損→撤銷登錄。

10 (C)。(C)非所有行為，僅招攬行為。且須遵行法律尚有民法、刑法、保險法、消保法、個資法……等

11 (C)。業務員不參加教育訓練者，或參加教育訓練成績不合格，於一年內再行補訓，成績仍不合格者，所屬公司應撤銷其業務員登錄。

12 (D)。業務員不服受停止招攬登錄、撤銷登錄處分，得於處分通知日起一個月內向公司提出申復，三個月內向公會組成之紀律委員會申請覆核。

13 (A)。出自：保險業務員管理規則第19條第6款。

焦點觀念題組

保險業務員管理規則第19條

( )**1** 業務員如有未經當事人同意或授權代其在要保書上簽章，一經發現，其所
屬保險公司應視情節輕重？
(A)予以申誡
(B)予以三個月以上，一年以下停止招攬行為，或撤銷登錄處分並通知各有
關公會，通報其他保險公司
(C)予以記過處分
(D)不予處分。

( )**2** 業務員以登錄證借他人使用，被查獲者，其所屬公司應予處以＿＿＿＿，
或撤銷其業務員登錄之處分。　(A)一年以上，二年以下停止招攬行為
(B)三個月以上，一年以下停止招攬行為　(C)四個月以上，一年以下停止
招攬行為　(D)以上皆非。

( )**3** 業務員有違反管理規則或影響投保大眾利益之重大違規行為者，除有犯罪
嫌疑應依法移送法院外，＿＿＿＿應按其情節輕重予以停止招攬行為或撤銷
業務員登錄處分。　(A)所屬公司　(B)法院　(C)主管機關　(D)壽險公會。

( )**4** 業務員代客刻印章，以客戶名義向保險公司申請保單借款，一經公司發
現，應？　(A)以偽造文書罪移送法辦　(B)辦理撤銷登錄　(C)公司口頭勸
說　(D)僅(A)、(B)為是。

( )**5** 依保險業務員管理規則規定，唆使要保人對壽險公司為不實告知者，壽險
公司應按其情節予以＿＿＿＿停止招攬行為或撤銷其業務員登錄之處分。
(A)三個月以上，六個月以下　(B)三個月以上，一年以下　(C)一年以上，
二年以下　(D)三年以上。

( )**6** 業務員以不當方式唆使要保人終止有效契約、或投保新契約而受損害，可
給予業務員何種處分？　(A)變更登錄　(B)停止招攬登錄　(C)註銷登錄
(D)撤銷登錄。

( )**7** 業務員為未經主管機關核准經營保險業務之法人或個人招攬保險或類似保
險業務，可給予停止招攬行為？　(A)一個月以上三個月以下　(B)三個月
以上六個月以下　(C)三個月以上九個月以下　(D)三個月以上一年以下。

解答與解析

保險業務員管理規則第19條

1 **(B)**。保險業務員管理規則第19條：有犯罪嫌疑，依法送辦，所屬公司應按情節輕重，予以3個月以上，1年以下停止招攬或撤銷登錄之處分。

2 **(B)**。違反第19條第10款。

3 **(A)**

4 **(D)**。違反第19條第7款。

5 **(B)**。違反第19條第2款。

6 **(D)**。違反第19條第8款。

7 **(D)**。違反第19條第12款。

Lesson 14 | 模擬試題

保險實務

( ) **1** 政府鑒於國民經濟發展，社會對於保險已有迫切需要，民國幾年准許民營保險公司成立？
(A)五十九年　　　　　　　　(B)七十五年
(C)五十一年　　　　　　　　(D)八十一年。　　　　　　【Lesson 03】

( ) **2** 為提升業務員的經營格局，讓業務員個人的服務能力更廣闊，下列哪種方式的運用最可以讓業務員達到客戶關係管理的好處？　(A)各種資訊E化的運用　(B)過去工作關係人的介紹　(C)保戶資料卡的建立　(D)親友推薦名單的整理。　　　　　　　　　　　　　　　　　　　　【Lesson 08】

( ) **3** 下列敘述何者錯誤？　(A)長期照顧保險給付可分為一筆或分期給予固定金額二種　(B)被保險人經專科醫師診斷判定認知功能障礙為終身無法治癒者，仍須符合契約條款約定之期間限制，才可符合認知功能障礙　(C)若契約條款明定免責期間，被保險人的生理功能障礙或認知功能障礙狀態須超過免責期，保險公司才會給付長期照顧保險金　(D)外溢效果的保險可以達到事前預防風險的效益。　　　　　　　　　　　　　　　　　【Lesson 04】

( ) **4** 下列那一項為全民健康保險開辦後，勞工保險普通事故中終止給付之項目？
(A)失能給付　(B)醫療給付　(C)死亡給付　(D)老年給付。　【Lesson 04】

( ) **5** 當你要行銷「人壽保險」給顧客時，應先考慮顧客的？　(A)需要程度
(A)收入程度　(C)健康程度　(D)教育程度。　　　　　　　【Lesson 08】

( ) **6** 下列何種資料應由業務員填寫？　(A)業務員報告書　(B)告知書　(C)要保書　(D)被保險人體格檢查表。　　　　　　　　　　　　　【Lesson 07】

( ) **7** 人身保險業的商品不能像一般貨品一樣琳瑯滿目擺在櫥窗內任人選擇，而是屬於下列哪一種商品？　(A)有形商品　(B)無形商品　(C)奢華商品　(D)無價商品。　　　　　　　　　　　　　　　　　　　　　【Lesson 03】

( ) **8** 訂立保險契約時，要保人對於保險公司之書面詢問，應？　(A)據實說明　(B)不予告知　(C)涉及隱私部份可不予告知　(D)招攬人員有問部份才說明。　　　　　　　　　　　　　　　　　　　　　　　【Lesson 07】

( ) **9** 利率變動型年金甲型為＿＿＿＿，在年金給付開始日，保險公司以當時之所累積之年金保單價值準備金，依據當時預定利率及年金生命表計算可以領取之年金金額。 (A)不固定年金金額 (B)變動年金金額 (C)固定年金額 (D)彈性年金金額。 【Lesson 06】

( ) **10** 客戶的保單滿期時，可做那些服務？ (A)全部皆非 (B)自己領走，以後才說 (C)介紹新的商品 (D)轉投資房地產。 【Lesson 07】

( ) **11** 純保險費之計算是根據？ (A)收支相等原則 (B)量出為入 (C)大數法則 (D)盈餘預估原則。 【Lesson 05】

( ) **12** 簡易人壽保險投保年齡限制為？ (A)12歲～60歲 (B)20歲～65歲 (C)12歲～65歲 (D)無年齡限制。 【Lesson 04】

( ) **13** 人壽保險行銷過程依序為？ (1)解決 (2)問題 (3)決心 (4)滿意 (5)接近。 (A)(2)(1)(5)(3)(4) (B)(2)(5)(1)(3)(4) (C)(5)(2)(1)(4)(3) (D)(5)(2)(1)(3)(4)。 【Lesson 08】

( ) **14** 業務員領取保險業授權代收保險費之收據應妥善保管，如有遺失或毀損，應如何處理？ (A)再向保險業申請 (B)說明遺失或毀損理由並作成書面紀錄 (C)向其他業務員借收據 (D)向業務員主管索取。 【Lesson 07】

( ) **15** 目前有許多的保險商品是為滿足消費者特殊的需求設計，在消費者的需求上不僅要求足夠的死亡保障，而且必須依年齡、性別、職業等設計的不同的保險商品，壽險公司所需採行的措施是將商品 (A)獨立化 (B)統一化 (C)細分化 (D)平均化。 【Lesson 03】

( ) **16** 臺灣地區人口產業結構的變化趨勢為？ (A)農業及水產就業人口日漸增加 (B)服務業人口日漸減少 (C)服務業人口日漸增加 (D)工業人口日漸減少 因此對年金保險的發展產生影響。 【Lesson 03】

( ) **17** 下列敘述何者為非？ (A)人身保險是自力與他力的結合 (B)購買人身保險就可確保風險不發生 (C)因人身保險的保險費視購買者年齡而定，所以其風險的分擔是公平的 (D)因人身保險有所謂「我為人人，人人為我」之相互扶助精神，所以其兼具了自己責任及社會責任。 【Lesson 02】

( ) **18** 躉繳保險費是指保險契約成立之？ (A)同時 (B)1年後 (C)2年後 (D)5年後繳清全部保險費。 【Lesson 04】

( ) **19** 由招攬到填寫要保書這段期間與保戶接觸最多、最瞭解保戶的是？ (A)體檢醫師 (B)業務員 (C)收費員 (D)核保人員。 【Lesson 07】

( ) **20** 代收以現金方式繳納保險費超過規定上限數額應以＿＿＿＿方式繳納。 (A)劃撥 (B)匯款 (C)支票 (D)以上皆是。 【Lesson 07】

(　　) **21** 年金保險之預定利率，不得高於下列那個期間的當月宣告利率，且不得為負數？　(A)契約起始日　(B)年金開始給付日　(C)全部皆非　(D)繳費完成日。　　　　　　　　　　　　　　　　　　　　　　　　　　【Lesson 06】

(　　) **22** 事故發生波及範圍小，只會影響個人而不會影響整個大環境，且較容易控制的風險為？　(A)基本風險　(B)特定風險　(C)常屬純粹風險　(D)僅(B)、(C)選項為是。　　　　　　　　　　　　　　　　　　　【Lesson 01】

(　　) **23** 人身保險共四種類型，有健康保險、人壽保險、年金保險與？　(A)傷害保險　(B)產物保險　(C)汽車保險　(D)天災保險。　　　　　【Lesson 04】

(　　) **24** 我們可以於　＿＿＿＿＿，透過加入保險的方式，使得風險事故發生而造成損失時，獲得補償。　(A)任何時間　(B)事故發生之前　(C)事故發生之時　(D)事故發生之後。　　　　　　　　　　　　　　　　　【Lesson 01】

(　　) **25** 養育子女期間，對家庭生活的保障責任隨子女的增加與成長一直上升，購買　＿＿＿＿＿較可符合被保險人的需要。　(A)遞增型定期壽險　(B)遞減型定期壽險　(C)終身保險　(D)生死合險。　　　　　　　　　　【Lesson 04】

(　　) **26** 通常多倍型養老保險係在養老保險上附加？　(A)生存保險　(B)健康保險　(C)死亡保險或意外保險　(D)另一個養老保險。　　　　　【Lesson 04】

(　　) **27** 保險業之所以能夠穩定經濟、安定政治，其主因是？
(A)能夠調節社會財富　　　　　　　(B)消弭勞資糾紛
(C)使每個人的經濟生活受到保障　　(D)以上皆是。　　　【Lesson 02】

(　　) **28** 早期人壽保險制度中，下列何者專以社員及其配偶的死亡、年老、疾病給予金錢救濟？　(A)法國相互救濟會　(B)英國友愛社　(C)德國救濟金庫　(D)以上皆是。　　　　　　　　　　　　　　　　　　　【Lesson 02】

(　　) **29** 有關生存保險之滿期保險金來源敘述何者為非？　(A)自繳保險費之孳息　(B)保險期間死亡之被保險人所繳之保險費　(C)自繳保險費　(D)保險公司資本。　　　　　　　　　　　　　　　　　　　　　　　【Lesson 05】

(　　) **30** 下列何種情況，業務員應洽經驗較豐富公司之專任醫師或特約醫師擔任體檢工作？　(A)被保險人過去有增加其他條件仍不能承保的紀錄　(B)被保險人投保的保險金額相當高　(C)被保險人過去有未能承保的紀錄　(D)以上皆是。　　　　　　　　　　　　　　　　　　　　　　　　【Lesson 07】

(　　) **31** 風險的發生與存在必須具備？　(1)不確定性　(2)有損失的可能　(3)有獲利的可能　(4)屬於將來性的。　(A)(1)(2)(4)　(B)(1)(2)(3)　(C)(2)(3)(4)　(D)(1)(2)(3)(4)。　　　　　　　　　　　　　　　　　　【Lesson 01】

( ) **32** 下列何者是保險公司的保險給付準備，也是保戶年輕時多繳保費，用來彌補年老時少繳保費的儲備金？　(A)保險金　(B)保單價值準備金　(C)責任準備金　(D)賠款準備金。　　　　　　　　　　　　　　【Lesson 05】

( ) **33** 壽險業務員最重要的責任是？　(A)收取保費　(B)賣保險　(C)持續的售後服務維繫保險　(D)以上皆非。　　　　　　　　　　　　【Lesson 08】

( ) **34** 在生活規畫中項目中有5項經濟準備是任何一個家庭不可或缺，有關「應急預備金」項目中應準備？　(A)4個月　(B)6個月　(C)2個月　(D)3個月　的生活費。　　　　　　　　　　　　　　　　　　　　　　　　【Lesson 08】

( ) **35** 下列何者為「風險自留」的原因？　(1)明知有風險存在而疏忽不予處理　(2)自己承擔比其它處理方式更划算　(3)無適當的處理方式　(4)自己有能力，足以承擔損失。　(A)(2)(3)　(B)(1)(2)(3)(4)　(C)(2)(3)(4)　(D)(1)(2)(3)。　　　　　　　　　　　　　　　　　　　　【Lesson 01】

( ) **36** 關於旅行平安保險？　(A)單獨出單　(B)所販賣的對象不限實際從事旅遊的國內外旅客　(C)保額太高時需要體驗　(D)以上皆是。　　【Lesson 04】

( ) **37** 依據保險業辦理微型保險業務應注意事項規定，下列敘述何者為非？
(A)微型保險以經濟弱勢或特定身分者為承保對象
(B)保險業者必須在簽訂微型保險契約時將契約所列重要約定事項摘要以書面提供予要保人
(C)微型保險不得含有生存或滿期給付之設計
(D)微型保險的附加費用率上限比照傳統型保險。　　　　　　　【Lesson 04】

( ) **38** 保險業務員通過投資型保險商品特別測驗，取得合格證書者，＿＿＿＿＿，開始從事投資型保險商品之招攬。　(A)經所屬公司向壽險公會辦理變更登錄後　(B)經報主管機關同意後　(C)經通訊處負責人授權後　(D)即可直接。　　　　　　　　　　　　　　　　　　　　　　　【Lesson 04】

( ) **39** 下列哪項非人壽保險費的計算依據基礎？　(A)預定利率　(B)預定營業費用率　(C)預定死亡率　(D)預定住院率。　　　　　　　　　　【Lesson 05】

( ) **40** 下列敘述何者正確？
(A)保險公司承保傷害保險時，不必檢查被保險人的身體
(B)定期保險通常以1年、5年、10年為期，亦有以要保人到達終身年齡為約定期限
(C)賽車駕駛員的危險性與每天坐辦公室的辦事人員危險性差不多
(D)最後生存者年金之受領人有2人以上，只要有1人死亡，保險人就不必再給付原約定之年金。　　　　　　　　　　　　　　　　　　【Lesson 06】

(　　) **41** 由於科學發達帶來的現代化亦使危險環繞於人們四周，造成公害及一些成年人特有的疾病如癌症、心臟病、腦血管疾病等死亡率上升，導致何種保障需要增加？　(1)死亡保障　(2)退休保障　(3)家庭健康保障　(4)意外保障。
(A)(1)(2)(3)(4)　(B)(1)(3)　(C)(1)(3)(4)　(D)(1)(2)(3)。　　　　【Lesson 03】

(　　) **42** 下列何者不正確？　(1)其他因素不變，保險費與死亡率高低成正比　(2)其他因素不變，保險費與利率高低成正比　(3)其他因素不變，保險費與附加費用率高低成正比。
(A)(1)(3)　　　　　　　　　　　(B)(2)
(C)(1)(2)(3)　　　　　　　　　　(D)(3)。　　　　　　　　　【Lesson 05】

(　　) **43** 保險業之所以能夠穩定經濟、安定政治，其主因是？
(A)能夠調節社會財富　　　　　　(B)消弭勞資糾紛
(C)使每個人的經濟生活受到保障　(D)以上皆是。　　　　　　【Lesson 02】

(　　) **44** 買一張養老保險就等於買 ＿＿＿＿ 兩種保險。　(A)定期保險、生存保險
(B)限期繳費終身保險、生存保險　(C)定期保險、年金保險　(D)還本型終身保險、生存保險。　　　　　　　　　　　　　　　　　　　　　　【Lesson 04】

(　　) **45** 早期的人壽保險組織，如中世紀歐洲之基爾特、英國的友愛社、德國的救濟金庫、法國的相互救濟會等，並不為大多數人所重視之原因？
(A)沒有保險法規範
(B)保險公司未開放民營
(C)政府當局不鼓勵
(D)缺乏科學的計算基礎。　　　　　　　　　　　　　　　　　【Lesson 02】

(　　) **46** 屬於夫妻二人之全年綜合所得在新臺幣多少萬元下者，屬微型保險中定義的經濟弱勢者族群？
(A)20萬元以下者
(B)30萬元以下者
(C)50萬元以下者
(D)不超過當年綜所稅免稅額、標準扣除額、特別扣除額合計數。
　　　　　　　　　　　　　　　　　　　　　　　　　　　　【Lesson 04】

(　　) **47** 下列有關「風險管理」之敘述何者正確？
(A)以最大成本達成風險處理之最大安全效能為管理的目標
(B)管理步驟包括風險之認識與衡量，及方法之選擇與執行
(C)管理結果為風險不再發生
(D)以上皆是。　　　　　　　　　　　　　　　　　　　　　　【Lesson 01】

( ) **48** 投保人身保險無形中含有一種強迫儲蓄的性質，因為？
(A)不敢將錢挪移別用
(B)不交保險費，保險公司可以請求法院強制執行
(C)收費人員會向你強迫收取
(D)不按期繳納保險費，則保險契約將會停止或終止。 【Lesson 02】

( ) **49** 損失成本為下列何者之乘積？
(A)損失頻率預期值、損失幅度預期值
(B)損失幅度預期值、損失金額預期值
(C)損失金額預期值、損失頻率預期值
(D)以上皆非。 【Lesson 01】

( ) **50** 生存保險以外，保險期間超過一年之人壽保險契約，依現行保險法施行細則規定，其最低責任準備金之提存，將自民國 ＿＿＿ 年起採二十年繳費終身保險修正制。
(A)九十一 (B)八十八
(C)八十七 (D)九十五。 【Lesson 05】

解答

1 (C)	2 (A)	3 (B)	4 (B)	5 (A)	6 (A)	7 (B)	8 (A)
9 (C)	10 (C)	11 (A)	12 (D)	13 (D)	14 (B)	15 (C)	16 (C)
17 (B)	18 (A)	19 (B)	20 (C)	21 (B)	22 (D)	23 (A)	24 (B)
25 (A)	26 (C)	27 (D)	28 (B)	29 (D)	30 (D)	31 (A)	32 (C)
33 (C)	34 (D)	35 (B)	36 (A)	37 (D)	38 (A)	39 (D)	40 (A)
41 (B)	42 (B)	43 (D)	44 (A)	45 (D)	46 (D)	47 (B)	48 (D)
49 (A)	50 (D)						

保險法規

(　) 1 依保險法第54-1條規定，訂定保險契約時，如契約中約定事項顯有失公平者，該部分之約定無效，下列何者非無效事由？　(A)使要保人、受益人或被保險人拋棄或限制其依保險法所享之權利　(B)免除或減輕保險人依保險法應負之義務　(C)加重保險人之義務　(D)其他於要保人、受益人或被保險人有重大不利益之情事。　　　　　　　　　　　　　　　　【Lesson 10】

(　) 2 人壽保險契約須載明以下哪些事項？　(1)當事人之姓名與住所　(2)確定受益人的方法　(3)請求保險金額之保險事故及時期　(4)保險金額與保險費。(A)(1)(2)(3)(4)　(B)(1)(3)(4)　(C)(1)(4)　(D)(1)(2)(4)。　　　【Lesson 10】

(　) 3 某甲為支應其子某乙之學費向B銀行貸款，請問下列何者對某甲不具有保險利益？
(A)某甲　(B)B銀行　(C)某乙　(D)某甲投保的保險公司。　　　【Lesson 09】

(　) 4 現行營利事業所得稅查核準則規定，自民國82年起，向人壽保險業投保團體保險，其由營利事業負擔之保險費？
(A)不含滿期部分應予核實認定，並不視為被保險員工之薪資所得
(B)以營利事業或被保險員工及其家屬為受益人者准予認定，每人每月保險費在新臺幣二千元以內部分不必轉列各該被保險員工薪資所得
(C)僅二分之一可認定
(D)不予認定。　　　　　　　　　　　　　　　　　　　　　　　【Lesson 11】

(　) 5 業務員未經何人同意而招聘人員，應按情節輕重給予停止招攬行為或撤銷登錄處份？　(A)所屬公司　(B)壽險公會　(C)經紀人公會　(D)代理人公會。　　　　　　　　　　　　　　　　　　　　　　　　　　　【Lesson 13】

(　) 6 下列何者非屬於傷害保險的除外責任？　(A)被保險人飲酒後駕（騎）車，其吐氣或血液所含酒精成份超過道路交通法令規定標準者　(B)被保險人犯罪行為　(C)要保人、被保險人的故意行為　(D)以上皆非。　【Lesson 10】

(　) 7 假如保險金在死亡保險契約尚未指定身故受益人者，則除配偶外下列何者不可能為繼承人？
(A)配偶之父母　　　　　　　　　(B)祖父母
(C)兄弟姊妹　　　　　　　　　　(D)子女。　　　　　　　　　【Lesson 11】

(　) 8 所謂減額繳清保險為？　(A)保險金額不變，保險期間縮短　(B)保險金額減少，保險期間縮短　(C)保險金額減少，保險期間增長　(D)保險金額減少，保險期間不變。　　　　　　　　　　　　　　　　　　　【Lesson 10】

( ) **9** 人壽保險業務員因職務上獲悉被保險人的健康狀況？
(A)不必保密
(B)原則上保密，但可以告知其家屬
(C)客戶要求時才保密
(D)要絕對保密。 【Lesson 13】

( ) **10** 訂約時，要保人或被保險人已知保險事故已發生者，其契約？ (A)有效
(B)無效 (C)得終止 (D)得解約。 【Lesson 09】

( ) **11** 納稅義務人為其本人、配偶或直系親屬投保之人身保險費，可採 _____ 方式申報從綜合所得總額中扣除。 (A)標準扣除額 (B)不得扣除 (C)特別扣除額 (D)列舉扣除額。 【Lesson 11】

( ) **12** 依據保險法之規定，受益人於請求保險金時，應以 _____ 為準。 (A)成年者 (B)生存者 (C)有保險利益者 (D)以上皆是。 【Lesson 09】

( ) **13** 下列何者不是保險契約之成立要件？ (A)受益人與被保險人間須有保險利益 (B)意思表示一致 (C)要保人須具有行為能力 (D)支付對價。 【Lesson 09】

( ) **14** 下列敘述何者為非？
(A)定期死亡險的繳費期間是要保人與保險公司約定交付保險費的期間，一般而言「繳費期間」和「保險期間」不同
(B)保險金是保險事故發生時，保險公司依照保險契約約定給付的金額
(C)保險金額是保險公司同意承保的金額
(D)保險費是保險公司依據保險金額，保險費率及繳費方式等因素所計算出要保人每期應交付保險公司的金額。 【Lesson 10】

( ) **15** 「契約之解除」與「契約之終止」，對契約效力而言，下列敘述何者正確？ (1)終止為契約效力自始不存在 (2)解除為契約效力自始不存在 (3)終止為契約效力自終止之日起消滅 (4)解除為契約效力自解除之日起不存在。 (A)(1)(2) (B)(2)(3) (C)(1)(4) (D)以上皆非。 【Lesson 10】

( ) **16** 小華的父親把名下一棟房子給了小華後，沒有其他的財產了，下列何者錯誤？
(A)贈與稅之納稅義務人為小華的父親
(B)稽徵機關在一定條件下可向小華課稅
(C)免稅額為244萬元
(D)稽徵機關課不到任何贈與稅。 【Lesson 11】

( ) **17** 若已為壽險公司現職業務員，則 _____ 申請保險經紀人執業證書。 (A)領有經紀人資格證書才可以 (B)符合登錄資格就可以 (C)公司同意時才可以 (D)不可以。 【Lesson 01】

( ) **18** 下列何者不適用於人身保險？　(A)主力近因　(B)保險利益　(C)最大誠信　(D)保險代位原則。　【Lesson 09】

( ) **19** 有關年金保險之敘述，何者為是？　(1)保險費不得以訴訟方式請求交付　(2)利害關係人均得代要保人交付保險費　(3)保險費到期未交付不適用寬限期間之規定　(4)由第三人訂立之契約，未經被保險人書面承認並約定保險金額者契約無效。
(A)(1)(2)　　　　　　　　　　(B)(1)(2)(4)
(C)(1)(2)(3)(4)　　　　　　　(D)(2)(4)。　【Lesson 10】

( ) **20** 保險契約有疑義時，應作有利於何人的解釋為準？　(A)被保險人　(B)受益人　(C)保險人　(D)以上皆非。　【Lesson 09】

( ) **21** 李君以本人為被保險人在其要保書上之受益人欄僅寫配偶及子女，當時育有一子一女，投保後離婚又再婚並生育一子一女，李君死亡時，則有幾人可享有保險金受領權？　(A)2人　(B)3人　(C)4人　(D)5人。　【Lesson 11】

( ) **22** 業務員同時登錄為財產保險及人身保險業務員者，其分別登錄之所屬公司？　(A)業務員自行負責，所屬公司無任何責任　(B)先登錄之所屬公司依法須負責任　(C)後登錄之所屬公司依法須負責任　(D)分別登錄之所屬公司應依法負連帶責任。　【Lesson 13】

( ) **23** 依民法規定，下列敘述何者有錯？　(A)未滿七歲之未成年人，無行為能力　(B)滿七歲以上之未成年人，有限制行為能力　(C)未成年人已結婚者，有行為能力　(D)滿十八歲為成年。　【Lesson 09】

( ) **24** 以下何者為非？
(A)依保險法規定要保人終止契約（解約）時其解約金額不得低於要保人應得之保單價值準備金之四分之三
(B)保險契約之無效有基於法律規定者，謂之法定無效
(C)被保險人年齡不實，而其「真實年齡」較壽險公司保險費率所載最高年齡為大者，保險契約則解約
(D)要保人以他人為被保險人投保死亡保險而未徵得被保險人之同意時，任何人可主張該契約無效。　【Lesson 10】

( ) **25** 有自動墊繳的保險契約，給付保險金時？
(A)應扣還墊繳保費
(B)應扣還墊繳保費本息
(C)應扣還墊繳保費之利息
(D)無需扣還墊繳保費。　【Lesson 10】

( ) **26** 關於寬限期間之述敘，選出錯誤之選項？ (1)逾寬限期間仍未繳付保險費者，契約至寬限期間終了之翌日起終止效力 (2)如在寬限期間發生保險事故，保險公司仍負給付責任 (3)年繳或半年繳件，自保單所載之交付日期之翌日起30日為寬限期間 (4)季繳或月繳件，至催告到達日期之翌日起30日為寬限期。
(A)(1)(2)(3)(4) (B)(2)(3)(4)
(C)(1)(3)(4) (D)(3)(4)。 【Lesson 10】

( ) **27** 年金保險契約，要保人依規定行使契約撤銷權，其撤銷效力應自要保人書面之意思表達到達之 ＿＿＿＿ 起生效。 (A)翌日零時 (B)翌日12時
(C)當日零時 (D)以上皆非 【Lesson 10】

( ) **28** 人身保險之紅利給付？ (A)在27萬元以內免納所得稅 (B)免納所得稅
(C)應納所得稅 (D)以上皆非。 【Lesson 11】

( ) **29** 人身保險契約的當事人是？ (A)保險人及受益人 (B)被保險人及受益人
(C)要保人及保險人 (D)保險人及被保險人。 【Lesson 09】

( ) **30** 受益人經指定後？
(A)要保人之繼承人得變更受益人
(B)不得再變更受益人
(C)保險事故發生後得變更受益人
(D)保險事故發生前得變更受益人。 【Lesson 09】

( ) **31** 依據人壽保險單示範條款之規定，人壽保險契約自動墊繳未付利息已逾多久以上，且經催告仍未償付者，保險公司得將利息滾入墊繳保險費再行計息？ (A)一年 (B)半年 (C)三十天 (D)二年。 【Lesson 10】

( ) **32** 依現行遺產及贈與稅法規定，遺產稅稅率最高為？ (A)60% (B)50%
(C)41% (D)20%。 【Lesson 11】

( ) **33** 保險契約停止效力後，要保人得於停效日起若干年內申請復效？ (A)一年
(B)四年 (C)三年 (D)二年。 【Lesson 10】

( ) **34** 依現行遺產及贈與稅法規定，16歲之未成年子女之扣除額應為？ (A)220
萬 (B)180萬 (C)45萬 (D)250萬元。 【Lesson 11】

( ) **35** 綜合所得稅納稅義務人本人、配偶、及直系親屬的人身保險費，得從個人所得總額中扣除，但每人每年扣除數額以不超過新臺幣？ (A)12,000元
(B)24,000元 (C)8,000元 (D)6,000元。 【Lesson 11】

( ) **36** 訂約時，要保人或被保險人已知保險事故已發生者，其契約？ (A)有效
(B)無效 (C)得終止 (D)得解約。 【Lesson 09】

(　) **37** 下列何者為錯誤？
(A)業務員不得同時登錄為二家以上經營同類保險業務之保險業、銀行兼營之保險代理人、保險經紀人公司之業務員
(B)保險業務員經登錄後，得為任何銀行兼營之保險代理人從事保險之招攬
(C)業務員於離職後再任原所屬公司之業務員應重新登錄
(D)業務員從事保險招攬所用之文書、圖畫應標明所屬公司名稱，並不得記載預期將來對保單紅利分配之有關事項。　　　　　　【Lesson 13】

(　) **38** 受益人經要保人指定後，要保人對其保險利益，何者為是？　(1)不得變更 (2)得變更，但不得聲明放棄處分權　(3)得聲明放棄處分　(4)未聲明放棄處分權者，保險事故發生前仍得以契約或遺囑處分之。　(A)(2)(3)　(B)(3)(4) (C)(1)　(D)(1)(3)。　　　　　　　　　　　　　　　　　　【Lesson 09】

(　) **39** 個人傷害保險契約之被保險人，其死亡在意外傷害事故發生之日後超過180日者？　(A)縱使能證明死亡與意外傷害事故具有因果關係，仍不給付死亡保險金　(B)若能證明死亡與意外傷害事故有因果關係，則給付死亡保險金　(C)一概被認定為死亡與意外傷害事故無因果關係　(D)以上皆非。　【Lesson 10】

(　) **40** 傷害保險被保險人因轉換工作使職業危險增加，但仍在承保範圍內時，若要保人未向保險公司提出通知而發生保險事故，則保險公司？　(A)依原投保金額理賠　(B)補足保費差額後理賠原保險金額　(C)按其原收保險費與應收保險費比例理賠　(D)不予理賠。　　　　　　　　　　　【Lesson 10】

(　) **41** 下列敘述何者錯誤？　(A)凡屬人身保險之保險給付，在一定條件下不論其項目名稱均得依法免納所得稅　(B)軍公教保險之保險給付免納所得稅 (C)人壽保險之解約金屬人身保險之保險給付範圍　(D)壽險滿期保險金在一定條件得享有免稅優惠。　　　　　　　　　　　　　　　　【Lesson 11】

(　) **42** 依據主管機關規定，下列何種保險不在保險法第107條喪葬費用保險金額上限計算範圍內？　(A)終身保險　(B)簡易人壽保險　(C)年金保險　(D)傷害保險。　　　　　　　　　　　　　　　　　　　　　　　　　　【Lesson 09】

(　) **43** 有關受益人之故意所致結果何者陳述正確？　(1)被保險人因受益人之故意，雖未致死，則保險公司仍應給付失能保險金　(2)被保險人因受益人故意致死且有其他受益人者，則其他受益人一併不得申請保險金　(3)被保險人因受益人之故意未致死，則該受益人喪失其受益權」。　(A)(2)(3) (B)(3)　(C)(1)(3)　(D)(2)(3)。　　　　　　　　　　　　　【Lesson 10】

(　) **44** 主管機關規定凡保戶因不實之文宣、廣告而投保，之後產生疑義擬退保時，保險公司應？　(A)以和解金退還　(B)加計利息退還當年度保險費 (C)退還所繳保險費　(D)加計利息退還所繳全部保險費。　　　【Lesson 13】

(　)**45** 年金保險身故受益人故意致被保險人於死？　(A)未支領年金餘額應給付予其他應得之人　(B)請求未支領年金餘額之權不受影響　(C)受益人無請求未支領年金餘額之權　(D)未支領年金餘額應解交國庫。　【Lesson 10】

(　)**46** 下列敘述何者為非？
(A)以精神障礙之人為被保險人，不得投保含有死亡給付之人壽保險契約，否則契約無效
(B)以未滿15歲之未成年人所訂立之人壽保險及傷害保險契約，死亡給付於其滿15歲之日始生效力
(C)以精神障礙之人為被保險人，其簡易人壽保險之保險金額亦受主管機關規定之喪葬費用額度限制
(D)以精神障礙之人為被保險人，其喪葬費用不得超過遺產稅喪葬費用扣除額之一半。　【Lesson 09】

(　)**47** 要保人於保險契約停止效力之日起6個月後申請恢復效力時，下列敘述何者正確：　(1)提出申請書　(2)繳清欠繳的保險費扣除停效期間的危險保險費　(3)提供被保險人可保證明？　(A)(2)(3)　(B)(1)(2)　(C)(1)(2)(3)　(D)(1)(3)。　【Lesson 10】

(　)**48** 保險費繳納的寬限期間是？
(A)30日　　　　　　　　　(B)20日
(C)180日　　　　　　　　 (D)60日。　【Lesson 10】

(　)**49** 現行個人傷害保險與旅行平安保險示範條款規定，殘廢保險金及醫療保險金之受益人以何人為限？　(A)可由要保人指定　(B)限為被保險人本人，不得指定或變更　(C)可由保險人指定　(D)以被保險人之法定繼承人。　【Lesson 10】

(　)**50** 依現行遺產與贈與稅法規定，凡經常居住中華民國境內之中華民國國民死亡遺有遺產者，應 ＿＿＿＿＿＿，課徵遺產稅。　(A)就其在我國境內、外全部遺產　(B)僅就其在我國境內之遺產　(C)我國境內部份財產須要、國外部份財產不須要　(D)以上皆非。　【Lesson 11】

(　)**51** 有關人身保險被保險人之敘述何者正確？　(A)不可以他人身體為保險標的訂立保險契約　(B)被保險人可以為法人　(C)債權人可以債務人為被保險人投保　(D)要保人與被保險人間不須有保險利益。　【Lesson 09】

(　)**52** 人壽保險契約的要保人不可以是？　(A)法人　(B)精神錯亂者　(C)限制行為能力人，但經法定代理人同意　(D)自然人。　【Lesson 09】

(　)**53** 下列何者非受益人申領失能保險金應檢具之文件？　(A)保險金申請書及受益人之身分證明　(B)保險單或其謄本　(C)意外傷害事故證明文件　(D)失能診斷書。　【Lesson 10】

( ) **54** 業務員每年參加所屬公司教育訓練且成績合格者，應請所屬公司於 ＿＿＿ 上加蓋合格專用章。　(A)學習證　(B)職員證　(C)在職教育訓練合格登記卡　(D)登錄證。　【Lesson 13】

( ) **55** 下列何者非屬團體保險條款規定受益人請領身故保險金時應檢具之文件？　(A)被保險人死亡證明書及保險金申請書　(B)受益人身分證明　(C)被保險人之除戶戶籍謄本　(D)保險金申請書、受益人之戶籍謄本及印鑑證明。　【Lesson 10】

( ) **56** 保險費自動墊繳的利息計算，是依據？　(A)按當時保險公司公告的利率　(B)銀行短期放款利率　(C)主管機關核定之利率　(D)計算責任準備金之預定利率。　【Lesson 10】

( ) **57** 依保險法規定，人身保險合作社之預定社員人數不得低於？　(A)800　(B)1000　(C)500　(D)100人。　【Lesson 09】

( ) **58** 依據個資法的規定，若有下列情形之一者，主管機關得限制非公務機關為國際傳遞及利用個人資料：　(1)涉及國家重大利益者　(2)國際條約或協定有特別規定者　(3)接受國對個人資料之保護未有完善之法令，致有損當事人權益之虞者　(4)以迂迴方法向第三國傳遞或利用個人資料規避本法者。以下何者為是？　(A)(1)(3)(4)　(B)(1)(2)(3)(4)　(C)(2)(3)　(D)(1)(2)(4)。　【Lesson 12】

( ) **59** 按遺產及贈與稅法規定，約定被繼承人死亡時給付其所指定受益人之：　(1)人壽保險之死亡保險金　(2)勞工保險之死亡保險金　(3)軍公教保險之死亡保險金　(4)撫恤金；以上何者不計入遺產總額？　(A)(1)(2)(3)(4)　(B)(2)(4)　(C)(4)　(D)(1)(2)(3)。　【Lesson 11】

( ) **60** 傷害保險之意外，指的是何種事故？　(A)非因疾病引超的　(B)外來的　(C)突發的　(D)以上皆是。　【Lesson 10】

( ) **61** 人身保險業務員？
(A)只可同時登錄為一家代理人公司與一家經紀人公司之業務員
(B)只可同時登錄為一家人壽保險公司與一家代理人公司之業務員
(C)不得同時登錄為二家以上保險業、保險代理人公司、保險經紀人公司之業務員
(D)可同時登錄為一家人壽保險公司與一家產物保險公司之業務員。
【Lesson 13】

( ) **62** 做為保險費原始憑證之團體保險之保險費收據，除應書有保險費金額外，並應檢附？　(A)被保險員工之薪資明細　(B)列有每一被保險員工保險費之明細表　(C)被保險員工之身分證影本　(D)被保險員工之戶籍謄本。　【Lesson 10】

( )**63** 小明投保1000萬的傷害保險，嗣後因意外十手指缺失領取750萬的殘廢保險金，又於保險契約有效期間內發生意外事故以致雙目失明，則小明可以再領取多少保險金？ (A)750萬 (B)500萬 (C)250萬 (D)1,000萬。 【Lesson 10】

( )**64** 非公務機關在蒐集個人資料時，除了須符合特定目的外，尚須具有下列何種情形使得為之？ (A)經當事人口頭同意者 (B)雖未公開之資料但無害於當事人之重大權益者 (C)為學術研究有必要且資料經過提供者處理後 (D)以上皆是。 【Lesson 12】

( )**65** 保險費繳納的寬限期間是？
(A)30日　　　　　　　　　　(B)20日
(C)180日　　　　　　　　　(D)60日。 【Lesson 10】

( )**66** 保險法第16條有關保險利益之敘述，何者錯誤？ (A)要保人對為其自己管理財產或利益之人有保險利益 (B)要保人對自己有保險利益 (C)債務人對債權人有保險利益 (D)要保人對其家屬有保險利益。 【Lesson 09】

( )**67** 某甲積欠某乙新臺幣三百萬元，請問下列敘述何者正確？
(A)某乙訂立保險契約時保險金額不須經某甲同意
(B)僅某乙得作為保險契約之受益人
(C)某乙對某甲有保險利益
(D)以上皆是。 【Lesson 09】

( )**68** 人身保險的行銷通路中下列何者非屬於消費者保護法下的通訊交易？
(A)網際網路 (B)業務員行銷 (C)DM行銷 (D)電話行銷。 【Lesson 12】

( )**69** 甲、勞工保險；乙、一般人身保險；丙、軍公教保險；丁、郵政簡易壽險，上述何者之保險給付免納所得稅？ (A)僅甲、丙 (B)僅乙 (C)僅丁 (D)甲、乙、丙、丁。 【Lesson 11】

( )**70** 參加保險業務員資格測驗者之學歷至少應為何？ (A)國中以上學校畢業或同等學歷 (B)高中以上學校畢業或同等學歷 (C)國中以上學校肄業 (D)國小畢業。 【Lesson 13】

( )**71** 下列何者為業務員須具備之消極資格？ (A)已領有保險代理人、經紀人執業證照並依法撤銷者 (B)最低年齡須滿18歲 (C)參加壽險公會舉辦之資格測驗合格 (D)業務員管理規則發布前已在所屬公司連續服務滿一年以上。 【Lesson 13】

( )**72** 業務員於登錄後應於 ＿＿＿＿ 完成規定之教育訓練課程及時數，並於期滿前辦妥換發登錄證手續。 (A)每3年 (B)每1年 (C)每5年 (D)每4年。 【Lesson 13】

(　) **73** 傷害保險係按保險人職業或職務之危險性計算保費,被保險人變更其職業
或職務致危險有增減時,下列何人應通知保險人以調整保險費？　(1)要
保人　(2)保險人　(3)被保險人　(4)受益人。　(A)(1)(2)　(B)(1)(3)
(C)(1)(4)　(D)(3)(4)。　　　　　　　　　　　　　　　【Lesson 10】

(　) **74** 保險公司設計之利率變動型年金乙型,可含有何種保證？　(A)保證期間
(B)保證金額　(C)保證利率　(D)以上皆是。　　　　　　　【Lesson 10】

(　) **75** 有關保險代位原則之敘述何者錯誤？
(A)須被保險人因保險事故發生對第三人有損失賠償請求權
(B)僅適用於人身保險
(C)其主要目的在防止被保險人因保險事故的發生而獲利
(D)一般適用於財產保險。　　　　　　　　　　　　　　【Lesson 09】

(　) **76** 小王想擔任保險業務員之工作,下列步驟中何者為非？　(A)應成年與高中
以上學歷　(B)參加壽險公會的資格測驗合格　(C)應由所屬公司為其辦理
登錄,領得登錄證　(D)應成年與國中以上學歷。　　　　　【Lesson 13】

(　) **77** 受停止招攬登錄或撤銷登錄處分之業務員,對原處分公司之複查結果有異
議者,得於收到複查結果之日起三個月內,以書面具名理由,向何單位申
請覆核？　(A)所屬公司　(B)主管機關　(C)各有關公會組成之申訴委員會
(D)以上皆可。　　　　　　　　　　　　　　　　　　　【Lesson 13】

(　) **78** 以下何者為非？
(A)殘廢保險金的受益人可由要保人變更
(B)受益人變更須由要保人書面申請並經被保險人同意
(C)年金保險的受益人為被保險人本人
(D)受益人之指定應明確,並可指定分配比例。　　　　　【Lesson 10】

(　) **79** 保險公司於年金開始日用以計算年金金額之利率稱為？　(A)預定利率
(B)牌告利率　(C)指定利率　(D)浮動利率。　　　　　　　【Lesson 10】

(　) **80** 關於自動墊繳,選出正確之選項？　(1)無須先扣除借款本息　(2)如有保
單借款須先扣除其借款本息　(3)要保人得於次一墊繳日以前以書面通知
保險公司停止保險費的自動墊繳　(4)保單須積存達有保單價值準備金。
(A)(2)(3)(4)　(B)(1)(3)(4)　(C)(1)(2)(4)　(D)(1)(2)(3)(4)。　【Lesson 10】

(　) **81** A君經醫生診斷已罹患肝癌,經某甲業務員招攬投保防癌保險,投保時A君
與某甲共同隱瞞癌症之事實,A君於投保1年6個月後死亡,A君之家屬向保
險公司申請理賠時始發現事實,其中業務員某甲之行為觸犯了？　(A)背信
行為　(B)侵占行為　(C)詐欺行為　(D)偽造文書行為。　　【Lesson 13】

(　　)**82** 發生保險事故以後發覺被保險人投保年齡不實而致短繳保險費，且其錯誤非可歸責於保險公司者，受益人可得之金額為？
(A)原保險金額減掉應補繳之保費
(B)已繳保費不予退還，但錯誤發生在保險公司者，不在此限
(C)保險人無息退還所有已繳保費
(D)按原繳保險費比例減少保險金額。　　　　　　　　　　　　　　【Lesson 10】

(　　)**83** 若張三（被繼承人）共育有4子，且有8孫，若兒子皆拋棄繼承權時，如張三遺留保險金1200萬，則其孫應每人可繼承？　(A)200萬　(B)100萬
(C)150萬　(D)300萬元。　　　　　　　　　　　　　　　　　　【Lesson 11】

(　　)**84** 要保人或被保險人對於保險標的無保險利益者，保險契約？　(A)無效
(B)失其效力　(C)有效　(D)以上皆非。　　　　　　　　　　　　【Lesson 09】

(　　)**85** 下列何者不是健康保險給付事由？　(1)被保險人故意自殺　(2)被保險人住院健康檢查　(3)被保險人墮胎所致之死亡　(4)被保險人因車禍流產。
(A)(1)(2)(3)　(B)(1)(2)(3)(4)　(C)(1)(3)　(D)(4)。　　　　　【Lesson 10】

(　　)**86** 依現行遺產及贈與稅法規定，被繼承人只遺有配偶及成年子女1名，則該遺產之扣除額應為？
(A)200萬　　　　　　　　　　　　(B)450萬
(C)445萬　　　　　　　　　　　　(D)543萬元。　　　　　　　　【Lesson 11】

(　　)**87** 人壽保險契約須載明以下哪些事項？　(1)當事人之姓名與住所　(2)確定受益人的方法　(3)請求保險金額之保險事故及時期　(4)保險金額與保險費。
(A)(1)(2)(3)(4)　(B)(1)(3)(4)　(C)(1)(4)　(D)(1)(2)(4)。　　　【Lesson 10】

(　　)**88** 非無行為能力的人在「無意識或精神錯亂中」所訂立的保險契約？
(A)有效　　　　　　　　　　　　(B)經被保險人同意者有效
(C)無效　　　　　　　　　　　　(D)視情況而定。　　　　　　　【Lesson 09】

(　　)**89** 申請登錄之業務員若曾受偽造文書、侵占、詐欺、背信等徒刑處分執行完畢或經赦免未滿 ＿＿＿＿＿ 者，不得申請登錄為業務員。　(A)三年　(B)二年
(C)五年　(D)一年。　　　　　　　　　　　　　　　　　　　　　【Lesson 13】

(　　)**90** 訂約時，要保人或被保險人已知保險事故已發生者，其契約？　(A)有效
(B)無效　(C)得終止　(D)得解約。　　　　　　　　　　　　　　【Lesson 09】

(　　)**91** 契約撤銷權之規定適用於自81年4月1日起簽約之個人 ＿＿＿＿＿ 保險契約。
(A)二年期以上　　　　　　　　　(B)五年期以上
(C)十年期以上　　　　　　　　　(D)二十年期以上。　　　　　　【Lesson 10】

(　　) **92** 有自動墊繳的保險契約，給付保險金時？
(A)應扣還墊繳保費
(B)應扣還墊繳保費本息
(C)應扣還墊繳保費之利息
(D)無需扣還墊繳保費。　　　　　　　　　　　　　【Lesson 10】

(　　) **93** 納稅義務人為其 _____ 投保之人身保險費，無法從列舉申報扣除綜合所得稅。
(A)配偶　(B)兄弟姐妹
(C)本人　(D)受扶養之直系親屬。　　　　　　　　　　【Lesson 11】

(　　) **94** 下列關於保費墊繳的相關作業敘述何者錯誤？
(A)要保人未付利息已逾1年以上經催告仍未償付者保險公司得將利息滾入墊繳保險費再計利息
(B)自動墊繳之保險費自寬限期間終了日開始計息
(C)墊繳之本息應由保險公司出具憑證
(D)保單價值準備金餘額不足墊繳且經催告後逾30日仍未繳交者，保單效力即行停止。　　　　　　　　　　　　　　　　　　【Lesson 10】

(　　) **95** 依據主管機關規定，下列何種保險不在保險法第107條喪葬費用保險金額上限計算範圍內？　(A)終身保險　(B)簡易人壽保險　(C)年金保險　(D)傷害保險。　　　　　　　　　　　　　　　　　　　　　　　【Lesson 09】

(　　) **96** 在寬限期間內，被保險人發生保險事故之敘述何者為非？
(A)保險人應負給付保險金責任
(B)所欠繳之保費利息無須追繳，可自保險金中扣除
(C)所欠繳之保費由保險金中扣除
(D)保險人免負給付保險金責任。　　　　　　　　　【Lesson 10】

(　　) **97** 要保人終止保險契約，而保險費已付足一年以上者，保險人應於接到通知後一個月內償付解約金，其金額不得低於要保人應得保單價值準備金之？
(A)二分之一　(B)四分之一　(C)四分之三　(D)三分之一。　【Lesson 10】

(　　) **98** 業務員每年參加所屬公司教育訓練且成績合格者，應請所屬公司於 _____ 上加蓋合格專用章。　(A)學習證　(B)職員證　(C)在職教育訓練合格登記卡　(D)登錄證。　　　　　　　　　　　　　　【Lesson 13】

(　　) **99** 對於重婚之後婚者或同時與二人以上結婚所謂配偶者，以下敘述何者錯誤？
(A)皆為無效婚姻
(B)相互間實無配偶身份
(C)無繼承權
(D)仍得以配偶身分，取得有繼承權。　　　　　　　【Lesson 11】

( )**100** 依民法第8條死亡宣告，失蹤人失蹤滿 ＿＿＿＿ 後，法院得因利害關係
人或檢察官之聲請，為死亡之宣告。　(A)一年　(B)三年　(C)五年
(D)七年。　　　　　　　　　　　　　　　　　　　　【Lesson 11】

解答

1 (C)	2 (A)	3 (D)	4 (B)	5 (A)	6 (D)	7 (A)	8 (D)
9 (D)	10 (B)	11 (D)	12 (B)	13 (A)	14 (A)	15 (B)	16 (D)
17 (D)	18 (D)	19 (A)	20 (A)	21 (D)	22 (D)	23 (C)	24 (C)
25 (B)	26 (C)	27 (A)	28 (B)	29 (C)	30 (D)	31 (A)	32 (D)
33 (D)	34 (A)	35 (B)	36 (B)	37 (B)	38 (B)	39 (B)	40 (C)
41 (C)	42 (C)	43 (C)	44 (D)	45 (A)	46 (A)	47 (C)	48 (A)
49 (B)	50 (A)	51 (C)	52 (B)	53 (C)	54 (C)	55 (D)	56 (A)
57 (C)	58 (B)	59 (A)	60 (D)	61 (D)	62 (B)	63 (C)	64 (C)
65 (A)	66 (C)	67 (C)	68 (B)	69 (D)	70 (B)	71 (B)	72 (B)
73 (B)	74 (A)	75 (B)	76 (D)	77 (C)	78 (A)	79 (A)	80 (A)
81 (A)	82 (D)	83 (C)	84 (B)	85 (A)	86 (D)	87 (A)	88 (C)
89 (A)	90 (B)	91 (A)	92 (B)	93 (B)	94 (B)	95 (C)	96 (D)
97 (C)	98 (C)	99 (D)	100 (D)				

信託業務┃銀行內控┃
初階授信┃初階外匯┃
理財規劃┃保險人員推薦用書

2F021141	初階外匯人員專業測驗重點整理+模擬試題	蘇育群	530元
2F031111	債權委外催收人員專業能力測驗重點整理+模擬試題 ♔ 榮登金石堂暢銷榜	王文宏 邱雯瑄	470元
2F041101	外幣保單證照 7日速成	陳宣仲	430元
2F051131	無形資產評價管理師(初級、中級)能力鑑定速成(含無形資產評價概論、智慧財產概論及評價職業道德) ♔ 榮登博客來、金石堂暢銷榜	陳善	550元
2F061131	證券商高級業務員(重點整理+試題演練) ♔ 榮登博客來、金石堂暢銷榜	蘇育群	670元
2F071141	證券商業務員(重點整理+試題演練) ♔ 榮登博客來、金石堂暢銷榜	金永瑩	590元
2F081101	金融科技力知識檢定(重點整理+模擬試題)	李宗翰	390元
2F091121	風險管理基本能力測驗一次過關 ♔ 榮登金石堂暢銷榜	金善英	470元
2F101131	理財規劃人員專業證照10日速成	楊昊軒	390元
2F111101	外匯交易專業能力測驗一次過關	蘇育群	390元

編號	書名	作者	價格
2F141121	防制洗錢與打擊資恐(重點整理+試題演練)	成琳	630元
2F151131	金融科技力知識檢定主題式題庫(含歷年試題解析) 榮登博客來、金石堂暢銷榜	黃秋樺	470元
2F161121	防制洗錢與打擊資恐7日速成 榮登金石堂暢銷榜	艾辰	550元
2F171141	14堂人身保險業務員資格測驗課 榮登博客來、金石堂暢銷榜	陳宣仲 李元富	490元
2F181111	證券交易相關法規與實務	尹安	590元
2F191121	投資學與財務分析 榮登金石堂暢銷榜	王志成	570元
2F201121	證券投資與財務分析 榮登金石堂暢銷榜	王志成	460元
2F211141	高齡金融規劃顧問師資格測驗一次過關 榮登博客來、金石堂暢銷榜	黃素慧	560元
2F621131	信託業務專業測驗考前猜題及歷屆試題 榮登金石堂暢銷榜	龍田	590元
2F791141	圖解式金融市場常識與職業道德 榮登博客來、金石堂暢銷榜	金融編輯小組	550元
2F811131	銀行內部控制與內部稽核測驗焦點速成+歷屆試題 榮登金石堂暢銷榜	薛常湧	590元
2F851121	信託業務人員專業測驗一次過關 榮登博客來、金石堂暢銷榜	蔡季霖	670元
2F861121	衍生性金融商品銷售人員資格測驗一次過關 榮登金石堂暢銷榜	可樂	470元
2F881121	理財規劃人員專業能力測驗一次過關 榮登金石堂暢銷榜	可樂	600元
2F901131	初階授信人員專業能力測驗重點整理+歷年試題解析二合一過關寶典 榮登金石堂暢銷榜	艾帕斯	590元
2F911131	投信投顧相關法規(含自律規範)重點統整+歷年試題解析二合一過關寶典	陳怡如	480元
2F951141	財產保險業務員資格測驗(重點整理+試題演練) 榮登金石堂暢銷榜	楊昊軒	530元
2F121121	投資型保險商品第一科7日速成	葉佳洺	590元
2F131121	投資型保險商品第二科7日速成	葉佳洺	570元
2F991141	企業內部控制基本能力測驗(重點統整+歷年試題) 榮登金石堂暢銷榜	高瀅	近期出版

千華數位文化股份有限公司

■新北市中和區中山路三段136巷10弄17號　■千華公職資訊網 http://www.chienhua.com.tw
■TEL: 02-22289070　FAX: 02-22289076

頂尖名師精編紙本教材

超強編審團隊特邀頂尖名師編撰，
最適合學生自修、教師教學選用！

千華影音課程

超高畫質，清晰音效環
繞猶如教師親臨！

多元教育培訓
數位創新

現在考生們可以在「Line」、「Facebook」
粉絲團、「YouTube」三大平台上，搜尋【千
華數位文化】。即可獲得最新考訊、書
籍、電子書及線上線下課程。千華數位
文化精心打造數位學習生活圈，與考生
一同為備考加油！

面授

實戰面授課程

TTQS 銅牌獎

不定期規劃辦理各類超完美
考前衝刺班、密集班與猜題
班，完整的培訓系統，提供
多種好康講座陪您應戰！

遍布全國的經銷網絡

實體書店：全國各大書店通路

電子書城：

▶ Google play、 Hami 書城 …
P Pube 電子書城

網路書店：

千華網路書店、 博客來
MOMO 網路書店…

書籍及數位內容委製
服務方案

課程製作顧問服務、局部委外製
作、全課程委外製作，為單位與教
師打造最適切的課程樣貌，共創
1+1＝無限大的合作曝光機會！

多元服務專屬社群 @ f YouTube

千華官方網站、FB 公職證照粉絲團、Line@ 專屬服務、YouTube、
考情資訊、新書簡介、課程預覽，隨觸可及！

國家圖書館出版品預行編目(CIP)資料

14堂人身保險課業務員資格測驗 / 陳宣仲、李元富
編著. -- 第四版. -- 新北市 : 千華數位文化, 2024.12
　　面 ;　　公分
金融證照
ISBN 978-626-380-880-5 (平裝)

1.CST:人身保險

563.74　　　　　　　　　　113018212

[金融證照] **14堂人身保險課業務員資格測驗**

編　著　者：陳宣仲、李元富

發　行　人：廖雪鳳
登　記　證：行政院新聞局局版台業字第 3388 號
出　版　者：千華數位文化股份有限公司
　　　　　　地址：新北市中和區中山路三段 136 巷 10 弄 17 號
　　　　　　電話：(02)2228-9070　　傳真：(02)2228-9076
　　　　　　客服信箱：chienhua@chienhua.com.tw

法律顧問：永然聯合法律事務所
編輯經理：甯開遠
主　　編：甯開遠
執行編輯：尤家瑋
校　　對：千華資深編輯群
設計主任：陳春花
編排設計：蕭韻秀

千華官網
／購書

千華蝦皮

出版日期：2024 年 12 月 20 日　　第四版／第一刷

本書如有勘誤或其他補充資料，
將刊於千華官網，歡迎前往下載。

50 千華五十
週年紀念

[金融證照]　14堂人身保險險業務員資格測驗

編 著 者：周宣辰、李元馨

發 行 人：董 事 長

發 行 所：行政院新聞局登記證局版台業字第 3388 號

出 版 者：千華數位文化股份有限公司

地址：新北市中和區中山路三段 136 巷 10 弄 12 號

電話：(02)2228-9070　傳真：(02)2228-9076

客服信箱：chienhua@chienhua.com.tw

法律顧問：永然聯合法律事務所

編輯經理：甯開遠

主　　編：甯開遠

執行編輯：尤家瑜

校　　對：千華資深編輯群

排版主任：陳春花

排　　版：

出版日期：2024 年 12 月 20 日　　第四版/第一刷